JN410237

산도 붉고 물도 붉고

이 도서의 국립중앙도서관 출판예정도서목록(CIP)은 서지정보유통지원시스템 홈페이지(http://seoji.nl.go.kr)와 국가자료종합목록 구축시스템(http://kolis-net.nl.go.kr)에서 이용하실 수 있습니다.
(CIP제어번호 : 2020011941)

김기부 에세이집

산도 붉고 물도 붉고

인쇄| 2020년 3월 27일
발행| 2020년 3월 31일

지은이| 김기부
펴낸이| 장호병
펴낸곳| 북랜드
06252 서울 강남구 역삼동 832-7 황화빌딩 1108호
대표전화 (02) 732-4574 | (053) 252-9114
팩시밀리 (02) 734-4574 | (053) 252-9334

등 록 일| 1999년 11월 11일
등록번호| 제13-615호
홈페이지| www.bookland.co.kr
이-메 일| bookland@hanmail.net

책임편집| 김인옥
교 열| 배성숙 전은경

ISBN 978-89-7787-922-5 03810
ISBN 978-89-7787-923-2 05810(e-book용)

* 저자와의 협의하에 인지를 생략합니다.
* 잘못된 책은 바꾸어 드립니다.

값 12,000 원

산도 붉고 물도 붉고

김기부 에세이집

북랜드

책을 내면서

잔잔한 솔바람이 불어오는 산간벽촌에서 태어나, 생존경쟁이 살벌한 풍진세속(風塵世俗)의 격랑을 거치며 한 시대를 열심히 살아왔다. 동족상잔의 전란(6.25)을 보았고, 4.19와 5.16이라는 대변혁의 격동기를 지나, 보릿고개를 극복하기 위해 녹색혁명과 경제개발 세대의 일원으로 앞만 보고 바쁘게 살다 보니, 내 인생 어느덧 황혼의 문턱에 성큼 다가왔다.

이제 한 시대의 경쟁 세속에서 한 발짝 물러나서 내 인생 지난날의 삶의 궤적들을 회고해본다. 유년기에서 노년기까지 궤적 속에 묻혀있던 희로애락과 크고 작은 흔적들을 발굴하여 문자로 가다듬고 정제(精製)된 문장으로 표현하여 수필(隨筆)이라는 글을 책 속에 담아보려 했다. 문장력이 부족하여 망설이고 미루다 보니 천금 같은 시간만 허송하였다.

버나드 쇼의 명언이 문득 생각난다. "내 인생 우물쭈물하다가 이렇게 끝날 줄 알았다." 이 명언의 의미는 인생을 살아오면서 하고 싶은 일이 있으면 시간과 장소, 나이에 상관 말고 당장 행동으로 실천하라는 주문이다. 시기를 놓치면 하고 싶은 일들도 이룰 수 없는 경우가 많아 후회하기 때문이다.

독일의 문호 괴테는 대작 「파우스트」를 60세에 시작하여 80세에 마치고, 미국의 유명화가 해리 리버맨은 81세에 그림을 시작하여 101세까지 22번의 전시회를 가져 현대 화단에 돌풍을 일으켰다고 한다. 미켈란젤로도 로마의 시스티나 성당의 천지창조 벽화를 90세에 완성하여 르네상스의 거장으로 후세에 이름을 남기지 않았던가?

노장들의 숙성된 경험으로 사물을 보는 깊은 통찰력이 문학과 예술로 승화될 때 오히려 불후의 명작이 나온다는 글을 보고, 용기를 얻어 퇴직 후 뒤늦게야 하고 싶은 일을 해보려고 붓을 들기 시작했다.

일상생활 속에서 경험한 잡다한 일들을 보고 느낀 대로 가볍게 쓴 글과, 시국의 소용돌이 속에서 국법과 사회적인 시류의 갈등의 현장 속에서 경험한 나의 생각들, 국내외 여행을 통하여 한 나라와 지역의 문화와 종교, 풍속, 생활상을 기록한 기행문, 문화유물과 유적지를 탐방하며 한 시대의 역사적인 사실을 통하여 보고 느낀 수필 ,유네스코에 등재된 내 고장의 자연의 절경을 주관적으로 느낀 서정문, 등 60여 편을 한데 묶어보았다.

내가 태어난 곳은 울창한 솔숲이 밀림을 이루고 있는 고장이다. 선친이 나의 아호(雅號)를 송도(松濤)로 작호하여 족보와 가첩에 올렸다. 솔숲에 바람이 불어 물결처럼 일렁일 때, 가지 끝에 솔향기가 퍼져 나와 주위에 청량한 감동을 주듯, 아호도 청량한 감동을 주는 문장가로 성장하라는 의미다. 나의 문장이 독자와 주위 사람들에게 미풍 속에 퍼져나는 솔향기처럼 청량한 감동을 주는 글이 되어야 할 텐데, 그러지 못하고 피로감을 주지나 않을까 걱정이 앞선다. 그래도 도전과 열정으로 쉼 없이 정진한다면 조금 더 향기 나는 좋은 글을 쓰지 않을까 기대를 해본다.

끝으로 저의 졸작의 발문을 흔쾌히 써주신 한국수필가협회 이사장 장호병 교수님께 감사드리며, 아울러 북랜드 출판사에서 편집과 교정에 정성을 다해주신 관계자 모든 임직원에게 감사를 드립니다.

2019년 12월 저자 김기부

차례

1 우송즉패의 영지

2 백석탄 귀거래사

3 지구촌의 낙원

4 천년왕국 신라

5 목화꽃 추억

문인화 : 김량희
(제4회 대한민국 미술공예대전 동상)

6 경주 남산 탐방기

| 발문 |

제 1 부

우송즉패遇松卽敗의 영지靈地

우송즉패(遇松卽敗)의 영지(靈地)

– 솔바람 수필

현대인들이 물질문명의 발달로 풍요로움 속에 살고 있으면서도 항상 피로에 젖어있는 까닭은 무엇 때문일까. 그것은 아마도 무한경쟁 세속에서 살다 보니 정신적 긴장감과 누적된 스트레스 때문일 것이다.

나 역시 천성이 경쟁 세속에 어울리기 힘들어 도심 속 삶이 모래알 같아 피로에 젖을 때가 한두 번이 아니다. 삶에 지쳐 있을 때, 자연환경이 가장 쾌적하고 공기가 맑은 육지 속의 섬이라 부르는 청송(青松)으로 피접(避接)여행을 떠나본다. 대구에서 반나절 거리인 그곳에서 하룻밤을 보내며 청강수에 몸을 씻고, 불어오는 솔바람에 물결처럼 일렁이는 소나무 가지의 솔향을 마시고, 백석청천 널리 반석에 누워 조잘대는 새소리와 쏟아지는 별빛을 바라보면 시름이 풀어지며 정신이 맑아지고 감성이 풍요로워 다시 생기가 충전되기 때문이다.

청송으로 가는 길목에는 보현산 지맥인 험준한 노귀재(奴歸嶺)를 넘어야만 한다. 이 고개를 넘을 때마다 옛 문헌(오성과 한음, 세창서관 발행)에 나오는 소나무와 관련된 일화가 떠오른다. 1592년 일본의 관백(關白) 풍신 수길은 조선을 침공코자 처음으로 군대를 발병할 때 청정(廳政) 내에 기거하는 누이가 점술을 신통하게 치는 재주가 있음을 알고 싸움에 승패를 점쳐 보아라 하였는데 '우송즉패(遇松卽敗)'라는 점괘가 나왔다. 즉 송(松) 자가 든 지명이나 장수의 이름을 만나면 전투에 패하니 정벌 시는 피해 가라는 뜻이다. 왜병들이 파죽지세로 조선 땅을 진군타가 노귀재 중턱에 도달하여 촌부에게 고개 넘어 지명을 물었을 때 청송이라고 대답을 하자 왜장은 '우송즉패'라는 점괘가 생각나서 아차! 하고 소스라치게 놀라 돌아갔다는데 지금도 '아차골'이란 지명이 남아있다. 청송지역을 포기하고 돌아가자 사람들은 왜병을 비하하여 종 노(奴) 자를 붙여서 종들이 돌아간 고개라 하여 노귀재라 불렀다니 지역민들의 말재간도 대단한 듯하다.

실제로 <징비록(懲毖錄)>을 보면 영천에 의병장 권응수, 정대임 등이 향병(鄕兵) 1,000여 명을 이끌고 영천성을 포위하여 왜병이 성안에 창고와 명원루(明遠樓)에 피신할 때, 우군이 화공으로 공격 수복하니 임란전쟁 최초로 거둔 전승인 바, 그로 인해 경상좌도인 신령, 의흥, 의성, 안동 등(청송)이 전란을 피한 기록이 있다.

예언가 유운룡의 『겸암비결(謙菴秘訣)』에도 임진왜란을 평정할 장수 이름과 피란처를 암시하고 있어 흥미롭기만 하다. 예언 문구를 보면 "이재송송 십팔공 인지명 송하지(利在宋宋 十八公 人地名 松下地)"라 하였다. 암호문 같은 비결문을 풀어보면 송 음은 뜻으로 솔[松]을 의미하며 십팔공은 파자로 조합하면 솔 송(松) 자가 된다. "왜란을 피할 이로운 사람과 피란처는 어디인가, 사람은 명나라 장수 이여송(李如松)이고, 지명은 청송 소나무 아래가 피란처이다."라는 번역이 가능하다.

청송 지역의 사람들은 소나무를 군목(郡木)으로 지정하여 숭상하고 있다. 소나무는 산림의 70%를 차지하며 나무 중에 으뜸가는 나무로, 조선 시대에는 황장목(黃腸木)이라 하였는데, 뿌리가 깊어 외세에 흔들리지 않고, 잎은 고고 청청하여 변치 않는 충절을, 크기는 하늘을 찌를 듯 지역민의 기상을, 껍질은 용의 비늘처럼 생겨서 범상치 않고, 속살은 누른빛에 목질이 단단하다. 바람결에 물결처럼 흔들리는 소나무 가지에서 솔향(피톤치드)을 발산하여, 세파에 지친 몸을 무병장수하도록 치유하고, 살아서는 소나무로 지은 집에서 일생을 살고 죽어서 목관(木棺)으로 천년유택을 삼는다는, 기상과 용도가 왕재다운 나무다.

또 삼재를 막아주는 나무(三災不入之木)로 믿었다. 첫째는 병란을 막아준다고 믿었다. 임진왜란 때 "우송즉패"라는 점괘처럼 왜군이 청송 땅을 피해갔었고 6.25전란 때도 동해안 최후 방어선인 영천, 경주, 안강, 포항, 영덕 등 인근 고을은 강물을 핏빛으로 물들이던 격전지였지만 이 고장은 전란의 피해가 극소수였다. 둘째는 기근을 막아준다고 믿었다. 송림 사이 깊은 계곡물은 가뭄

이 없었고 흉년이 들어도 송기에 멥쌀가루를 섞어 송기죽, 송기떡, 송기밥, 송홧가루로 다식 떡을 하여 구황식품으로 군민을 구휼했다. 끝으로 질병을 예방하고 무병장수하게 한다고 믿고 있다. 정초 동네 어귀 노송나무에 금줄을 두르고 솔잎을 꽂아서 당제를 올리어 안녕과 질병을 예방하는 의식 행사를 했다. 산모가 출산하면 금줄에 솔가지와 솔숯을 달아 질병과 액운을 막았다.

피접 코스로 2017년 5월 1일자로 유네스코 자연공원으로 지정된 주왕산 국립공원 솔숲길을 산책하며 솔바람 속의 솔향을 마시며 명경지수가 흐르는 신성계곡의 공룡 족적을 살펴본다. 또 다섯 명의 신선이 세속에 오염된 마음속에 때와 갓끈을 씻고 풍류를 즐겼다는 '백석탄(白石灘)'을 구경한 후, 오후에는 전국의 항일의병 위패를 봉안한 '항일의병기념관'을 참배하고 가을 햇살에 농익어 가는 청송사과 과수원길을 거닐며 세계적으로 희귀석인 청송 꽃돌백화점과 객주문학관에 들러 문향에 취해본다. 저녁엔 조선 시대 영남의 3대 만석꾼의 하나인 아흔아홉 칸 '심(沈)부잣집(송소고택)' 온돌방에서 일박하니 지친 심신은 개운하고 활력이 넘치는 듯하다.

'인걸은 지령'이라고 했듯이 이 고장 사람들은 평시에는 솔바람 물결에 도포 자락을 휘날리며 유유자적하다가도 나라가 위기에 처하면 오골청송(傲骨靑松) 늠름한 기상으로 국난을 극복하는 등 청송은 충절의 고장이다. 항일의병이 전국에서 가장 많이(赤遠日記 86명) 배출된 연유도 푸른 솔의 기상을 타고난 까닭이리라.

이처럼 송림은 충절의 기상과 삼재를 막아주고 피로에 젖은 심신을 치유하며 무한용도로 인간에게 이타(利他)를 베푸니 바라만 보아도 청량하고 신선한 느낌을 준다. 나도 솔바람 끝에 퍼져나는 솔향 같은 수필을 쓰고 싶다.

*황장목(黃腸木) : 임금의 관(棺)을 만드는 데 쓰는 질이 좋은 소나무.

마지막 메시지

현장에 도착하였을 때는 벌써 인육이 타는 매캐한 냄새와 새카만 연기가 진동했다. 지하철 환기구에서 뿜어 나오는 연기는 하늘 높이 솟아 반경 2km까지 하늘을 뒤덮었고 햇빛을 가리어 어두컴컴한 죽음의 도시였다. 병원 응급차와 119, 112, 민방위 차량들이 사망자와 부상자를 후송하는 경적이 지축을 뒤흔드는가 하면 꺼져가는 생명들의 외마디 비명 소리가 뒤범벅이 된 사고 현장은 그야말로 필설로서는 표현하기 어려운 전쟁터를 방불케 하는 아수라장이었다.

아침나절에 발생한 사고 현장은 오후 5시까지 먹구름 같은 연기가 솟아오르고 천 수백 도의 고열로 열차는 물론 철로가 엿가락처럼 휘어져 이튿날까지도 열기와 매연가스 때문에 역 안으로 접근을 할 수 없을 정도였다.

그렇게 하여 2003년 2월 18일 대구지하철 1호선 중앙로역에서 발생한 화재사건은 사망자 192명, 부상 148명이라는 엄청난 인명피해를 낳았다. NHK 등 외신기자 50여 명과 국내기자 수백 명이 사고현장과 사고수습대책본부에서 취재경쟁을 벌이고, 사고 수습에 불만을 품은 유족들의 거친 항의와 불만도 관계당국이 감당하기 힘든 나날이었다. 실타래처럼 얽히고설킨 분쟁 시위가 3년간이나 지속되었으니 유족과 사고수습 당국 모두가 탈진상태로 심신은 만신창이였다.

어디 그뿐인가, 중앙로역 화재사고에 앞서 1995년 4월 28일 대구 상인동에서 지하철 공사 중 도시가스 폭발사고로 사망 101명, 부상 202명이 발생하여 등교하는 학생들이 대부분 참변을 당하여 아리따운 꽃봉오리가 피어보지도 못하고 산화하였으니 참으로 어처구니가 없다. 불과 8년 안에 세계 지하철 대형사고 1, 2호로 불명예 기록을 차지하였으니, 타 시도에 거주하는 지인들이 안부를 물어올 땐 부끄러운 감마저 느껴질 정도였다.

연이은 재앙으로 민심마저 흉흉하다. 일부 NGO단체와 지리학자들은 예부터 달구벌은 경상감영을 중심으로 북쪽에는 팔공산(主山)이 있고 남쪽에는 비슬산(朝山)이 위치하여 남북으로 지맥이 이어져 영남 제일의 인재와 물산의 중심도시로 발전한 지역인데, 비슬산이 화산(火山)인지라 화마를 방지하기 위하여 경상감영 앞에 연귀산(連龜山 : 案山)에 불과 상극되는 돌거북을 세워 비슬산을 마주 보며 물을 뿜도록 하여 화마를 방지했는데, 일제강점기에 돌거북 방향을 바꿔놓아 재앙이 발생했다고 하는가 하면,

남북으로 지기가 흐르는 경상감영 바로 앞에 동서로 1호선 지하철이 관통하여 지맥을 끊어버렸기 때문이라는 등 민심마저 어수선하다.

사고 후 당국에서는 안전 불감증에서 탈피코자 열차 객실 시트를 중심으로 시설물을 불연성재질로 바꾸고 안전요원과 감시체제를 강화하는 등 법석이다. 소 잃고 외양간 고치듯 늦잡죄는 모습이 그렇게 곱지가 않다.

사고역 앞에 한 여인이 휴대폰을 들여다보며 절규하며 울부짖고 있었다. 사연인즉 열아홉 살 딸이 다급히 불꽃 속에서 마지막으로 어머니에게 보낸 메시지였다. "엄마 이젠 다시 못 봐 사랑해."라는 문자였다. K대학에 입학을 앞두고 교재와 새 옷을 구입코자 부푼 꿈을 안고 외출한 것이 참변을 당할 줄이야! 취재하는 기자들도 나도 애절한 사연을 듣고 가슴이 아리고, 유족 단체들은 순식간에 울음바다가 되어버렸다. 이튿날 신문 사회면과 TV 방송에는 이 학생의 문자메시지가 대서특필로 보도되어 250만 시민의 가슴을 아리게 하였다.

국민의 생명과 국가 중요시설은 물론 국보급 유형문화재 등이 일조일석에 잿더미가 되는 것을 보면서, '편안할수록 어려울 때를 생각하지 않으면 실패한 뒤 후회한다(安不思難 敗後悔)'는 옛 고사가 가슴에 와닿는다.

공중이 출입하거나 국가 주요시설의 안전대비 매뉴얼을 작성시는 탁상서류 중심에서 벗어나 현장 중심으로 검증을 거쳐 작성하고 관계자는 매뉴얼에 따라 반복되는 훈련을 하여 인재로 인한 재난을 막아야 할 것이다.

나는 그 후부터 지하시설 출입 때는 자라 보고 놀란 토끼가 되어 두려움에 경계하고 대비하는 습성이 지금도 남아있다. 화마에 억울하게 생을 마감한 원혼들에게 저승에서는 재난 없는 안전한 곳에서 극락왕생하기를 빌어본다.

속죄양(贖罪羊)의 원루(寃淚)

화면에 비치는 불꽃만 봐도 가슴이 낭떠러지에 떨어지는 듯 철렁인다. 자라 보고 놀란 가슴 솥뚜껑만 봐도 놀라듯 서울 용산 재개발지역 철거반대시위 현장 방화사건을 보면서 지난날의 내가 겪은 악몽이 되살아나 가슴에 경련이 일어나 약봉지에 손이 간다.

80년대, 그때도 엄청난 혼란과 희생을 수반하는 초법규적인 데모[demonstration]로 사회질서가 무너지는 혼란기였다. 정치적으로는 '서울의 봄'이라 하여 민주화를 외치는 데모가 종로거리를 메웠고 사회적으로 노동단체가 사측에 임금과 복지를 요구하는 데모, 교육계에서는 전교조가 교육개혁을 주장하는 데모, 대학에서는 한총련 이념적인 학생단체가 학교와 대정부 투쟁 데모 등 "데모로 해가 뜨고 데모로 해가 지는" 시위가 그칠 날이 없던 혼란기였다.

시위대들은 복면을 하고 시너에 톱밥을 섞은 화염병과 벽돌, 쇠파이프, 각목 등으로 무장하고 구호와 꽹과리를 치며 분위기를 고조시켰다. 진압부대에 접근하여 사정권에 들면 투척이라는 명령과 함께 후열에 숨겨둔 수백 개의 화염병을 1차로 투척 폭발시키고 순서에 따라 쇠파이프, 각목부대가 접근하여 우리를 두들겼다. 내가 소속된 진압부대는 최소한의 방어용 최루탄과 방패로 대응했고 방석복에는 불이 붙어 화상을 입고 벽돌과 파이프, 각목에 맞은 곳은 골절되고 찢어져서 선혈이 낭자하게 쓰러져 갔다. 쓰러진 동료를 실어 나르는 요란한 앰뷸런스 소리에 가슴이 찢어질 것 같은 애상을 느끼며 나는 명령에 따라 생사의 갈림길에서 적이 아닌 적과 아이러니하게도 수년간 직무를 수행했다.

그때는 내 운명을 예측할 수 없고 매일 백척간두에 선 것처럼 초조했다. 일생을 두고 뇌리에 남는 것은 시위대로부터 입은 심신의 손상이 너무 컸기 때문이다. 벽돌에 심장 부위를 맞아 졸도하고 각목에 맞아 손목이 골절되고 무릎인대가 파열되는 후유증으로 평생토록 병원 문전을 드나들고 있다.

그뿐인가. 부산 D대학에서는 학생 시위대가 진압 전, 의경을 감금하여 놓고 방화하여 꽃다운 청춘이 피어보지도 못하고 불꽃 속에 7명이나 희생되는가 하면, 전국에서 천여 명의 동료가 눈이 실명되고 뇌 손상과 수족에 치명적인 외상을 입은 것에 비하면 나는 그나마 다행이다.

극렬 시위 때마다 소요사태 책임을 치안부서에서 뒤집어쓰고 속죄양이 되는 것이 안타까웠다. 근간에도 쌀과 쇠고기 수입, 용산지역 재개발 보상대책은 농림수산부, 서울시, 이해 당사자 간에 분쟁 시위가 있었다. 쌀과 쇠고기를 수입하거나 철거민의 보상을 주는 부서는 아니다. 불을 지른 것도 사람을 죽게 하는 것도 더더욱 아니다. 도심 한가운데 통행 두절과 화염병 투척으로 목전에 벌어지는 급박한 혼란 상황에 대하여 적법하게 대처한 행위일 뿐이다.

2009년 국회 청문회에서 "복면시위를 제한하면 인권유린"이란 야당의원 질의에 K경찰청장은 이렇게 답변했다. "2000년대 초반 워싱턴 주재관 때였다. 한국에서 과격하다고 소문난 원정 시위대가 미국에 오면 폴리스라인을 잘 지키는 등 준법정신이 강한 미국 시민처럼 행동하는 것을 여러 번 보았다. 인권도 중요하지만 과격한 시위로 다수 국민이 피해를 본다면 당연히 막아야 한다."고 했다. 미국도 집시법을 위반하면 엄정히 대처하는 것이 미국사회를 유지케 한다는 것이다. 국내에서 집시법 위반자를 처벌하면 과잉진압, 인권유린을 결부시켜 치안책임자를 임기도 못 마치고 정치외압에 밀려 떠나게 한다. 정치적 희생양이 되어 회한의 눈물을 흘리며 떠나는 용장의 뒷모습이 처연하기만 하다.

군과 경찰은 국가로부터 주는 신뢰와 고양된 사기를 먹고 사는 집단이다. 국가의 안위와 질서가 혼란에 빠지고 안정되지 못

할 때 일사불란하게 명령에 따라 죽음을 감수하고 제 몸을 헌신하는 집단이다. 그러할 때 지도자의 믿음이 담긴 행동과 따뜻한 격려의 말 한마디가 곧 충성심으로 응집되어 국가와 국민을 위해 자기 목숨을 초개같이 버리는 엄청난 힘을 발휘한다. 그것이 바로 나라를 보전하고 부대를 응집시키는 사기이다.

프랑스의 작가 뒤마의 명작소설 삼총사가 새삼 생각난다. 소설이 영화로 제작되어 폭발적인 인기를 끌었던 것은 정의를 위하여 목숨을 아끼지 않는 삼총사의 국가와 왕에 대한 헌신적인 충성심 때문이다. 삼총사가 왕 반대파와 정적들의 폭력적인 정치 공세를 헌신적으로 몸을 던져 응징하자 왕은 반대파들의 공세를 막아주고 오히려 삼총사를 따로 불러 "잘했어."라고 격려하고 금일봉을 하사하여 삼총사의 사기를 북돋아 줬다는 영화다.

총사대 같은 치안수뇌부 맹장들이 정치 외압과 떼법 여론에 밀려 버림당하고, 스파르타 300인 용사 같은 충성스런 용사들을 감금하여 불에 타 죽게 한 살인방화 중죄인을 민주화운동 의거자로 국가보상심의위원회에서 유공자로 결정하는 것을 보면 역사의 뒤안길로 사라진 희생양은 저승에서도 눈을 감지 못할 것이다. 부상자들 역시나 회한의 고신원루(孤臣冤淚)가 눈언저리에 마를 날 없을 것이다.

나는 그때 입은 심장의 부정맥과 손목 골절상, 무릎 후유증으로 농사일도 등산도 못 하고 좋아하는 테니스도 즐기지 못하며 살아가고 있다. 오직 한 가지 위안을 한다면 내 몸은 기상청 역할을 한다는 것뿐이다. 비가 올 징후가 있는 날엔 통증이 반드시 오기 때문이다.

정쟁 때마다 희생되는 속죄양은 가슴속에 충정의 샘물이 솟게 하고 믿음과 고양된 사기를 가져다주는 뒤마의 소설 속 왕을 애타게 그리워할 것이다. 오늘도 수족이 저려오는 것을 보니 비가 올 모양이다. 이제는 시위대가 아닌 내 몸속에 깊이 자리한 병마와 싸우고 있다.

예식문화의 신풍속도

가을철이 접어들자 여름내 뜸했던 결혼 청첩장이 대문 밖 우체통에 수북하게 쌓인다. 휴일엔 빠지는 날이 없을 정도로 예식장에 뻔질나게 다닌다. 갈 때마다 식장 입구부터 장사진으로 몰려드는 차량과 하객들로 뒤덮여져 야단법석 장 같다는 느낌이 든다.

'야단법석'이란 말은 두 가지 의미를 가지고 있는 용어라고 한다. 하나는 석가모니가 영취산에서 법화경을 설법할 때 법문을 듣기 위하여 운집한 군중이 무려 3백만이나 모여들어 매우 혼돈스러워 법당이 아닌 야외에서 높은 단상을 만들어 불법을 설파하는 종교의식 자리[野壇法席]를 말하는 것이다. 또 하나는 특정한 목적을 달성하기 위하여 여러 사람이 운집하여 서로 다투고 성토하며 떠들고 매우 시끄러운 소란스런 상태의 자리를[惹端法席] 말하기도 한다.

나는 위에서 열거한 두 가지 중 후자에 속하는 야단법석 장을 거론코자 한다. 가을철이 접어들면 휴일엔 야단법석 장 같은 곳에 나가 소란스러움 속에서 하루를 보내며 생활을 하고 있다. 서울의 광화문네거리에 쇠고기 수입 반대와 촛불집회의 야단법석 장이 있는 것이 아니고 지방에도 많이 있다. 바로 대·중형의 혼례식장이 야단법석 장이다. 지나친 표현인지도 모르나 시장의 난장판과도 같다. 하루에 수십 쌍씩 혼례를 치르는 예식장에는 적게는 수천 명, 많게는 만여 명 이상이 운집한다. 지인 간에 인사부터 시작하여 인생살이 이야기와 주차문제로 시비하는 소리, 식장 내에서 신랑의 우렁찬 만세 소리, 행진할 때 폭죽 소리, 혼주의 친척을 가장하여 축의금을 사취하여 도주하는 "사기꾼을 잡아라."는 고함 소리, 다음 혼례를 위하여 자리를 비워 달라고 독촉하는 소리, 피로연 자리를 비워달라는 업주 측의 독촉 소리 등이 소음으로만 들릴 뿐이다.

백년가약을 맺는 성스럽고 정중해야 할 혼례식장은 본래의 취지를 잃어버리고 경영논리가 적용되어 지정된 시간에 계획대로 혼례를 마치기 위하여 밀고 들어오고 떠밀려 나가는 모습이 난장판보다 더 시끄럽고 혼란스럽기만 하니 말이다.

나는 농촌에서 전통혼례를 보고 성장해서 그런지, 가끔 향교에서 예식을 하는 것을 보노라면 전통혼례에 내포된 오묘한 매력이 나를 빠져들게 한다. 신랑신부의 옷차림과 준비된 음식물, 초례상 차림에 사용되는 물건들이 하나같이 신혼부부를 위한 사랑과 부귀 복록을 상징하는 의식으로 소박하면서도 깊은 뜻이 담겨져 있기 때문이다.

농촌에서도 잔칫집 풍경을 보면 추녀 끝에 차일을 치고 마당 구석진 곳에는 왕 등겨로 잿불을 지펴 놓고 탁주와 감주 동이가 얼지 않도록 따뜻하게 데운다. 마당 한가운데 혼례식장에는 멍석 위에 초석을 펴고 정중앙에 초례상을 차리고 정화수를 담은 소반을 둔다. 민화가 곱게 그려진 병풍이 삭풍 부는 북쪽을 가리고, 부부 금실을 상징하는 암탉, 수탉을 비단 보자기에 싸서 대례상 위에 올리고, 복록을 상징하는 백미도 한 그릇 올린다. 부부간의 일편단심 지조와 절개를 상징하는 댓잎과 솔잎을 물병에 꽂아두고, 삼색 과일이 차려진다.

혼례는 집례자(執禮者 : 주례)의 예식 순서[笏記]에 따라 창홀로 지시하면 시자(侍子 : 혼례도우미)의 보조로 시작되는데, 집례자는 마을에서 복력이 좋고 깨끗한 집안의 어른이 선정되어 행사를 주관하는데, 조용하고 정중하게 이루어진다.

대례 처에 신랑이 들어서면서 금슬을 상징하는 목각 기러기를 전달(傳雁禮)하면 혼례가 시작되는데, 사모관대와 청색 관복을 입은 신랑이 동쪽에 서고, 족두리와 궁녀복을 입은 신부가 서쪽에서 마주선다. 백년가약을 허락하는 교배례가 행해지고, 두 사람이 서로 한마음으로[一心同體] 일생을 살아갈 것을 약속하는 맑은 술을 서로가 바꾸어[合巹禮] 마신다. 술잔과 안주를 집을 때마다 소반 위에 놓인 정화수에 손을 씻고[盥洗] 수건에 손을 닦아 청결을 유지하는 모습이 너무도 순결해보였다. 집례자가 예식 종결을 선언하면, 신랑신부는 시자의 안내에 따라 처소로 돌아가게 된다.

전통혼례가 왠지 자꾸만 떠오르는 것은 식장 분위기가 성스럽고 조용하고 사용되는 물품과 전통복식에 소박하면서도 깊은 뜻이 있기 때문이다. 신부의 옷차림을 보면 분단장을 곱게 한 양 볼에는 붉은색으로 둥글게 연지를 찍고 이마에는 달처럼 둥글게 곤지를 찍었다. 쪽을 지은 머리 위에 화관족두리에는 나비가 날아갈 듯 팔랑이고, 일생에 한 번 입는 궁녀복식인 옥색 저고리와 다홍치마를 곱게 차려입은 신부들의 고운 모습이 선녀처럼 곱게만 보였다.

필자는 옛날 전통혼례로 되돌아가자는 것은 아니다. 성인도 세속을 따르라고 했듯이 시대 사회 조류에 따라가는 것은 당연하다고 하더라도, 성스러운 자리에서 웃어른들이 보는 앞에서 입맞춤을 한다거나, 큰 소리로 개선장군처럼 만세를 부른다거나, 힘자랑하는 팔 굽혀 펴는 동작, 신랑이 신부를 업고 한 바퀴 돈다거나, 신부가 입은 드레스가 상반신이 너무 노출된 예복을 입어 수밀도(水蜜桃)가 노출되는 건 고쳐야 할 부분이 아닌가 싶다. 그리고 특히 하례객들이 식장 주위에서 그리고 식장 내에서 소란스럽게 떠드는 소리는 아무리 생각해도 고쳐야 할 부분이다. 또 일인분에 사오만 원이나 되는 피로연의 식사비용과 하객에게 주는 여비 봉투도 혼주 가계에는 분명 부담이 되는 문제다.

얼마 전에 서울 친척 결혼식에 갔는데 종로에 있는 L호텔 내 예식장이었다. 피로연 식대가 일인분 십만 원이었는데, 그렇다고 음식이 잘 나오는 것도 아니다. 탁구공만 한 분량의 밥과 손바닥 반에 반절도 안 되는 스테이크 한 조각과 와인 반 잔에 인절미 두 조각뿐이었다. 예식에 참석하기 위하여 꼭두새벽에 아침을 거르고 고속 열차를 타고 올라갔는데, 예식을 마치고 돌아오는 길은 그야말로 배고픔에 현기증이 날 정도였다. 서울의 비싼 예식문화에 지방 사람들에게 서울이 정붙이고 사람 살 곳이 못 된다는 생각이 들게 했다.

경상도 예식문화는 다른 지방보다 유독 눈에 띄게 다른 것은 소란스러움이다. 성스러운 예식장에서 축복해주러 가는 하례객이 떠들고 시끄럽고 소란스러우면 그건 주인공에 대한 결례이다.

장례, 제례 문화는 법령으로 규제를 하지 않아도 급속도로 간소화로 탈바꿈을 하는데, 예식문화는 갈 때마다 대형화환들이 터널을 이루고 값비싼 신혼여행과 고가의 예복으로 사치스러운 분위기가 오히려 점점 증가하는 신풍속인 듯하다. 나 스스로 혼잡하고 사치스런 예식문화를 절제된 검소와 공경하는 예절로 형편에 맞게 예식문화를 실천해나가야겠다는 생각이 든다. 성숙된 예식문화로 바뀔 날은 언제쯤이 될지 예식장에 다녀올 적마다 고쳐야 한다는 생각을 해본다.

<징비록(懲毖錄)>과 소상반죽(瀟湘班竹) 야화

<징비록(懲毖錄)>은 유성룡(西厓. 柳成龍)이 임진왜란 시 재상으로 선조대왕을 호종(扈從)*하며 7년간 전란의 중심에 서서 몸소 경험한 사실을 고향 안동에 낙향하여 저술한 야사(野史) 서적으로 후일에 국보(132호)로 지정된 문화유물이다.

<징비록> 내용을 요약하면, 1592년에 왜군 15만 명이 부산포 앞바다에 상륙 후 파죽지세로 북진하여 20일 만에 한양 도성에 무혈 입성한다. 선조는 피난코자 몽진(蒙塵)을 하려는데, 신하와 백성들의 충정 어린 만류에 못 이겨 "도성을 지키겠다." 속이고 궁궐을 빠져나와 몽진 길에 오른다. 백성들은 통곡하고, 불만을 품은 노비 아전들이 임금의 어가(御駕)*가 궁궐을 떠나기 무섭게 남대문 근처 창고와 궁전을 방화로 불태워버린다.

임란 전야의 조선의 정세는 사분오열로 당쟁만 일삼았고 국가 안위는 만에 하나라도 철저히 대비하는 철칙을 무시했다. 일본

에 파견된 통신사(通信使)마저 귀국보고를 하는데, 조선 정벌론과 비정벌론으로 나눠져 소속 당리당략에만 치중했다. 관군은 훈련되지 않고 무기와 장비는 부족하고 성책은 수리가 요원하고 군령이 서지 않는 오합지졸로 정보력마저 청맹과니였으니 어쩌랴!

왜국은 현소(玄素)라는 중[僧]을 조선에 통신사절로 위장 입국시켜 정세를 거울 보듯 밝게 수집해 갔다. 왜군은 월등한 병력과 개량된 조총, 화포로 무장하고 관군을 공격하니 대장, 병졸 모두가 도주 피신하기에 급급했다. 명나라에서 온 응원군과 왜군 모두 살인과 약탈로 아사자가 넘쳐나고 아들이 아버지를 살해하여 인육을 뜯어 먹는 아비규환의 참극이 일어났다니 듣기만 하여도 끔찍하다.

선조가 의주에서 국경을 넘으려 할 때 명나라 이여송(李如松) 대장이 지원병 4만 명을 거느리고 입국하였다. 압록강을 건너 평양을 공격하여 수복은 하였으나 사사건건 생트집을 하며 더 이상 전투를 기피하고 조선을 배제한 명나라와 일본 간의 화평 협상에만 시간을 끌었다.

하늘의 도움인가, 이순신이 해전에서 승전하고 전국 각지 의병의 저항으로 적군의 보급이 차단되자 적들은 남으로 퇴각하였다. 정유년에 재차 침공하였으나 관백 도요토미 히데요시의 죽음(1598년)으로 왜군은 철수하고 명군은 신흥 청나라에 무너져 전란이 종결된 것이 <징비록>의 줄거리다.

나는 야사, 야화 같은 구전설화를 즐겨 읽는다. <사기(史記)>처럼 딱딱하지 않고 부드러우며 역사의 뒤안길로 사라진 이야기와 민초들의 규방이나 사랑방에서 구수하게 전해오는 구전비담들이 읽는 사람에게 흥미를 주고 충효와 권선징악의 주제의식을 심어주며 생활에 청량제가 되기 때문이다.

감명 깊은 야화는 <한양가(漢陽歌)>이다. 명나라 이여송 대장과 유성룡 재상의 소상반죽(瀟湘斑竹)*에 관한 대목이 너무 흥미롭다. 명나라에 원병 요청 사신으로 간 이항복(白沙=都承旨)과 김성일(鶴峯=通信使 招諭使)이 천신만고 끝에 이여송 대장과 군사를 지원받아 압록강을 건넜다. 서애 대감(領議政)과 이덕형(漢陰=兵曹判書)이 접빈사절로 강나루에서 영접을 하는데, 이여송은 뱃머리에서 내리는 순간부터 생트집을 부린다. "오늘 점심 지을 때에 황하수(黃河水)를 길어다가 진지를 지어놓고, 용간(龍肝)을 회를 쳐서 소담하게 담아놓고 석간적(石間炙)을 구워 오라." 추상같이 호령한다. 이덕형 하는 말이, 압록강 상류물이 황하수 원류이니 밥 지으면 황하수가 된다 하고, 이항복이 석간적은 두부가 석간적이라오, 용간은 어이 구하리. 김성일이 압록강 강가에 머리 풀고 통곡하며 두 손 모아 비는 말이 "하나님 들으소서. 용 한 마리 주시면 이여송을 대접하여 왜적을 소멸하고 나라와 억조창생 목숨을 구하노니 명명하신 하느님 명덕으로 용간을 내려주소서." 대성통곡하니 갑자기 짚동 같은 용 한 마리 튀어나오니, 학봉 선생 삼척장검 빼어들고 용간을 베고 나니 간 없는 저 용 보소 굽이치며 물속으로 들어간다. 학봉이 용간을 회를 쳐서 점심상에 들여가니 이여송 밥상을 돌아보고 용간을 먹으려면 소상반죽 저(箸 : 젓가락)를 시각으로 구해오라 없으면 못 먹는다. 밥상을 물리거늘 서애 대감 거동 보소 행전(行纏)* 속에 간직해둔 소상반죽 뽑아내어 진짓상에 올리노니 이여송 하는 말이 "장하도다. 조선 신하 충성도 장하거니와 지략이 더더욱 용하구나. 석간적은 여사로 구하지만 황하수도 어렵거늘 용간을 어이 얻나, 용간은 고사하고 소상반죽 저는 어이 구했나?" 감탄하고 조선은 소국이지만 인재가 있어 전쟁에 승리할 것이라 믿는다는 대목이다.

<징비록>은 시전(詩傳)에 나오는 글귀인데, 予基懲而毖後患 此懲毖錄 所以作也 '지난날의 잘못을 징계하여 뒷날에 환난이 없도록 대비하고 조심한다.'는 뜻이다. <징비록>, <한양가> 모두가 임란전쟁의 참상과 비극을 말해주고 있다. 점령군, 응원군 모두 횡포가 얼마나 극심한지 백성들이 "왜병은 얼레빗이요, 명군은 참빗이라 했다." 하니, 적군보다 응원군의 횡포가 더 심하여 머물다 간 곳은 홍수가 지나간 듯하다 했다. 평양전투에서 이여송은 조선 백성들을 잡아 삭발한 후 목을 베어 왜군으로 위장하여 명 황제에 전과로 바쳤다니 통탄치 아니하랴!

나는 위 설화를 통하여 지난날 환난을 거울삼아 오늘을 경계하며 앞날을 지혜롭게 대비해야 된다고 생각한다. 먼저 나라를 병들고 좀먹게 하는 끝없는 분열 정쟁을 중단하고, 국론을 결집하여 총화로 하나가 되는 것이다. 우리는 머리 위에 핵폭탄을 이고 살지 않는가. 위급하고 긴박하다. 나라가 무너질 땐 외

부침략보다 내부분열로 무너짐이 더 무섭기 때문이다. 두 번째는 태평시대일수록 위난을 생각해서 후일 대비가 필요하다(安不思難 敗後悔). 임진란도 무방비가 전란을 초래했고 한말 일제침략도 안일한 무방비가 전쟁을 초래했다. 마지막으로 "역사를 잊은 민족은 미래가 없다."는 선각자들이 남긴 말을 새겨들어야 한다. 국력을 신장하여 내 운명을 외세에 의존 말고 스스로가 결정하는 자주적 역량을 키워야 할 것이다. 또다시 보수 진보, 동서로 갈라지고, 신파 구파, 주류 비주류로 사분오열 갈라지면 주위의 승냥이 떼들에게 희생물이 될까 봐 생각만 해도 공포와 전율이 느껴진다.

*호종(扈從) : 임금이 전란 또는 출타 시 어가(御駕)를 따르는 것
*어가(御駕) : 임금이 타고 다니는 수레나 가마.
*소상반죽(瀟湘斑竹) : 중국 호남성 소상강 주변에만 서식하는 대나무. 표면에 붉은 무늬 반점이 눈물방울처럼 아롱져 있다고 함
*행전(行纏) : 바지를 입고 정강이 밑에 꿰어 무릎 아래에 매는 물건

퇴계를 사랑한 두향의 절의(節義)

퇴계(退溪) 선생은 조선 시대 송나라의 주자학을 연구 발전시켜 이기이원론(理氣二元論)을 주장한 대 철학자로 해동군자(海東君子)란 별칭이 있는 유명한 분이다. 그러나 천추에 이름을 남기는 학자도 가정적으로는 부인 복이 없는 것 같다. 첫째 부인 허 씨와는 21세에 결혼하여 7년 만에 산고 끝에 사별하고 두 번째 권 씨 부인과 30세에 재혼하였으나 47세에 또 사별하고 둘째아들마저 잃게 되는데, 비록 학문으로는 대성하였으나 가정적으로는 불운이 겹친 분이었다.

이렇게 실의에 빠져있는 퇴계에게 명종대왕이 산수가 수려한 단양에 군수를 제수한다. 단양에 부임한 퇴계는 관기(官妓)로 있는 두향(杜香)을 만나는데, 낭랑 18세 절세미인이 가야금과 시조,. 운율을 잘하여 퇴계에게 상대가 되어주니 서로가 시문을 통하여 정분을 쌓았다.

묘하게도 그즈음에 퇴계 선생 넷째 형 이해(李瀣)가 충청도 관찰사로 부임하자 형제가 한 지방에 목민관 재임을 피하는 상피(相避)제도에 해당되어 부임 9개월 만에 자청하여 단양을 떠나 경상도 풍기군수로 떠나게 된다. 단양을 떠나기 전날 밤 두향은 퇴계와 깊은 정을 나누고 정든 임을 보내며 작별 시조 한 수를 읊는다.

이별이 하도 서러워/ 잔 잡고 슬피 울 제/ 어느덧 술 다하고/
임마저 가려 하네/ 꽃피는 봄날을/ 홀로 어찌할까 하노라/

이별의 시조를 읊고 난 후 두향은 속치마를 벗어 퇴계 앞에 펼치며 전별시 한 수를 써달라고 간청하니 퇴계는 붓을 들고 아래와 같이 시 한 구절을 남기고 다음 날 단양을 떠났다.

죽어서도 이별이라는 소리는 나오지 않고(死別已呑聲)
살아서도 이별은 슬프기 그지없더라(生別相惻惻)

이때가 두향은 18세 퇴계는 48세였는데 짧은 만남이 생전에 마지막이 되었던 것이다. 퇴계가 떠난 후 두향은 후임으로 오는 군수에게 기적(妓籍)에서 제적토록 부탁하여 다시 여염집 아녀자로 돌아왔다. 퇴계와 같이 풍류를 읊고 즐겼던 장회나루 건너편 강선대(충주호 앞 구담봉 언덕) 부근에 움막집을 짓고 수절하며 살았다.

이별 후 20년이 지나 두향이 38세(퇴계 68세) 때 퇴계를 그리워하는 연착(戀着)된 마음이 더욱 깊어져 잊을 수가 없었다. 집에서 가꾸던 매화 분과 퇴계가 이별할 때 써준 속치마를 단양군 이방을 시켜 안동 도산으로 보낸다. 이방은 도산에 당도하여 매화 분과 속치마를 전하며 속치마에 다시 시 한 수를 부탁하자 퇴계는 자기 심정을 화답으로 써주었다.

> 서로 한 번 보고 웃는 것은 하늘이 허락하는 것이네(相看一笑天應許)
> 기다려도 오지 않으니 봄날은 다 가려고 하는구나 (有待不來春欲去)

이렇게 화답시를 써주고 도산계곡 맑은 물 한 동이를 퍼서 보낸다.

퇴계는 두향이가 보낸 매화 분을 보면 두향을 보는 듯하고 찬바람과 눈 속에서도 고고청청 시들지 않고 아름다운 꽃과 향기를 발산하는 설중매를 두향이로 의인화하여 옆에 두고 애지중지 가꾸었다고 한다. 도산서당에 기거하면서도 주변에 매화나무를 심어 도산 매원을 조성하여 매화꽃과 향기를 즐겼다. 매화를 얼마나 좋아했는지 매화 한시만 무려 118수를 지어 <매화 시첩>을 후세에 남기기도 했다.

한편 두향은 퇴계가 보낸 도산계곡 맑은 물을 매일 한 종지를 마셨는데, 어느 날 물맛에 역한 냄새가 나고 그릇마저 깨져버렸다. 두향이 불길한 예감이 들어 안동으로 불원천리 찾아갔으나, 퇴계는 두향이 보낸 매화 분을 가리키며 "매화 분에 물을 주어라."는 유언을 남기고 운명하여 상중이었다. 상주들은 두향과 퇴계 간의 연정관계를 알지 못한지라 상문도 못 하고 장지 언덕배기를 먼발치에서 바라만 보고 단장의 심정으로 단양으로 돌아왔다.

두향은 구담봉 앞 언덕(강선대)에서 투신 자결을 결심하고 죽은 뒤 시신은 퇴계와 같이 풍류를 즐기던 강선대 옆에 묻어달라는 유언을 남기고 열두 폭 치마를 뒤집어쓰고 단양호 푸른 물에 몸을 던졌다.

'열녀는 불경이부(烈女不更二夫)'라는 고사가 문득 생각이 난다. 비록 퇴계와 두향의 관계가 단양지방의 야사인지 구전비담인지 사실성을 떠나 두향이 한 사람의 아녀자로 잠시 동안 사랑했던 임을 위해 기적에서 벗어나 평생을 수절하며 외롭게 살다가 한때 정들었던 임의 뒤를 따라 자기 일생도 절명하는 청죽 같은 절의가 오늘날 부부간에 이혼문제를 쉽게 생각하는 사람들에게는 사표(師表)가 되지 않을까 생각해본다.

400여 년이 지난 근래 단양군에서는 두향의 시문학과 절의를 기리기 위하여 해마다 '두향 문학제'를 성대히 베풀고, 살던 곳에 교명도 '두향초등학교'로 이름을 붙여서 부르고 그녀의 절의를 기리고 있다니 후세 사람들에게 권장할 만한 다행스런 일이다.

공자(孔子)와 구곡주(九曲珠) 이야기

공자는 춘추시대 노(魯)나라에서 태어나 일찍이 아버지를 여의고 홀어머니 밑에서 가난과 역경을 극복하고 마침내 성인으로 대성하였다. 유교적인 이상 정치를 실현하려 했으나 토착세력(三桓氏)의 반발로 실패하고 55세에 제자들과 14년간 조국을 떠나 주유천하(駐遊天下)*로 여러 나라에 유력(遊歷)의 길에 올랐다. 그러나 유력의 길은 순탄치가 않았다.

공자가 초나라로 가기 위해 채나라 국경을 넘을 무렵 뽕나무에서 뽕 따는 두 여인을 보았다. 동쪽 가지에 뽕 따는 여인은 구슬처럼 예쁜 얼굴이라 동지박(東枝璞 : 구슬박)이라 하고 서쪽 가지에 뽕 따는 여인은 얽은 박처럼 못생긴 추녀라 서지박(西枝縛 : 얽을 박)이라 하며 혼잣말로 농(弄)을 하며 지나갔다. 이 말을 엿들은 서지박 여인이 공자를 힐끔 쳐다보며 하는 말인즉

"건순노치하니 칠일절량지상(乾脣露齒 七日絶糧之相)이나, 이백어

면하여 문장은 천하지상(耳白於面 文章天下之相)이구나!"라고 중얼거렸다. 이를 번역하면 "윗입술이 말아 올린 듯하여 치아가 드러나는 궁핍한 얼굴상이니 칠일 동안 굶주릴 관상이로구나! 그러나 귀가 얼굴보다 희고 잘생겼으니 문장만은 천하에 으뜸일세!"라는 내용이다.

뽕 따는 두 여인은 인간 세속에 평범한 필부(匹婦)가 아니고 도를 닦은 은자(隱者)인 듯한데 공자는 생각 없이 가볍게 농을 하고 채나라 국경에 도달하였다. 그러나 국경을 지키는 관리들은 공자를 성인으로 인정하지 않고 노나라의 역모의 수괴인 양호(陽虎)의 무리로 오인하여 감금하여 굶겨버린다. 제자들이 극구 변명하며 노나라 성인, 공자라고 설득하니 그렇다면 성인이라는 표적을 보여라, 하고는 아홉 구비로 된 구멍 뚫린 구곡주(九曲珠) 구슬을 주면서 이 구슬을 한꺼번에 실로 꿰어내면 석방하겠다는 것이다. 공자와 제자들은 구슬을 꿰어보려 했으나 헛수고였다.

제자 중에 자로(子路)가 앞서 뽕나무밭에서 서지박이 하는 말이 예사롭지가 않으니 찾아가 물어보자고 간청하였다. 공자에게 허락받아 뽕나무밭에 갔으나 두 여인은 사라지고 서쪽 뽕나무 가지에 짚신 한 짝이 가지 끝에 걸려있었다. 신발이 매달려 있으니 계혜촌(繫 : 맬 계 鞋 : 신 혜, 마을 이름)에 살 것이라는 판단을 하고 찾아갔다. 계혜촌에서 서지박 여인을 만났다. 정중히 사과하고 스승인 공자를 위기에서 구해달라고 간청을 하였다. 서지박 여인 하는 말 "그만한 도량과 지혜도 없이 경솔히 말하고 사람을 비웃는가."라고 꾸짖고는 지필묵으로 밀의사(蜜蟻絲 : 꿀, 개미, 실)라고 써주면서 공자에게 전해라 했다.

제자들은 돌아와 밀의사 쪽지를 공자에게 보이자 공자는 무릎을 탁! 치면서 꿀과 개미, 명주실을 구해오라 명했다. 공자는 꿀을 한쪽 구멍 입구에 바르고 개미허리에 실을 매어 반대편 구멍에 개미를 갖다 대었다. 개미는 곧장 꿀 냄새를 맡고 꿀 발린 구멍 쪽을 향해 아홉 구비 구멍을 넘어 꿀 발린 구멍까지 한꺼번에 구곡주 구슬을 꿰었다. 옥문을 나서는 그날이 굶은 지 칠 일째 되는 날이었다.

공자와 구곡주 이야기는 전한시대 사마천(司馬遷)이 지은 <사기>에 수록된 설화이다. 설화가 수천 년이 지난 지금도 널리 회자되고 있는 까닭은 무엇 때문일까? 구곡주 이야기를 통하여 세 가지 삶의 진리를 터득할 수 있다는 것이다.

첫째, 공자가 뽕 따는 서지박 여인을 필부가 아닌 은자라는 것을 몰라보고 경솔히 못났다고 힐난한 것은 말을 할 때는 신중해야 함을 각성하게 하는 대목이다.

두 번째, 구곡주는 순환의 진리를 암시하고 있다. 우주에는 태양계의 9개 위성이(九個衛星 : 수성, 금성, 지구, 화성, 목성, 토성, 명왕성) 순환하여 일 년 열두 달과 사계절 낮과 밤이 순환하여 하늘의 질서를 유지한다. 사람도 소우주인 인체의 아홉 구멍을 가지고 태어나(九個孔 : 눈, 귀, 코, 입, 요도, 항문) 삶을 유지하고 있는 바, 두 눈으로 사물을 분별하고, 두 귀로 소리를 듣게 하고, 코로는 향기와 악취

(香氣惡臭)를 분별하며 들숨과 날숨을 쉬게 하고, 입으로 음식물을 정갈하게 받아들이고 진실되게 말하고, 하단부 요도와 항문은 상단부에서 받아들인 것을 체내에서 조화롭고 이롭게 걸러내고 막힘없이 배설하여 신진대사가 원활해야 생명을 유지할 수 있다.

마지막으로 격물치지(格物致知)로 사물을 꿰뚫어보는 통찰력 터득이다. 성인도 나면서부터 일람첩기(一覽輒記)*로 우주만물의 이치를 꿰뚫어보는 통찰력이 있는 것은 아니다. 구곡주 설화를 보면 공자도 칠십 이전에는 많은 실수를 범했음을 알 수 있다. '나이가 칠십이 되어서 높은 경륜과 지혜, 도량이 쌓여야 비로소 자기가 하고 싶은 것을 행해도 법도를 넘지 않는다(有年七十, 從心所欲, 不踰矩).'라고 했듯이 살아가면서 축적된 높은 지혜와 경륜을 통하여 격물치지로 통찰력을 터득할 수 있다는 것이다.

세상 사람들은 공자와 구곡주 이야기를 통하여 사람을 상대할 때는 자만심을 버리고 삼사일언(三思一言)으로 신중히 해야 함을 배우고, 구곡주 구슬에서는 우주의 순환의 진리, 인체의 순환의 진리를 터득할 수 있다. 또한 높은 경륜과 지혜가 축적될 때 사물을 꿰뚫는 통찰력이 생긴다는 것을 배울 수 있다.

요즘 일찍이 소년 등과하여 높은 벼슬에 올라 인생경륜이 짧은 젊은 판사가 법정에서 증인으로 출석한 노인에게 흡족한 증언을 안 한다고 "늙으면 죽어야 된다."는 막말을 하는가 하면, 국민의 대표인 국회의원이 국가원수를 모독하는 "독재자의 딸"이라는 신중치 못한 막말과 전 국민이 시청하는 청문회 석상에서

총리와 국무위원들을 반말로 윽박지르는 교만한 언행을 보면서 공자와 구곡주에 나오는 설화를 타산지석으로 삼아야 되지 않을까 생각해본다. 수천 년이 지난 오늘날에도 이 설화는 인생항로에 생활의 철학적 진리가 담긴 꺼지지 않는 등댓불처럼 인간사회에 널리 회자되고 있다.

*주유천하(周遊天下) : 세상을 두루 다니며 구경함

*유력(遊歷) : 여러 고장을 두루 거쳐 돌아다님

*일람첩기(一覽輒記) : 한 번 보기만 하면 잊지 않는 일

천륜(天倫)과 패륜(悖倫)

오랜만에 효심이 강물처럼 흘러넘치는 다큐멘터리 영화를 관람하였다. 영화 제목은 '나의 어머니 나의 아들'이었고 내용은 경상북도 안동 예안이라는 곳에 예안 이씨 16대 종부인 권기선(95세) 어머니와 아들(이준교, 70세, 17대 종손, 전 중앙일보 레저부장)이 시골 생활을 하면서, 아들은 어머니를 죽을 때까지 수족이 되어 극진히 봉양하고 모자간에 향기로운 사랑이 넘쳐나는 내용을 담은 단편 영화였다.

권기선 할머니는 18세에 예안 이씨 가문에 종부로 시집와서 28살에 남편을 여의고 청상과택으로 종갓집 봉제사와 층층시하 어른들을 봉양하면서도 아들을 서울에 공부시키느라 만고고생을 하였다. 홀어미로 가문을 지키며 시름을 달래주는 것은 오직 담배뿐이었다. 청춘에 홀몸이 되어 가슴속에 응어리진 한을 담배연기로 내뿜는 것이 유일한 삶의 낙이었을 게다.

세월이 흘러 종부할머니는 노환으로 독립하여 생활을 할 수 없게 되자 아들이 서울 생활을 접고 어머니 곁에 내려와서 수발하고 있다. 어머니는 아들이 부축하여 대변을 보는데 대변 후에 힘이 없어 화장지로 뒤를 닦는 것조차 불가능하여 아들이 직접 닦아 주었다. 고희가 지난 백발의 아들이 반찬과 조석을 손수 지어 숟가락으로 떠먹여 주었다. 화란이 춘성한 봄날이 되면 휠체어에 노모를 태워 동네를 회가(回家)하며 이승에서 하직인사를 다니게 하는 등 조금도 귀찮다는 속내를 드러내지 않고 지극정성으로 돌보는 모습이 너무 아름다웠다.

보통사람들 같으면 어머니를 집에서 수발하는 것이 힘들어 요양병원에 위탁하여 모시는 게 현실이다. 그러나 이준교 씨는 나를 낳아 이 세상에 태어나게 하고 길러주고 어렵게 서울에 유학보내 교육시켜 성장하여 오늘의 아들이 있기까지 키워주신 근본을 잊지 않고 돌아와 그 은혜에 보답하는 것(報本反始)은 당연한 의무요 도리라 생각하였다.

어머니가 임종이 가까워오자 가쁜 숨을 몰아쉬며 손을 내밀며 아들에게 경상도 사투리로 "애비야 애비야." 애타게 부르고 아들은 "어매 어매" 목메어 부르는 모습이 애절했다. 낙명 후 수의를 입히고 입관하여 이승을 떠나보내는 꽃상여 앞에서도 대성통곡하며 어매를 불렀다. 아들이 3년상을 맞이한 궤연(几筵) 앞에 엎드려 천륜으로 맺어진 모정을 잊지 못해 구슬픈 목소리로 호곡(號哭)*을 할 때는 나도 모르게 눈시울이 뜨거워졌다. 영화가 독립극

장에서 상영이 되었는데 경상북도 K도지사도 관람하면서 효심에 감동되어 손수건을 흥건히 적셨다는 기사가 일간지에 보도될 정도로 감동을 줬던 다큐멘터리였다.

그런가 하면 세상은 각양각색인가 보다. 요즘 TV나 신문지상을 보면 입에 담기도 힘든 패륜적인 사건들이 터지고 있어 자녀들과 같이 뉴스 보기가 민망스러울 때가 있다. 사회에 수범을 보여야 할 재벌가는 피를 나눈 형제간에 더 많은 몫을 갖기 위해 소송을 벌이는가 하면 재산 지분 문제로 노부를 법정에 정신감정 대상자로 출석시키는 패륜을 저지르고도 뻣뻣한 자세로 기자회견을 하는 걸 보면, 부끄럼(羞惡之心)이 없는 모양이다. 경기도 부천에서는 30대 가장이 아들을 살해한 뒤 시신을 냉동 보관하는가 하면, 40대 목사는 중학생 딸을 타살 하고, 경기도 광주에서는 가장이 부인과 두 자녀를 둔기로 타살 후 투신자살하였다. 초등학교 4학년생이 부모 싸움에 식칼로 아버지를 찔러 살해하는 등 사람의 탈을 썼으나 속마음은 짐승과 같은(人面獸心) 해괴망측한 범죄가 화면과 지면을 도배하는 세상이다.

날짐승 중에 까마귀 새끼는 어미 까마귀가 물어다 주는 먹이를 받아먹고 자란 뒤 늙은 어미 까마귀에게 다시 먹이를 물어다 먹여(反哺之孝) 은혜에 보은한다고 한다. 물고기 중에 연어는 성장하여 어미가 되면 태어난 모천으로 회귀하여 하천에서 알을 낳은 후 주변에서 알을 지키다가 죽게 되는데 이는 갓 부화해서 나온 치어들이 독립, 먹이활동을 할 때까지 어미 연어의 살코기를 뜯어 먹여 자라게(犧牲的愛育) 한다니, 제 몸을 희생하며 새끼를 보육하는 모습이 놀랍기만 하다.

오늘날 우리 사회 흐름은 돈이면 세상을 지배할 수 있다는 물질문명에만 치우치고 교육은 입시 위주 외눈박이 교육이다. 이는 천륜을 저버리고 어그러진 패륜으로 기울어지게 한 원인이 되지 않았을까 하는 생각을 해본다.

공자의 제자인 유약(有若)은, 부모에게 효도하고 형제간에 우애를 돈독히 지키는 사람은 사회에 나가서 윗사람을 능욕하거나 범법하는 자가 드물다고 했다.(其爲人也孝悌 而好犯上者鮮矣)

우리 사회가 예의 바르고 인정이 넘치는 사회가 되려면 부모에게 효도하고 형제간에 우애 있게(孝悌) 지내고, 어른을 공경하며(敬長) 자녀를 사랑으로 보육하는(愛育) 효제사상이 사회에 확산되어야 한다. 그래야 무너져가는 윤리도덕이 바로 설 것이다. 미물인 까마귀에게는 반포지효를 배우고 연어에게는 희생으로 애육하는 모성애를 배우고 싶다.

*궤연(几筵) : 영궤(靈几)와 혼백이나 신주를 모셔두는 곳

*호곡(號哭) : 상주가 목 놓아 슬피 우는 소리

강물 편에 한마디 부탁

서리 맞은 단풍잎이 2월 매화보다 더 고운 만추지절, 산악회의 10월 마지막 주일 산행에 동참했다. 목적지 산은 경기도 남양주시 두물머리 부근 운길산 610고지였다. 천릿길 원거리 산행이라 조조에 잠을 설치면서 나갔다. 전세버스에 몸을 싣고 고속도로를 달리는 차창 너머로 늦가을의 산들은 만산홍엽이 다투듯 오색 꽃물로 물들었다. 강상에 기러기 높이 나르는 강변의 황금 들녘엔 농부들이 콤바인으로 잘 익은 알곡을 수확하는데 그야말로 조락(凋落)과 결실의 계절이요 서정과 낭만이 넘치는 사색의 계절이기도 하다.

산악회장의 인사 말씀과 산행 스케줄 설명을 마치고 근엄한 표정으로 오늘 산행에 동참을 하려던 회원 한 사람이 간밤에 유명을 달리했다는 비보를 전했다.

부부간에 한방에서 잠을 자고 아침에 깨어나 보니 운명을 했다고 한다. 한평생 희로애락을 같이하면서 미운 정 고운 정 쌓으면서 살아왔으나 영결종천 마지막 가는 길에 한마디 유언도 들어보지 못하고 훌훌 털고 떠났다니, 그 얼마나 애통하랴! 인생의 오복 중에 고종명(考終命)이라 해서 임종 시에 처자식과 형제자매 일가친척이 지켜보는 가운데서 유언을 남기고 손을 잡고 편안하게 눈을 감는 것이 인생 마지막 가는 오복 중에 한 가지 복이다. 요즘 세상에 가족이 사방팔방 흩어져 살아가는 시대에 어디 그것이 쉽지가 않으니 어찌하랴! 회원의 한 사람으로 그저 명복을 빌어볼 뿐이다.

그러한 가운데 산행 차량은 어느덧 양수리 남한강과 북한강의 물머리가 서로 마주쳐 합류하는 두물머리 교량을 지나 운길산 주차장에 도착했다. 산 정상까지 2.5킬로 가파르게 경사진 시멘트 포장길과 돌밭 산길 따라 쉬엄쉬엄 1시간 30분 만에 가쁜 숨을 몰아내며 산 정상에 도달하였다. 땀이 범벅이 된 심신에 불어오는 가을바람을 쏘이니 땀이 그치고 한결 시원하다. 고개를 들어 발아래에 펼쳐진 만중운산을 바라보니 운애(運靉) 속에 불타는 홍엽과 굽이쳐 흐르는 강물이 청홍색으로 조화를 이루어 한 폭의 동양화처럼 아름답다. 산 정상에서 자연 속 풍광을 바라보는 이 순간만은 무척 마음이 청정무구하다. 풍진 세파에 시달리며 깊이 묻혀있는 마음속의 때까지 불어오는 가을바람에 깨끗이 날려 보내니 신선이 된 기분이다.

산 정상에는 벌써 다른 곳에서 온 사람들이 둘러앉아 손을 뻗고 하늘을 쳐다보며 늦가을 정취를 즐기고 있었다. 한참 후 그들은 우스갯소리로 입가에 손나발을 하면서 국회의사당 앞으로 흐르는 강물을 바라보면서 강물을 향해 말을 한다.

"흐르는 물처럼 제 몸을 낮추어 만백성에 이로움을 주며 다투지 말고 순리대로 정사를 펴면서 존경받는 위정자가 되길 바라네(上善若水 水善利 萬物而不爭)이란 구절일세. 인간의 최고의 선은 흐르는 물과 같다네. 흐르는 물은 억조창생의 모든 생명체에 이로움을 주면서도 대가를 바라지 않고 자기 몸을 낮추고 겸손하며 낮은 곳으로 순리를 따라 흐르면서 다투지 아니하고 뭇 생명을 키우며 포용한다네."

윗녘 말을 쓰는 그들은 백발을 나부끼면서 속세를 떠나온 은자인 듯 눈빛이 형형한 범상치가 않는 느낌이었다. 우스갯소리로 손뼉 치며 흘러가는 두물머리 강물을 바라보며 말을 하지만 옆에서 가만히 들어보니 우스갯소리 속에 만고불변의 진리가 들어있는 위정자를 비판하는 풍자의 말인 듯하다.

"윗사람들이 실정이 없으면 아랫사람들이 사사로이 비난함이 없는 것이요, 실정에 비난을 하더라도 그 입에 재갈을 물려서 감히 말하지 못하게 하는 것이 아니다."라는 동양경전의 말은 작금 우리 시대의 정치사에 사사로이 불신과 비난으로 논쟁을 하더라도 통제하지 말고 포용하고 화합하여 감싸 안으라는 말과 흡사하다.

백성들은 두물머리 강물처럼 겸손과 부쟁(不爭), 포용과 순리로 제 몸을 낮추고 순리대로 다툼 없이 정사를 펴는 존경받는 국회를 바란다. 파벌과 당리당략을 떠나 혁신된 모습이 가을바람을 타고 나라 안에 확산되기를 갈망한다. 인도의 타고르가 말한 것처럼 동방의 등불 같은 전당이 되기를 기원해본다.

향기로운 삶

빈한(貧寒)이 숙명처럼 나의 주변에 맴돌던 때에 내 아내는 스물다섯에 중매로 나의 배필이 되었다. 쌀 닷 되, 이불 한 채, 간장 된장 한 초롱을 가지고 직장 따라 타관 객지에서 신혼살림을 시작했다. 한 달 봉급이 25,000원인데 만 원을 떼서 매월 고향 부모님께 농비로 삼 년 동안 보내고 남은 돈으로 쌀과 연탄, 월세를 지불하고 의복은 결혼할 때 해온 옷을 입고 연명하여 살았다.

그런 와중에도 젊은 시절이라 연년생 딸 둘을 낳아 모유로 딸 둘을 양육하다 보니 아내는 영양실조에 몸이 극도로 허약해졌다. 설상가상으로 유행성출혈열이라는 치사율이 높은 합병증으로 사경을 헤매며 병실에서 피골이 상접한 채로, 퇴근하여 오는 나를 붙잡고 눈물을 흘리며 아이들 때문에 눈감을 수 없으니 살려 달라 애원하던 때를 생각하면 가슴이 아려진다.

친정에서는 백여 마지기 전답을 경작하며 일꾼을 두고 풍족하게 지냈던 사람이 시집와서 아이에게 우유 한 병 사 먹이지 못하는 형편이었다. 결국 아내는 영양과 칼슘이 부족하여 사십대 중반에 이빨이 반 이상 빠지고 부분 틀니를 하는데 치과의사가 "아이에게 칼슘을 다 빼앗기고 어른 몸이 망가졌다."고 꾸짖자 서러움에 북받쳐 빗물처럼 흐르는 눈물을 지켜보자니 내 마음도 처연하기만 했다.

종부는 딸만은 안 되고 대를 이을 아들 둘은 돼야 외롭지 않다는 시부모 말씀을 거역 못 하고 어느새 딸 둘과 아들 둘에 식구는 눈덩이처럼 늘어났다. 자녀교육을 위해 근무처를 대도시로 옮기면서 전세방을 구하러 다녔으나 아이가 네 명이라 셋방을 주지 않았다. 한 달간 방을 못 구하고 결국 딸 둘은 고향 부모님께 맡기고 아들 둘만 데리고 이사한 후 한 달 뒤에 주인집 눈치를 보면서 딸 둘을 데려와 겨우 입학을 시켰다.

자녀 넷을 키우면서 학원은 엄두도 못 내고 아내는 부업으로 밤 까기를 수년간 했는데 엄지손가락에 신경선이 늘어져 평생을 제 기능을 못한 채 살아가고 있다.

맏아들이 서울에서 공부할 때 청운의 꿈을 실현코자 불원천리 멀다 않고 제집 드나들 듯 10년간을 왕래했다. 한 달에 두 번씩 반찬을 만들어 배낭은 등에 메고 보자기는 손에 쥐고 열차로 낯선 서울 종로까지 오르내리며 차멀미에 끼니를 걸러도 배고픈 줄 모르고 제 몸은 병들어 가는 것을 감수하면서 자식 위해 육신을 희생하며 다녔다.

자녀들 교육 마칠 때까지 백화점에 가서 옷과 신발 한 번 사 보지 못하고 음식점 가서 좋은 음식 한 번 사 먹지 않았던 아내였다. 이웃집 아주머니는 남편이 직물공장을 경영하는데 부부간에 백화점에 가서 새 옷을 사 입기도 하고 좋은 음식점에 가서 외식을 하고 승용차를 타고 다니는 것을 보면 그렇게도 동경의 대상이 되었고 자신의 존재가 미약하게 보였다고 지난날을 회상하며 이제야 실토를 한다.

세월이 흘러 구직하기 힘든 시대이지만 아내의 헌신적인 교육 뒷받침과 노력으로 4남매가 학업을 마치고 번듯한 직장을 구하여 우리 집과 가세가 비슷한 집안에서 배필을 찾아 모두 짝을 지어 출가와 분가를 시켜 내보냈다.

내가 뿌린 씨앗은 내 힘으로 거두어야 한다면서 남편이 박봉이어도 형편에 맞게 내핍과 절제로 시부모에 손 벌리지 않는 책임의식이 강한 사람이었다. 일생 동안 길흉사를 십여 회 치르고 대소가 친인척 간에 생신과 기제일을 기억해 뒀다가 잊지 않고 박례(薄禮)지만 성의를 표시하고 먼 집안 간에도 길흉사를 도우며 집안을 우애 있게 아우르며 종부로서 일해 왔다.

선대로부터 세전지 재물은 많지는 않으나 땅 한 평 팔지 않고 시동생과 똑같이 마음 상하지 않게 분배하고 나의 지분은 묘답으로 사용하고 동서 간에 의좋게 지금까지 지내오고 있다.

정원의 꽃은 소리 없이 피지만 짙은 꽃향기를 발산하여 정원 주위를 향기롭게 만든다. "집안이 가난하면 어진 아내를 생각나게 한다(家貧思良妻).” 옛 고사가 문득 떠오르니 나도 이제야 철이 드는 모양이다.

빈한한 선비가문에 시집와서 시부모와 봉제사를 성심껏 받들고 제 몸을 헌신하여 가족과 친인척 간에 우애의 꽃향기를 발산하며 살아온 당신에게 한마디 전하고 싶어요. 당신의 헌신적인 삶이 꽃향기처럼 집안에 가득합니다. 고생 많이 하셨소. 사랑합니다.

제 2 부

백석탄 귀거래사

白石灘 歸去來辭

백석탄 귀거래사(白石灘 歸去來辭)

내가 살던 곳은 맑은 냇물 한 굽이가 마을을 안고 흐르는 산촌 마을이었다. 보현산 심곡에서 발원하는 계곡물은 길안천의 수십 리 물길을 타고 낙동강으로 합류한다. 하천의 물줄기 따라 마을과 전답이 점점이 그림같이 펼쳐진 곳이다. 높은 산과 깊은 계곡으로 둘러싸인 오지마을에서 자란 나는 자동차와 기차보다는 하늘에 나는 비행기를 보면서 미지의 꿈을 키우며 자랐다.

봄이 되면 이름 모를 산새들이 새벽 단잠을 깨우고 개살구, 산벚꽃, 진달래가 붉게 피어 진종일 불어오는 황사 바람에 낙화가 물 위에 흘러내리니, 도연명의 도화원기에 나오는 무릉도원이 바로 이곳을 두고 하는 말이 아닌가? 여름이면 냇물에 물고기가 떼를 지어 다니고, 새들이 먹이를 채기 위해 물 위에 제 모습을 비추고 있는 한가로운 곳이다. 밤이 되면 여우골엔 "캥캥"거리는 여우 울음소리가 문밖 변소 길을 나서는 여린 마음에 공포의 대상이 되었던 곳이기도 하다. 석양이 되면 노을빛을 받은 황새가 절벽 소나무 위에서 눈빛 같은 날개를 퍼덕이며 "까르르 딱딱" 부리를 부딪치다 휘리릭 비상하여 강상을 날아오르는 모습은 자연 속에 풍류와 가무를 즐기는 고고한 선비의 기상을 보는 듯한 느낌이다.

산자수명한 이곳은 조선 시대 '청송도호부 안덕현'에 속한 외진 산골로서 협곡을 따라 여울져 흐르는 '백석탄'이란 곳이다. 조선 중엽 광해군 때 사색당파와 정란에 염증을 느낀 다섯 명의 유현(儒賢)들이 은거하면서 스스로 오선동(伍仙洞)*이라 칭하고 이곳에 숨어들었다. 지명 이름도 성당(盛唐)시대 전원시의 대가인 왕유(王維)가 종남산에 은거할 때 지은 작품 망천집(輞川集)에 나오는 선경 '백석탄' 지명을 옮겨와 붙였다.

오선동의 기거지는 회룡고조형의 절묘한 절벽 위에 '방호정(方壺亭)'이란 집을 짓고, 밤에는 누정난간에서 쏟아지는 월색을 즐겼고, 낮이면 옥 반석 여울에서 '백석탄 팔경'* 시를 영탄(詠嘆)하며 청산 속에서 가무와 낙음(樂吟)을 즐겼다고 한다. 그들은 두 곳을 왕래하면서 무릉도원 같은 산수 속에서 속세와 인연을 끊어버리고 이곳 선경에 매료되어 신선처럼 선유동(仙遊洞) 생활을 수십 년간 실행에 옮겼다. 오랜 세월이 지난 지금도 오선동의 은거생활은 세상에 널리 알려지지는 않았으나 허유(許由)와 소부(巢父) 같은 선인들의 은거지로 자취가 남아있는 곳으로 향토지는 기록하고 있다.(2017년 5월 1일 유네스코 세계자연공원 지정)

오선동들이 남기고 간 흔적들을 눈여겨 살펴보면 더욱더 흥미롭다. 높은 산이 중첩으로 둘러싸인 천옥(天獄) 같은 백석탄 경내에 붙여진 지명들은 세속에 오염된 마음을 씻었다는 세심대(洗心臺), 갓끈을 씻었다는 탁영대(濯纓臺), 낚시를 즐겼다는 조어대(釣魚臺), 깊고 푸른 물을 바라보며 노래한 가사연(歌詞淵), 연회를 열었다는 주연소(酒宴沼), 산허리에 보랏빛 안개구름이 머무는 산을 자하산(紫霞山), 황새가 머물던 절벽 학소대(鶴巢臺) 등 바윗돌에 음각된 지명 모두가 선인들이 은거생활을 하면서 남기고 간 흔적들이다.

이러한 자연경관과 지명은 듣기만 하여도 서정과 낭만이 넘치고 아름답다. 오늘날 도시인들의 일상에서 향유하기 어려운 고상한 진정(眞情)을 음미하는 즐거움도 누릴 수 있고, 수백 년의 시공을 뛰어넘은 자취들과 오늘의 만남을 통하여 황폐한 마음에 인간다운 정서를 가득 채우고 아름다운 선율을 잔잔하게 감돌게 하는 사무사(思無邪)를 실감케 한다.

수천 년 비바람과 물길에 씻기고 닳아 반지르르한 청옥색의 돌개구멍(포트홀)과 널리 반석, 돌병풍 바윗돌은 정교한 예술 조각을 깎아 세운 듯하다. 백석청천 널리 반석에 돌베개를 베고 누워 '알프스 몽블랑' 영봉 일부를 옮겨 놓은 듯한 자하산에 흰 영봉을 쳐다보면 속세에 물든 자신마저 선경에 도취되어 신선이 된 듯 착각을 일으키게 한다. 길을 가는 사람들도 폭포수에 무지갯빛 포말과 자하산 허리춤을 휘감는 안개구름을 바라보면 세상

만사가 바람에 구름 가듯 번뇌를 잃어버리고 길을 멈추고 무아경에 이르게 된다. 만일 오선동이 숨어 놀던 백석탄이 서울 근교에 위치했다면 금강산 다음가는 관광 명소가 되었으리라.

은자들의 낙원 같기만 하던 이곳에도 변화의 바람은 불어왔다. 신이 내린 축복의 강산에 인간이 가지고 온 개발이란 바람을 타고 변화의 바람이 불어온 것이다. 산허리는 잘리어 포장된 신작로가 생기고 강 상류에 노래산은 양수발전 댐과 길안천 상류는 성덕댐이 들어서 수량이 줄어들고, 생활 폐수와 축산 폐수가 유입되니 동물 왕국 같은 조수들도 간데없이 사라졌다. 녹수청산 반공중에 높이 떠서 너울거리던 황새와 은자들의 낭만이 넘치는 풍류 흔적은 사라지고 몰려드는 자동차와 야영 캠프촌에서 확성기 소리만 고막을 찢는 듯 광란적이다.

뒤늦게나마 관계당국이 환경의 중요성을 깨닫고 하수종말처리장을 설치하고 산림자원 보호정책으로 숲들이 되살아나 두루미, 수달이 돌아오고, 봄가을로 두견조, 부엉이, 휘파람새가 귀소하여 애처로이 울어대니 반갑기 그지없다. 말 못 하는 미물들에게도 태생지 환경이 뇌리에 각인되어 귀소성을 띠고 본향으로 돌아오니 수구초심이란 옛말을 떠오르게 한다.

돌아가리다! 옛집으로 돌아가리다! 오선동이 풍류하던 백석탄이 있는 본향으로 돌아가리다. 돌아가서 강포구에 초막집을 다시 짓고 황폐한 전답을 다시 일구어 땀 흘리며 일을 하여 오곡을 무르익게 하고 때때로 옛 선인들의 흔적을 더듬으며 풍류를 즐기려고 백석탄으로 다시 돌아가리라.

*오선동(五仙洞) : 창석 이준(蒼石 李埈), 동계 조형도(東溪 趙亨道), 풍애 권익(風崖 權翊), 방호 조준도(方壺 趙遵道), 하음 신집(河陰 申楫)
*백석탄팔경(白石灘八景) : 금강비폭(金剛飛瀑), 부석등표(浮石燈漂), 청탄세이(淸灘洗耳), 필봉명숙(筆峯鳴宿), 채화도선(彩畵掉扇), 백석침대(白石寢臺), 장군석단(將軍石壇), 화전접무(,花田蝶舞)

신목(神木)

회화나무 그늘 밑에서 초연 놀이(호미씻이) 행사가 벌어지고 있었다. 청룡백호 산자락이 마을을 감싸 안은 동네 입구에는 고목이 된 회화나무 세 그루가 솥발처럼 버티고 서서 마을을 지키고 있다. 50여 호 마을 사람들이 모여서 해마다 음력 칠월 중에 김매기가 마무리되고 풀베기가 시작될 즈음에 농사꾼의 공동체 의식과 풍년을 기원하는 뜻에서 회나무 밑 제단 위에 정성 들여 만든 음식을 차려놓고 큰 일꾼(머슴)이 맑은 술을 회화나무에 올리는 제례행사를 하였다. 행사가 끝나면 집집마다 준비한 각종 음식을 동네 사람들이 나누어 먹고 종일 회화나무 그늘 밑에서 '호미씻이 놀이' 향연이 울려 퍼졌다.

이 마을에는 옛날부터 회화나무에 대한 전설이 마을 사람들의 구전을 통하여 수백 년 동안 면면히 이어져 내려오고 있었다. 입향조 어른께서 병자호란(1636년)으로 조선의 부녀자들이 청나라에 공물로 20만 명이 끌려가고, 한양을 점령한 청나라군은 부녀자를 겁탈하는 등 노략질로 도성이 아비규환이던 난세에 벼슬을 하직하고 식솔을 보호하기 위하여 처자권솔을 거느리고 남쪽으로 유랑을 떠났다. 경상도에 유랑 중 산세가 험준하고 인적이 드문 이곳으로 숨어들어 터를 잡아 은둔생활을 하면서 마을 입구에 회화나무를 심고 동네 이름도 베개를 높이 베고 편안하게 잠을 잔다는 뜻으로 '고와(高臥)'라는 지명을 붙였다고 전해 오고 있다.

그때 심은 나무는 수령이 370여 년이나 되는 노목이 되어 밑둘레가 두 아름이나 되고 높이가 십여 미터가 된다. 짙푸른 나뭇잎이 무성하여 백여 평의 그늘을 만들어 마을 사람들은 물론 지나가는 나그네의 쉼터로 자리를 잡고 있다. 나무 생김새를 보면 검은색 나무 줄기로 교목이고, 잎사귀는 깃털 같은 겹잎으로 어긋나게 피어 자라는데 모양이 계란형으로 윗면은 녹색, 아랫면은 회색이며 잎자루는 짧고 끝은 뾰족하다. 황백색의 꽃은 음력 7월이 되면 꼭대기에서부터 원추형으로 꽃차례를 이루며 핀다. 쓰임새는 꽃잎은 꽃술을 따버리고 그늘에 말려 볶아서 달인 차로 마시고, 꽃에서 얻은 꿀은 회화나무꽃 벌꿀이라 해서 최고의 벌꿀로 대우를 받고 있다. 나무껍질은 중풍, 이질, 치질, 혈변, 가려움증, 살충제 등으로 달여서 복용을 하거나 바르는 약재로 마을 사람들은 귀하게 사용하였다.

회화나무를 우리나라와 중국에서는 길상목(吉祥木)으로 귀하게 여기고 있다. 주나라 시대 조정의 뜰에 회화나무 세 그루를 심어 삼공(三公 : 삼정승)의 좌석을 표시하고, 세 정승이 나무 밑에서 앉도록 배려하고 왕을 보좌하며 나라를 지켜 나간다는 뜻에서 유래하였다고 한다. 또 이 나무는 진실과 거짓을 가리는 힘이 있다 하여 재판관이 나무를 들고 재판정에 임했고, 길흉을 예고하는 능력이 있어 위정자는 나무의 변화를 살폈다 한다. 이 나무가 하늘의 28숙(宿) 별 중에 북녘 허성(虛星 : 거북, 뱀) 별의 정기를 받으며 성장하는 나무로 궁궐 내에 화마와 병화를 막는 상징성을 갖고 있어 더욱 상서로운 나무로 여겼다. 우리나라도 조선 시대 창덕궁과 현대 정치의 중심지인 청와대, 종로에 오래된 노거목이 자리를 지키고 있다. 민간에서는 집안에 심으면 큰 학자나 인물이 나오고 가문이 번창하며 잡신도 범접하지 못한다는 신목(神木)으로 뿌리 깊었다. 나무의 기개가 학자를 연상시킨다 하여 학자수(學者樹)라고도 하는데 서원, 향교, 관아의 뜰에 심기도 하며, 양반촌의 동구에도 심었다. 양반고을인 안동의 임청각 마당에도 회화나무 고목이 많은 걸 보면 양반들이 회화목을 귀히 여기는 것을 알 수 있다.

회화나무를 귀하게 여기는 정도는 중국 사람이 우리보다 더한 것 같다. '괴안몽(槐安夢)'이란 우화가 있는데, 당나라 때 '순우분'이란 사람이 회화나무의 남쪽 가지 밑에서 술에 취하여 낮잠을 자다가 꿈속에서 괴안국이란 나라에 부마가 되었고, 또한 남가군(南柯郡)의 태수가 되어 20년 동안이나 부귀와 영화를 누리며 잘 살았다는 우화가 전해오는 것을 보면 이 나무에 대한 선호도를 짐작할 수 있다. 우리나라도 조선조 때 괴추(槐秋)라 하여 음력 칠월에 회화나무 꽃이 필 무렵에 과거 진사시험을 치르므로 회화 꽃이 필 때를 맞추어 시행하였을 정도로 선비들이 선호하는 나무였다.

우리 마을 사람들은 이 나무의 상징성을 벗어나서 마을을 지키는 절대적인 수호신목으로 믿고 숭상하고 있다. 지극정성으로 받드는 연유를 열거해 보면, 먼저 전란과 재난으로부터 마을을 보호하는 신목으로 믿고 있다. 태평양전쟁과 강제징용, 6.25동란, 월남파병, 군 복무 등으로 마을을 떠날 때는 신목 밑에서 무운장구(武運長久)를 빌었다. 신목의 원력으로 전장 속에서도 한 사람의 사상자 없이 무사히 귀환을 했고, 동란 때 폭격으로 마을이 잿더미가 될 때 신목이 괴성을 내며 울부짖어 사람들을 구원했다고 믿었다.

또 무병장수를 도와주는 신목으로 믿고 있다. 산채와 잡곡밥으로 연명을 하면서도 부녀자들은 정갈한 백설기를 쪄서 바치며 가족들의 장수를 빌었고, 선비들은 회화나무 꽃향기를 마시며 풍류를 즐기면 장수를 한다고 믿었다. 백수가 다 된 노인들이 많은 장수마을이다.

마지막으로 인재를 배출하는 신목으로 믿고 있다. 오지마을에 비해 조선조 때는 문무, 대·소과에 장원급제로 합격하는 인재가 배출되고 서당에는 강독하는 소리가 끊이지 않았다. 해방이 된 이후에도 산골마을에 서울 명문대학을 나온 사법, 행정고시 출신과 석·박사 인물이 배출되어 국가와 사회에 동량지재목이 되어 활약하고 있고, 중·하위급 공직자가 40여 명이 배출된 소문난 마을이다.

지금도 마을 사람들은 변함없이 신목을 믿고 있다. 수백 년의 세월을 지나면서도 마을 사람을 전란으로부터 안전하게 지키고 장수하며 인재가 끊이지 않게 이어주고, 병난과 질병, 기근을 물리쳐 삼재(三災)를 막아준다고 믿는다. 세 그루의 회화나무가 솥발처럼 버티고 서서 온갖 풍상에도 흔들리지 않고 마을을 보호하며 지키는 수호신목으로 남아 있다. 문명한 과학시대에도 회화나무는 마을을 지키는 자랑스러운 신목으로 건재하고 있다.

줄탁동시(啐啄同時)

박꽃 핀 울 밑에서 어미 닭이 병아리를 거느리고 세상 살아가는 방법을 터득시키고 있다. 유심히 보면 닭들의 행동에 나도 모르게 시선이 끌려 마음이 사로잡히게 된다.

샛노랗게 물든 보송보송한 털을 정수리에서 발목까지 뒤집어쓰고 갓 태어난 병아리는 "삐악" 대답을 하며 짧은 두 발로 종종걸음 치며 따라가 먹이를 쪼아 먹는 연습을 하고 있다. 벌레를 사냥하고, 곡식과 연한 풀잎을 쪼아 먹는 방법, 더우면 물을 마시며 그늘에서 쉬게 하고, 비가 오고 추우면 어미 닭 날개 속에 파묻혀 체온을 유지케 한다. 솔개가 병아리를 낚아채려 공격 자세를 취하면, 어미 닭이 날개를 곤두세우고 필사적 저항과 경고 소리를 내어 황급히 식솔을 데리고 울 밑으로 피신, 위기를 모면하는 것을 보면 가히 감탄할 만하다.

'줄탁동시'란 어원은 본시 어미 닭이 계란을 병아리로 부화시켜 공조, 협력하며 조화롭게 세상을 살아가는 데서 나온 말이라고 한다. 불교에서는 수행자의 화두로 사용되고, 교육에서는 인재를 키워내는 사제 간에 덕목으로 널리 사용된다고 한다.

어미 닭은 21일 동안 식음을 절제하며 알을 품는다. 병아리로 변하여 껍질을 깨고 밖으로 나올 때 몸부림치며 울부짖는 소리를 내는데, 이때 어미 닭은 울음소리를 듣고 특정부위를 쪼아주면 병아리는 알 속에서 껍질을 벗고 세상 밖으로 나오게 된다. 이처럼 병아리가 알 속에서 울부짖는 소리를 줄(啐)이라 하고, 밖에서 어미 닭이 병아리 우는 소리를 듣고 화답하여 쪼아주는 것을 탁(啄)이라고 한다. 계란 속 병아리의 울음소리에 어미 닭이 반응하여 때를 맞추어 쪼아주는 일들이 동시에 정확히 이루어질 때 비로소 병아리는 하나의 생명체로 탄생하게 되는 것이다. 이를 '줄탁동시'라고 한다.

부화 과정을 보면 계란은 부단한 자기 혁신과 변화를 추구하며 고통을 감내하면서 때를 기다려야 한다. 어미 닭은 21일간 식음을 절제하며 알을 품고 굴리며 온기로 데우고, 귀로 소리를 경청하고 때맞춰 부리로 쪼아주는 일을 한다. 이런 과정을 거쳐 세상 밖에 나온 병아리는 인연 따라 우주만물과 상관관계를 유지하면서 세상을 살아가게 되는데, 닭들의 줄탁동시 과정을 볼 때 인생살이에도 시사하는 바가 매우 크다고 느껴진다.

세상 살아가는 이치가 어찌 닭들에게만 국한되겠는가. 인생살이에도 결코 간과해서는 안 될 꼭 필요한 가르침이라고 본다. 행복한 가정을 이루기 위해서는 부부와 가족의 줄탁동시가 이루어져야 하고, 훌륭한 인재를 배출하기 위해서는 사제 간에 줄탁동시가 이루어질 때 가능하며, 기업이 번창하기 위해서는 노사 간에 줄탁동시가 되어야 가능하다. 나라가 번영하려면 훌륭한 지도자와 관료, 국민이 줄탁동시가 될 때만이 태평성대가 이루어질 것이다.

병아리 부화는 몇 가지 요소가 충족될 때만이 가능하다. 먼저 계란은 지속적인 자기변화를 추구해야 할 것이다. 새롭게 탄생하려면 자신이 변화와 혁신을 추구할 때 주위로부터 도움을 받을 것이다. 내가 변하여 감동적인 기쁨과 즐거움을 남에게 보일 때 주변에서도 긍정적인 반응으로 접근하게 된다. 두 번째, 주변의 소리를 경청하라. 어미 닭은 계란 속 병아리가 부화가 가능한지를, 울음소리를 잘 듣고 알아내어야만 생명 창출이 가능하다. 가족 간의 불편한 소리, 제품에 대한 고객의 소리, 정부가 국민의 소리를 진지하게 경청하지 않으면 발전과 조화는 있을 수 없을 것이다. 세 번째, 시기를 놓치지 말아야 한다. 아무리 좋은 변화와 혁신이라도 상대방이 갈망할 때를 잘 맞춰야 한다. 기업도 소비자가 원할 때 제품과 서비스를 통해 제공해야 소비자로부터 감동을 받을 것이다. 인천상륙작전은 밀물 때를 잘 맞췄기 때문에 서울 탈환이 가능했다. 마지막으로 인내가 필요하다. 아무리 좋은 제품을 내어놓아도 모두가 히트상품이 되는 것은 아니다. 타인과 관계 속에서 삶이 형성되므로 고통을 감내하며 기다림이 필요하다.

'줄탁동시 돋보기'로 인간 세상을 비춰 본다. 모두가 줄탁동시로 살아가는 것일까. 때로는 줄탁동시보다는 단절과 대립, 반목과 갈등이 오히려 크게 보이며 소통과 공조, 협력과 조화는 적게 보이는 듯하다.

행복해야 할 가정은 부부 결별이 늘어나고, 성장해야 할 기업은 노사 간 갈등으로 생산이 저하되고, 동량지재를 양성하는 교육은 스승이 제자 논문표절로 사제 간 신의가 무너지고, 융숭해야 할 국운은 정쟁과 갈등으로 사회를 혼란스럽게 하지는 않는지.

줄탁동시는 인간사회를 두고 일컫는 빛과 소금과도 같은 말인 듯하다. 반세기를 넘는 동안 남북 간 대립, 정당 간의 당리당략에 치우친 반목, 노사 간, 사회 계층 간의 격심한 갈등으로 빚어진 민초들의 원성고(怨聲高)가 하늘을 찌르니 줄탁동시와는 거리가 멀게만 느껴진다. 진정한 공조와 소통 없이 국민의 눈과 귀, 입이 무서워 마지못해 얼굴을 서로 맞대고 대화는 하는 듯하나 마음은 천산을 가로막아놓은 듯(對面共話 心隔千山)하니 어쩌랴! 서로가 마음속의 격벽을 허물고 소통과 공조, 협력하는 모습은 진정 멀게만 느껴져 보인다.

한갓 말 못 하는 미물의 닭 짐승마저도 할 수 있는 역량을 극대화하여 소통과 공조, 상생으로 살아가는 걸 보면, 만물의 영장인 사람들은 오히려 반목과 대립이 상극으로 치닫고 있으니 참으로 아이러니하다. 닭들이 줄탁동시로 세상을 살아가는 모습을 사람들은 가슴 깊이 새겨야 할 것이다 .

콩과 콩깍지의 싸움

전국시대 때 위(魏)나라 조조(曹操)는 아들 4형제 중 가장 총명한 셋째 아들 조식(曺植)에게 양위하려 했으나 신하들이 반대하여 맏아들인 조비(曹丕 : 文帝)에게 양위를 하였다.

왕위에 오른 조비는 형제들의 왕위 찬탈이 두려워 둘째 동생을 죽이고 셋째 동생 조식을 궁궐 내에 불러들여 죽이려고 시험했다.

“네가 시를 잘 짓는다고 하니 내가 일곱 걸음을 걷는 동안 시 한 수를 지어라. 단, 형제(兄弟) 두 글자를 제외하고 지어라. 만약 일곱 걸음을 넘어서 지으면 죽음을 면치 못하리라.”

문제가 방 안에서 일곱 걸음을 걷는 동안 동생 조식은 눈물을 흘리면서 붓으로 시 한 수를 지어 바쳤는데 그 시가 수천 년이 지난 지금도 동양사회에서 유명한 칠보시(七步詩)로 전해오고 있다.

콩을 삶는데 콩깍지(콩대)로 태우니(煮豆燃豆萁)
콩이 솥 안에서 울어댄다(豆在釜中泣)
콩과 콩깍지는 본시 한 몸인데(本是 同根生)
서로 태우고 삶기를 왜 이다지도 하는가(相煎何太急).

조비는 동생이 지은 칠보시를 신하로 하여금 읽게 하였다. 낭송이 끝나자 신하들이 옷소매로 눈물을 훔치는 감격의 순간이었다. 동생을 죽이려던 문제도 칠보시 한 수에 감동받아 죽임을 면하고 오히려 요직에 벼슬을 주어 살게 했다고 한다.

성경에 나오는 인간의 시조인 아담과 하와 사이에 카인과 아벨 두 아들이 있었다. 하나님께 두 아들이 제물을 바쳤으나 하나님은 동생 아벨의 제물은 열납(悅納)하고 형인 카인의 제물은 배척하였다. 격분한 카인은 아벨을 돌로 쳐 죽여 버리니 인간의 최초 골육상쟁 살인자가 된 것이다.

조선 개국 초에 이방원(태종)은 태조가 세자를 책봉할 때 정실에서 태어나고 개국공신인 자기에게 양위하지 않고 후궁에서 태어난 이복동생(방석)을 세자로 책봉하였다. 불만을 품고 친형 방간과 동생 방석을 죽이는 왕자의 난을 일으킨 골육상쟁이 벌어졌다.

21세기 지구상에서 찾아볼 수 없는 세습체제로 3대째 권력을 물려받은 북한의 젊은 통치자는 피를 나눈 형제간도 권력유지에 걸림돌이 될까 봐 형제들을 해외로 추방, 떠돌이 삶을 살게 하였다. 그것도 모자라 암살조직을 사주하여 이복형을 백주에 말레이시아 국제공항에서 독살했다는 뉴스가 한 달간 시끌벅적하다. 오늘날 문명사회에서 영화 같은 일들이 실제로 벌어졌으니 끔찍하기만 하다.

우리나라의 3대 재벌에 속하는 재벌 경영자들도 하나같이 경영권과 지분 쟁탈로 피를 나눈 형제간에 법정소송까지 벌인다. 이를 보면 리더들의 지배욕이란 형제지간의 우애와 사회에 미치는 윤리적인 파장은 의식하지 않는 듯하다.

권력이란 특성은 서로 나누어 가지지 못하는 속성이 있는 모양이다. 하늘에는 태양이 둘이 있을 수 없고(天無二日) 백성에게는 두 임금이 있을 수 없듯(民無二王) 권력을 나누어 갖게 되면 지휘권의 약화와 국정혼란, 난맥으로 국법질서가 능률적이지 못하고 혼란 상태에 빠지는 것이 또 다른 특성인가 보다. 권력은 통치자 한 사람만 가지는 고유권한이기 때문에 서로 쟁취하려고 골육상쟁 싸움판이 된다.

한 가정에도 형제간에 지나친 골육상쟁은 자칫 가정의 화목과 우애를 깨뜨린다. 상하 간에 위계질서가 무너져 후손들에 좋은 본보기가 못 되니 주변 사람들에게도 좋은 평을 받지 못할 것이다.

조선조에 정객들이 사분오열 난립하여 당리당략만을 위해 다투다가 임진년 왜병이 침략하자 속수무책으로 당하여 강토가 유린당했다. 구한말 역시 수구파와 개화파의 골육상쟁 싸움에 국력이 약화되니 국모마저 사무라이 칼날에 이슬로 사라지고 수십

만 명의 장정들이 강제징용과 꽃다운 부녀자들이 일본군의 위안부로 끌려가는 수모를 겪었다.

근래에 한반도의 정세를 두고 정치학자들은 네 마리(미, 중, 러, 일)의 맹수들이 한 마리(한반도)의 토끼를 두고 서로 먼저 삼키려고 힘을 과시하는 형국으로 비유한다. 작금에 정치인들도 국가의 안위는 안중에도 없고 오직 권력투쟁 싸움만 일삼으니 얻는 국익은 없고 국가원수는 두 사람이나 탄핵되어 국정이 마비되었다. 경제는 내수부진에 수출은 급감하고, 안보는 머리 위에 핵무기를 이고 사는 사면초가에 놓인 결과를 가져왔다.

우리는 일제 마지막 총독인 '아베 노부유키'가 일본 패망 후 조선을 떠나면서 마지막으로 남긴 예언을 단순한 저주의 발언으로 간과하지 말고 귀담아들어야 할 것이다.

"일본은 패망했지만 조선은 승리한 것이 아니다. 장담하건대, 조선민이 제정신을 차리고 찬란하고 위대했던 옛 조선의 영광을 되찾으려면 백년이란 세월이 걸릴 것이다. 우리 일본은 조선인에게 총과 대포보다 무서운 식민교육을 심어 놓았다. 서로 이간질하며 노예적인 삶을 살 것이다. 나는 다시 돌아온다."

일본이 보는 조선민족의 특성은 동족끼리 이간질하고 싸우며 강대국에 굴종하며 산다는 본성으로 보는 데 분노를 느끼지만, 콩과 콩깍지의 끝없는 권력싸움이 주변 강대국들에게 또다시 침략의 빌미를 주는 단초가 될까 봐 두렵기만 하다.

계영배(戒盈盃)를 보면서

전시장 진열대에 놓인 청잣빛 술잔과 잔대가 관람객들의 시선을 끌었다. 청초하고 단아한 술잔이 품어 봄직할 만하다. 안내요원의 해설을 들어본다.

"이 술잔은 계영배, 혹은 절주배라고도 합니다. 술잔의 특징은 잔이 가득 차면 저절로 비워지고 술잔 안에는 마시기 알맞은 주량만 남습니다."

안내자는 나에게 주전자를 건네면서 직접 체험케 하였다. 문헌상으로만 보아왔던 술잔에 술을 가득 채우니, 과연 설명과 같이 잔 속에 술은 7할 정도만 채워지고 남는 술은 잔 바닥에 뚫린 작은 구멍을 통하여 받쳐진 잔대로 서서히 흘러나가는 신비의 술잔이었다.

계영배는 주(周)나라 시대부터 사용했던 술독이었다고 한다. 의기(欹器)라 해서 술이 가득 차면 엎어지고 알맞으면 반듯하고 빈

독이면 기울어진다는 술독이다. 부귀와 권력이 가득 차면 허물이 되고 화를 부르게 된다는 독으로 임금을 경계하기 위하여 만들어진 것이 오늘에 계영배 술잔으로 진화한 모양이다. 공자가 신비의 술독을 처음 본 것은 제(齊)나라 환공(桓公)이 사용하였던 것을 사후에 묘당(廟堂) 제기 진열실에서 처음으로 본 그릇으로 관심을 가졌다고 한다.

조선 후기에 임상옥이라는 거부가 솟구치는 물욕을 경계하기 위하여 계영배를 곁에 두고 과욕을 다스렸다고 하며, 최근 한국의 P대통령도 당대표 시절 미국 국무차관보에게 선물로 주었다고 한다. 그로 인하여 외교가에서는 계영배 술잔이 큰 인기를 끌고 있다.

반공중에 높이 떠서 눈빛처럼 하얀 날개를 저으면서 고고청청 강상을 나르는 백학(두루미)를 두고 사람들은 기품 있는 선비에 비유하며 길조로 여긴다. 수명이 70여 년을 산다는 이 새는 조류 중에 가장 수명이 길다. 먹이가 있어도 위장에 가득 채우지 않고 항상 7할만 채우며 욕심을 부리지 않는다니 미물의 날짐승도 좋은 식생활 습관으로 양생법을 몸에 맞게 절제로 실천하고 있으니 놀랍기만 하다.

내 인생 마지막 꿈은 고향 집터에 새집을 짓고 선대의 가업을 이어받아 자연과 더불어 여생을 한가로이 보내는 것이다. 집짓기에 부족한 돈이라서 증식시켜 꿈을 이루려다 매입한 주식이 폭락하여 순식간 날려버렸다. 값비싼 인생수업을 경험하고 빈

집터에 홀로 앉아 곰곰이 생각하니 탐욕이 화를 자초한 일임을 뒤늦게 후회한들 무슨 소용 있으랴!

요즘 우리 사회도 탐욕이 넘치는 듯하다. 국민의 돋보기로 넘쳐나는 술잔을 들여다본다. 위정자는 의사당이라는 술잔에 국리민복으로 술잔을 채울진대 이권 따로 세비 따로 채워지고 정쟁과 특권만이 넘쳐나고, 비정한 재벌가는 물욕에 눈 어두워 비자금을 빼돌리고 투자자들 눈 속이고 하청업체 쥐어짜서 술잔을 채우려다 영어의 몸이 되지 않았던가. 종교인은 어떠한가? 박애정신 술잔에다 적포도주를 채울 곳에 여객선을 개조하여 돈벌이에 급급타가 원인 모를 죽음 되니 순교자라 하겠는가. 공기업은 청렴이란 술잔에다 신중 근면 담으면서 충직함이 마땅한데 원전산업 뒷거래로 국가안전을 흔들었다. 국방부의 장성들은 청렴과 충직함이 근본인데 중개업자 검은돈에 현혹되어 사성장군 빛난 별이 추풍에 낙엽 되고 국가안보 흔들리니 이 모두가 분수와 절제는 어디 가고 이권 탐욕만이 넘쳐나게 보인다.

"술잔에 가득 채워 마시지 말라, 너와 함께 같이 죽는다(戒盈 與爾同死)."는 과욕을 경계하는 옛 고사를 계영배에 새겨서 나의 책상 위에 두고 지난날 과욕으로 실물한 경험을 되새기며 인생의 지표가 되도록 갖고 싶지만 가격이 만만치 않으니 이 또한 과욕인가.

사람이 세상에 태어나서 바람과 이슬을 음식 대신으로 삼지 못하고 깃과 털로서 몸을 가리지 못한다. 그러므로 자연히 먹고 입는 일에 종사하지 않을 수 없다. 그리고 좀 더 나은 교육과 문화를 향유하기 위하여 참신한 경제활동은 권장해야 할 듯하다. 공자도 부(富)를 구해서 될 수만 있다면 말채찍을 잡는 누추한 일이라도 하겠다고 했으니 다만 도리와 분수에 넘치는 과욕만은 절제의 대상이 될 뿐이 아닌가.

술을 담는 술잔은 크고 작은 술잔이 있듯이 사람의 역량도 제각각일 것이다. 역량은 눈 종지만 한데 솟구치는 욕망은 태산같이 크다면 넘쳐나기 마련이다. "만족할 줄 알면 욕되지 않고 그칠 줄 알면 위태롭지 않다(知足不辱 知止不殆)."라는 동양 고전의 명언이 문득 생각난다. 뒤늦게라도 나 스스로 지난날의 과욕으로 실물한 잘못을 뉘우치며 절제로 내 분수를 알아 욕되고 위태롭지 않게 나의 역량에 알맞은 마음속에 계영배를 품고 내 몸을 양생하며 여생을 살아가련다.

로마제국의 문화유산들

베드로 성당은 AD 349년에 콘스탄티누스 대제에 의해 예수의 수제자인 베드로의 무덤 위에 세워진 성당이다. 그 후 1200년이 지나 건물이 낡게 되자 120년간 21명의 교황을 거쳐 미켈란젤로와 그의 제자 등이 시스티나 성당 천지창조 벽화와 옥상 돔, 본관 정면에 5개의 돌기둥 설치를 완성하여 교황 우르반 8세 때 준공된 건물이 오늘에 이르고 있다.

바티칸 시국은 1929년 2월에 라테라노 조약에 의해 도시국가이면서 세계 가톨릭왕국으로 탄생했다. 면적은 8만5천 평이고 인구는 1,000여 명 세계에서 가장 작은 국가이다. 바티칸은 궁전과 광장으로 구분할 수 있는데, 본관 건물에 연결된 부속건물이 좌우로 새의 날개처럼 건물 앞에 광장을 좌우로 감싸 안고 있듯이 지어졌다.

건물은 교황이 종교의식을 집전하는 본관(베드로 성당)과 박물관(시스티나 성당)으로 편의상 구분하지만 실재로는 한 건물로 이어져 있다. 관광객은 나선형의 성벽 길을 돌아서 상층부에 박물관을 먼저 구경하고 내려오면서 아래층 본관을 거쳐 광장으로 나오도록 안내하고 있었다.

박물관 광장 중앙에 지구본 조형물이 있는데 환경오염으로 고드름이 녹아내리는 듯한 형상이 이채롭다. 소장 유물은 총 7만여 점 중 2만 점이 전시되고 도서관, 회화관, 성체유물관, 조각관으로 구분 전시하고 있었다. 박물관 입구 조각관은 일(一)자로 360m나 되는 긴 전시관이다. 동서로마제국 시대 때 이집트, 서남아시아, 독일, 프랑스, 그리스, 오스만 튀르크, 페르시아 등지에서 약탈 노획한 유물들인 파라오 조각상 등 수천 점의 크고 작은 훌륭한 조각상이 전시되고 있었다.

박물관(시스티나 성당)에 들어서니 천장과 좌우 벽면에는 성경에 나오는 신(神 : 하나님)의 역사를 그림으로 표현한 성화와 유물들로 채워졌는데, 한눈에 종교박물관임을 직감할 수 있었다. 천장에 그려진 그림은 신이 천지를 창조하는 그림, 최후의 심판 그림, 그리고 교황을 선출하는 그림으로 구분하여 그려져 있었다. 천지창조는 신이 우주를 창조할 때 하늘과 땅 물 분리, 달과 해 창조, 빛과 어둠 창조 그림이고 인간 창조에는 아담과 이브의 원죄와 낙원 추방, 노아에 관한 세 가지 그림이었다. 최후의 심판 그림은 선악으로 구분하여 그려졌는데, 천상계에는 천사들이 튜바를 부는 소리를 듣고 죽은 자들이 부활 승천하는 그림이고, 지옥계는 죄지은 자들이 쇠사슬에 묶여서 지옥으로 끌려가는 그림인데, 얼굴 표정들이 얼마나 고통스러운지 보는 순간 소름이 끼치고 등골이 오싹할 정도로 두렵다. 마지막으로 교황 선출 그림은 세계 각국에서 모인 추기경들이 절차에 따라 교황을 선출하는 장면이었다.

수십 미터 높은 천장을 바라보며, 500여 년 전에 화려하고 섬세하며 생동감 넘치는 성화들을 어떻게 그렸으며 지금껏 변·탈색되지 않고 갓 그려진 그림 같은지 감탄할 정도다. 이 그림의 기법을 프레스코 기법이라 해서 미켈란젤로는 천장에 석회석을 바른 다음 종이에 그림 형태를 오려 석회석에 붙인 후 안료가 석회석에 스며들게 한 후 종이는 뜯어내는 방법으로 그렸다고 한다. 박물관 좌우 벽면에는 천 바탕에 한 땀 한 땀 정교하게 수를 놓아 짜인 벽걸이 그림이 게시돼 있고 예수와 제자, 그리고 십자가에 못 박혀 피를 흘리는 그리스도의 성화가 눈길을 끌었다.

박물관을 지나 교황이 종교의식을 집전하는 바티칸 본관 궁전 아래층에 들어섰다. 남쪽 정면에 발티카노(하늘이 열리는 문) 제단이 있는데, 제단 위에 높이가 29m 되는 청동 기둥이 옥상 돔 쪽 하늘을 향해 있고 제단 뒤 벽면에는 황금으로 된 마리아 조각상이 조명을 받아 눈부셨다. 제단 밑은 베드로의 유해가 안치된 곳이라 한다. 우측 벽면에는 마리아가 의자에 앉아서 십자가에 못 박혀 죽은 예수를 안고 내려다보고 있는 피에타(pieta) 조각상이 유리 벽 속에 있었다. 발티카노의 경우와 같이 관람객은 접근을 금지했다. 콘스탄티누스 대제의 어머니 헬레나가 예루살렘에서 가져온 십자가와 예수가 십자가를 메고 골고다로 갈 때 땀을 닦은 베로니카 수건, 그리스도를 찌른 창이 제단 옆에 보관되어 있다. 라오쿤 조각상은 라오쿤과 그의 두 아들이 뱀에게 물려 고통 속에 죽어가는 조각상인데 고통의 생동감이 넘쳐보였다.

건물 내부를 빠져나와 널찍한 바티칸 광장(25만 명 수용)에 나오니 벌써 붉은 해가 서산에 기울고 광장 중앙에 우뚝 솟은 오벨리스크 탑(사각기둥 석재 탑 높이 40m) 꼭대기에 십자가 조각상이 석양에 반사되어 빛을 발산하고 있었다. 세계 각국에서 온 인종들이 언어와 피부 문화와 풍속은 다르지만, 광장을 굽어보고 서 있는 베드로 조각상 앞에서는 하나 된 신앙심으로 성호를 긋고 경배하며 서서히 광장을 빠져나갔다.

나는 이번 여행에서 유럽의 문화유산을 보면서 동서양의 문화의 차이점을 확연히 느낄 수 있었다. 유럽은 기원전부터 내연성이 강한 시멘트와 콘크리트 기술이 발달하여 지상에 수천 년 되는 건축 문화유적과 아름다운 조각상들이 즐비하게 남아있다. 콜로세움 경기장 판테온신전 건축물과 프랑스 루브르박물관에 소장된 밀러의 비너스 조각상, 니케의 자유의 여신상(목이 없는 날개 달린 여신상)은 모두가 기원전에 불세출의 조각상인가 하면, 동양의 고대건축물은 가연성 목재로 건축하다 보니 병란에 소실되어 지상에 오래된 유적이 없다. 왕릉 등 매장 유물들이 대부분이다. 진시왕릉에서 출토된 토용과 우리나라의 금제장식품 등이 그 예이다. 둘째로 유럽의 문화유산은 아시아 아프리카 등지에서 약탈하여 간 문화유물들이 대부분이다. 대영박물관의 황금파라오 조각상은 이집트에서 약탈한 유물이고, 루브르박물관에 소장된 함무라비법전은 페르시아(이란)에서 약탈한 유물이다. 그리고 파리광장과 로마의 도심에 우뚝 솟은 오벨리스크 탑(方尖塔)은 모두가 이집트에서 약탈하여 온 문화유산들이다. 마지막으로 서양은 가톨릭(그리스도) 문화유산 중심이고 동양은 불교 유교의 혼재된 문화유산이란 것을 알 수 있다.

유럽의 박물관을 돌아보면서 깊이 느낀 것은, 아름다운 예술적인 가치가 높은 유물과 문화유산들도 국력이 쇠약하고 문화유산에 대한 애착심이 없으면 강대국에 약탈당한다는 역사적인 사실을 몸소 체득했다. 일본에 약탈당한 칠지도(七支刀)와 신라의 왕관 불상 불화 도서 등 수많은 문화재를 아직도 반환받지 못하고 있다. 문화유산 보존도 나라가 부강하고 국민이 문화유산에 대한 애착심을 가질 때 온전히 보존할 수 있다는 것을 느꼈던 여행이었다.

복수불반분(覆水不返盆)

중국의 동진(東晋)시대 때 왕가(王嘉)가 저술한 <습유기(拾遺記)>에는 강태공(姜太公)에 대한 재미있는 고사성어가 수록된 설화가 있다. 강태공 하면 일반적인 세인들은 곧은 낚싯바늘로 강물에 낚시를 하는 어부로서 무료하게 세월만 보내는 사람인 줄 인식하고 있다.

옛날 주나라 시대 때 강여상(姜呂尙)이라는 사람이 아내 마씨 부인과 함께 가난하게 살았다. 여상은 고작 하는 일이 낮에는 위수(渭水)강가에서 낚시질을 하고, 밤이면 책을 읽느라 밤을 지새우다 보니 조반석죽도 어려워 빈곤을 참지 못한 마씨 부인은 강여상과 결별을 요구하고 짐을 싸서 가출해버렸다.

세월이 흘러 어느 날 주나라 문왕(文王)이 사냥을 나가서 위수강가에서 낚시질을 하는 노인을 만나 대화를 나누다 보니, 남다른 학식과 세상을 보는 식견의 비범함에 감탄하여 주나라를 부흥시킬 거목임을 직감하고 왕사(王師)가 되어줄 것을 간청하자 강여상은 수락하고 하루아침에 높은 벼슬에 올랐다.

갑자기 귀한 몸이 된 강여상(시호 : 太公望)은 어느 날 문왕의 신임을 얻어 제나라에 제후국왕으로 봉해져서 임지로 떠나게 된다. 제후로 떠나는 행렬이 위수강가에 이르자 초라한 한 노파가 길을 막아섰다. 호위무사가 노파를 붙잡아 자초지종을 물으니 강태공을 가리키며 30년 전 자기 남편이라 하고 재결합을 요구했다. 그러자 강태공이 노파를 불러놓고 호종관(扈從官 : 수행원)을 시켜 물동이에 위수강물을 담아오게 한 후, 물동이에 든 물을 땅바닥에 엎질러 버렸다. 그리고 마씨 부인에게 엎질러진 물을 다시 담으라 했다. 마 씨 부인은 담으려 했으나 허사였다. 그러자 강태공은 부인을 보고 "복수불반분(覆水不返盆)이니라." 했다. 어려운 시기를 참지 못하고 한 번 떠나간 사람은 엎질러진 물과 같아 다시 나와 재결합이 불가능하다는 유명한 고사성어를 남기고 임지로 떠나 버렸다.

강태공은 오랜 세월 고난과 역경을 감내하며 후일을 대비하여 학식과 인격 도야에 정진하여 때를 기다리다 자기를 알아주는 주 문공을 만나자 기회를 적시에 포착하여 고진감래 끝에 후일에 제나라 제후국왕이 되어 부귀영화를 누리는 인생 역전의 성공적인 삶을 볼 수 있었다. 마씨 부인은 고난을 참고 기다리는 의지가 나약하여 가정에 몰아닥친 고난과 역경을 극복하지 못하고 스스로 가출함으로써 후일에 영광을 누리지 못한 채 실패한 삶을 살았으니, 두 사람이 성공과 실패한 삶의 상반된 인생관을 보여주는 일화다.

복수불반분의 고사를 통하여 눈여겨볼 것은 세상을 살아가는 데는 첫째로 굳은 의지로 기다림이 필요하다는 것이다. "한시를 참으면 백날의 우환을 면할 수 있다(忍一時之忿 免百日之憂)."는 옛말이 있다. 기나긴 인생살이에 때로는 참고 기다리지 못하여 후회하는 일이 어디 마씨 부인뿐이겠는가? 오늘을 살아가는 우리들도 아파트 층간소음 문제로 분노를 참지 못하여 다투다 살인범이 되어 평생을 교도소에서 후회하며 사는가 하면, 출근길 복잡한 도로 중앙에서 사소한 도로교통법규 위반 때문에 멱살잡이 다툼으로 전체 교통흐름을 마비시키는 것을 보면, 모두가 분노를 참지 못하는 데서 오는 우환들이다.

두 번째는 기회를 포착하여 선용(善用)하는 것이다. 태공망이 빈곤한 가정을 돌보지 않고 위수강에서 세월을 낚는 것은 자기를 알아주는 위인이 나타날 때까지 때를 기다리기 위함이었다. 그래서 문왕이 나타나자 적시에 기회를 포착하여 선용함으로써 주나라 제후국 왕위까지 등극하여 부귀영화를 누리게 된 것이다.

고구려의 국상(國相 : 국무총리)이 된 을파소(乙巴素)는 원래 서쪽 압록강 계곡 좌물촌 출신으로 농사를 지으며 은둔생활을 하며 지냈다. 고국천왕은 을파소가 식견이 넓은 동량지목(棟梁之木)임을 알고 국정참여를 간청하니 을파소는 "선비가 때를 못 만나면 초야에 묻혀 은둔생활을 하는 것이고, 때를 만나 임금이 알아주고 뜻이 맞으면 벼슬길에 나가는 것은 선비들에게 항상 있는 일이다(不逢時卽 隱 逢時卽 仕 士之常也).”라 하며 수락을 했다. 그는 벼슬길에 나가 고국천왕의 개혁적인 국정의 중심에 서서 진대법을 실시하여 흉년이 들면 백성들에게 나라 곳간을 풀어주어 백성을 구휼하고, 풍년이 들면 곡식을 사들이는 사회복지정책을 펼쳐 태평성대를 이룰 수 있었다.

우리나라 현대사에서도 맥아더 장군의 인천상륙작전은 조석 간만차 물때를 적시에 포착하여 선용함으로써 전쟁을 승리로 이끌 수 있었다.

'복수불반분'은 세상을 살아가는 데는 때로는 굳은 의지로 고통을 감내하며 때를 기다림이 필요하다는 것을 암시하고 있다. 그리고 단 한 번의 실수라 해도 결정적인 시기에 실기(失期)는 이미 엎질러진 물동이의 물과 같아 되돌아갈 수 없다는 것이다.

인생살이는 연습이 없고 단 한 번 지나가면 되돌릴 수는 없는 것이다. 지나간 후에 땅을 치고 후회하는 일이 어찌 마씨 부인뿐이겠는가? 역경을 참지 못하고 현실에 안주하며 우유부단하여 기회가 다다라도 포착하여 선용을 못 하는 나를 두고 만들어진 고사인 것 같아 뒤늦게 깨우치니 가슴이 찡하게 느껴진다.

전원삼락(田園三樂)

우수 경칩이 지나자 얼어붙은 땅이 해동이 되면서 농촌에서는 새로이 한 해 농사가 시작되고 들녘에서는 농사꾼들의 일손이 바쁘게 움직인다. 지난해 사용했던 농기구를 손질하여 논밭갈이를 하고, 하우스 속에 고추, 참깨 등 각종 씨앗을 파종, 육묘하는 일이며 과수원에 가지치기, 발효된 퇴비로 논밭에 거름주기 등 노령화된 농촌 일손은 한 사람이 열 사람 몫을 하여도 모자랄 정도다.

초옥 한 채와 위토전 몇 뙈기를 겨우 남겨두고 떠나와 공직에 몸을 담은 지 수십 성상 흘렀다. 그러면서도 가슴속 한구석엔 아직도 옛집으로 가고 싶은 마음이 떠나지 않았다. 대도시 경쟁 세속에서 아등바등 살아간다는 것이 본시 나에겐 맞지 않는 것을 어떡하랴.

다행히 위험하고 힘들었던 반평생 동안 직장을 명예롭게 마치고 전원으로 돌아온 지도 삼 년 세월이 흘렀다. 그동안 비워둔 옛집에 비바람을 막을 수 있게 수리하고 친척집의 도움을 받아 비닐하우스 육묘장에 콩, 들깨, 땅콩, 고구마 등 10여 종을 싹을 틔워 비닐을 덮은 밭이랑에 구멍을 뚫어 물을 주며 정성스레 농사를 지었다. 참깨와 녹두는 이식이 안 되어 씨앗을 직파하였다. 볍씨도 육묘장에 길러 이앙기로 심었다. 심어놓은 씨앗들은 날씨가 더워지니 기온이 상승하고 때맞춰서 단비가 내리더니 땅속 자양분을 받아들여 하루가 다르게 잎과 줄기가 무성하여 녹색 물결로 일렁였다. 생명의 신비함과 내 손으로 심어놓은 작물들이 서투른 농사꾼을 탓하지 않고 논밭두렁에 갈 때마다 잎사귀를 흔들어 나를 반겨주니 내 자식을 키우는 사랑과 다를 바 무엇이 있겠는가. 농작물이 나를 기다리고 있기에 나는 오늘도 뙤약볕 아래서도 농약 통을 짊어지고 튼실하게 자라도록 약물을 살포하며 아비 노릇을 해본다.

아내는 맏종부로 시집와서 지금도 삼대가 한 지붕 아래서 녹록지 못한 살림에 봉제사와 망백의 시부모를 봉양하느라 고생을 많이 했다. 대가족(8식구)을 먹이고 입히고 자녀 교육시켜 출가시키느라 바깥세상과는 등진 채로 살다 보니 허리가 휘어지고 성인병을 얻어 약물에 몸을 의지하고 있으니 애처로운 심정이다. 퇴직 후 생활은 오직 연금에 의존하고 있는데 그마저 학자금 대출로 공제를 하고 살림을 꾸리자니 마음고생이 얼마나 심하겠는

가. 아마도 예측건대 쌓인 스트레스 때문에 얻은 지병이라 생각된다.

그러던 아내가 나와 같이 논밭에 흙을 접하고부터는 생활방식과 신체에 변화가 오기 시작했다. 산채와 자연산 야채로 식단을 조금씩 바꿔 나가더니 더 이상 지병이 악화되지는 않는 듯하다. 농사일을 도우면서 시간을 내어 봄이면 참쑥과 민들레를 뜯어 녹즙을 마시고, 늦봄엔 고사리를 비롯한 수많은 땅 나물과 넝쿨 줄기에서 돋은 잎나물을 채취하여 시골 가마솥에 데쳐내어 말렸다가 친척은 물론 이웃집에도 나누어주는 데 재미를 붙였다.

여름엔 하천 습지에 자생하는 돌미나리와 논밭두렁에 파랗게 돋아난 돌나물을 뜯어 물김치를 담아 식욕을 돋우고, 백석 청천 맑은 냇물 바위틈에 붙어있는 다슬기를 줍는 재미 또한 만만찮다. 이러한 자연에서 돈 안 들이고 얻어지는 먹을거리와 농사일에 재미를 붙여 마음고생이 해소되고 건강을 옛날처럼 되돌릴 수 있다면야 오죽이나 좋겠는가. 다만 더 이상 악화만 되지 않아도 다행으로 생각한다. 요즈음 수입산 반찬들과 가공식품 속에서 이물질이 나와 세상을 놀라게 하는 데 비하면 내 손으로 가꾸고 채취한 야채와 산채로 깨끗하고 정갈하게 요리하여 식탁에 올리니 먹는 즐거움도 곱으로 느껴진다.

"한 송이 국화꽃을 피우기 위하여 봄부터 소쩍새는 그렇게 울었나 보다." 어느 유명 시인의 시 한 구절이 생각난다. 나 역시 한 줌의 알곡을 거두기 위해 봄부터 한 사람의 농부가 되어 그토록 열정을 쏟았지 않았던가. 그립고 설렘에 못 잊어 가을과 함께 논밭에 돌아왔다. 탐스럽게 익어 벌어진 참깨 주저리를 털어내니 통통하게 살찐 씨알이 비닐 멍석에 하얗게 쏟아져 소복소복 쌓인다. 봄, 여름내 자식처럼 땀 흘리며 가꾸었던 노력과 정성이 결실이 되어 제일 먼저 내 가슴에 안기니 수확의 기쁨을 맛보지 않는 자는 모르리라. 수확의 즐거움은 계속 이어졌다. 연두색의 녹두, 자색 팥, 흑진주 같은 검은콩, 황금빛으로 물든 벼이삭을 탈곡하고 고구마, 호박, 오곡 잡곡을 용달차에 가득 싣고 돌아와 형제, 자매, 아들, 딸 사돈댁까지 나눠 주니 시장에서 받아먹던 빠듯한 살림살이가 벌써 마음은 부자가 된 기분이 들고 나눔의 즐거움도 느낄 수 있어 좋다.

지금까지 정부의 정책이 성장속도가 빠른 제조업과 도시 인프라 확충에 집중한 나머지 상대적으로 식량정책을 소홀히 여겨서 국내 식량자급률이 28%로 저조하다고 한다. 지구환경 변화, 에너지값 폭등으로 바이오연료 확산, 식량 생산국가들의 수출통제로 국제 농산물 가격이 천정부지 오르고 연관하여 빵, 라면, 반점의 음식 가격도 줄줄이 인상되는 '애그플레이션' 현상을 보면서 퇴직 후 사회에 소외된 사람도 식량 생산에 참여하는 보람을 느껴본다.

직장에 다닐 때는 직업 성격상 며칠 만에 집에 오는 때도 비일비재였다. 가족은 물론이고, 망백을 바라보는 아버님과도 대화 없이 속옷을 가방에 챙기어 대문 밖을 나가기 급급했다. 그러다가 요즘은 고향에 다녀오면 채마밭에서 생산되는 푸성귀와 과일을 가져와 대접하고 친인척들의 안부와 고향 소식을 전해 드리고 한가로이 대화를 나누면 외로움이 해소됐다고 그렇게도 좋아하시니 이 또한 즐겁지 아니한가.

아! 돌아가리다. 전원의 삼락(三樂)이 있는 옛집으로 돌아가리다. 그곳에 돌아가면 아버님은 정들었던 옛사람과 말벗이 있어 즐겁고, 아내는 송림 속에 산채 뜯고 솔향기 속에 호흡하며 건강이 좋아 즐겁고, 나 또한 각박한 도시가 싫어서 가고 싶은 옛집에 돌아와 하고 싶은 농사일을 시작하니 즐겁지 않는가?

아! 옛 둥지로 이젠 다시 돌아가리다. 자고 나면 경쟁 세속에서 인정이 메마른 가시방석 같은 긴장된 삶이 수십 성상 되었다네. 돌아가서 망초 대 우거지고 허물어진 옛집을 다시 고쳐 짓고 마당에는 복숭아, 대추, 감나무를 심어 봄이 되면 도리화를 피게 하고 피폐된 전답을 일구어 농사일에 힘쓰리라. 그러다가 한가하면 명경지수 맑은 물에 지난날의 때 묻은 영욕들을 말끔히 씻어내고 돌베개를 높이 베고 산새 소리 운율 맞춰 선인들의 전원시를 흥얼거리며 소박하게 살고 싶어 본향으로 다시 돌아가리다.

노래산의 복자(福者)들

프란치스코 바디칸시국 교황이 2014년 한국을 방문하여 4박 5일간 체류하면서 한국천주교의 순교자 시복(諡福) 미사를 집전하는 등 많은 종교행사를 주관하고 떠났다. 교황이 가는 곳마다 신자는 물론 비신자도 밀물처럼 모여들어 교종(教宗)의 심신에서 흘러나오는 높은 박애정신과 겸양의 덕성이 군중과 함께 나라 안에 물결처럼 한 달간 출렁이었다.

광화문네거리 80만 명 인파 속에서 교황은 신자들이 거룩한 삶을 살았거나 순교한 신자 124명을 선정 복자(福者)로 선포하는 시복 미사를 주관했는데, 놀랍게도 고향 뒷동산인 청송 노래산(老萊山) 교우촌 순교자 중에도 복자가 많음을 알게 되었다.

노래산(795m)은 순수한 토산으로 2개 시군과 5개 읍면을 인접하여 있는 산세가 수려한 명산이다. 예부터 늙은 신선이 사는 산으로 달 밝은 밤이면 선인들이 부는 옥피리 소리가 들린다는 전설이 있고, 여덟 갈래 산줄기마다 팔 명당이 있어 산기슭엔 왕후장상과 거부가 난다는 영산이다. 실제로 동쪽 기슭엔 국회 3선 의원, 남쪽 기슭엔 정부 각료, 서쪽 기슭엔 사시, 행시 출신과 교육계의 고관들이, 북쪽엔 왕후와 9대 이만석꾼의 거부가 배출되기도 했다. 산의 정상 동남쪽으로 샘물과 15만 평의(뿔밭굼, 넓은등) 넓은 평원이 있고 북쪽엔 계당(桂堂 : 지땡이) 자연부락이 있으며 바람을 막아주는 분화구 언덕이 있어 사람이 살 만한 조건을 갖추고 있다.

신유박해 사건(1801년) 때 전국에 순교자가 속출하자 목숨을 부지한 신자들이 노래산으로 숨어들기 시작하였다. 주로 충청도 홍주, 청양, 덕산, 경상도 상주 등지에서 신자들이 모여들어 노래산의 평원인 뿔밭굼과 넓은등, 계당 등 주변에서 화전과 개간으로 자급자족하면서 30여 가구가 교우촌을 형성하여 15년간 지상낙원의 신앙생활을 하였다고 한다.

지상낙원으로 여기던 노래산 교우촌에도 피바람이 불어닥쳤다. 그 당시 걸인풍의 고기장수 한 사람이 소금에 절인 고기를 지게에 지고 교우촌에 와서 식량을 바꿔갔는데, 갑술년(1814년)에는 흉년이 들어 요구 수량만큼 각출이 안 되니 이에 앙심을 품은 고기장수는 청송 관아에 교우촌 신자들을 밀고했다. 관아에서는 을해년(1815년) 2월 22일 부활축일에 미사 중인 신자들을 수십 명 체포해 가니 이른바 을해박해 사건이 발생한 진원지였다. 그들은 경상감영으로 이송되어 감영감옥(현, 대구 대안성당터)에서 20개월간 수형 생활 중에 7명이 옥사했고 나머지 7명은 남산동에 있는 사형장(현 觀德亭 터)에서 교수(絞首)되었다. 사형 집행 시 형구로 사용한 단두대(구멍 뚫린 돌확)와 기록은 관덕정 안에 유물 전시장과 '영남교회사 연구사' 사료실에 기록으로 영구 보존되고 있다. 또 대안성당(옛 경상감영 감옥 터) 마당 입구에는 알루미늄 입간판에 옥중에서 순교한 신자 명단이 게시되고 있으니 후세인들의 공경 대상 인물로 추앙받고 있다.

신자들은 왜 노래산으로 숨어들어 왔을까. 이보다 앞서 겸암 유운룡(유성룡 재상의 형)은 임진왜란과 병자호란을 예언하고 노래산에서 의병을 모아 팔진도(八陣圖)법으로 군사를 조련하여 왜병을 막았다고 하며 역경(易經)에 능통하여 <겸암비결(謙庵秘訣)>이란 예언서도 노래산을 중심으로 저술한 예언서이다. 여기에는 "왜란을 피할 수 있는 지역은 청송의 소나무 아래이고 사람은 명나라의 이여송"이라는 구절이 나온다. 또 노래산은 목산(木山)이니 목성(木性)을 가진 성씨가 떠나지 않는다, 라고 했으니 예언서를 믿고 숨어들어 왔지 않을까 추정된다.

그들은 긴 옥중 생활 중에서도 모범을 보이고, 관아로부터 배교(背教)를 하면 석방한다는 회유에 한때 배교하여 석방되어 옥뜰 마당에 나와 다시 생각을 했다. 배교를 하면 교리에 역행되고 높고 낮음이 없는 자유와 평등한 세상을 이룰 수가 없다고 각성하고, 다시 감옥으로 들어가 최후에는 형장의 이슬과 옥중에서 생을 마감하니 만절필동(萬折必東) 불변의 꺾이지 않는 신앙정신이 복자라는 영광을 얻게 되지 않았을까 생각된다.

나는 종교가 없다. 다만 서적을 통하여 조금씩 종교를 들여다 보면 불교는 기본 이념이 자비이고, 기독교는 박애사상이다. 각기 수행의 길은 달라도 사랑이란 최종 정점은 같지 않을까 생각된다.

을해박해 사건은 경상좌도에 종교탄압이 가장 큰 사건으로 진원지가 노래산이다. 이번 시복미사 때 노래산 교우촌 신자 중에 7명이 복자 반열에 오른 것은 한 교우촌으로 보면 대단한 일이다. 복자 반열에 오르지 못한 다른 곳에 순교자와 교우촌은 벌써 성지기념사업이 이뤄졌지만 청송 노래산은 많은 복자들이 살다 간 흔적마저 없다. 살아서 이루지 못한 지상낙원 꿈을 죽어서는 자유롭고 평등한 대우와 사랑이 넘치며, 반상(班常) 구별이 없는 천상낙원에서 영생하기를 기원해본다.

*노래산 시복자(7명) : 김윤덕(여, 아가타 막달레나), 최봉한(프란시스코 서석봉, 구성열의 사위), 서석봉(안드레아, 최봉한의 장인), 구성열(여, 바르바리, 서석봉 아내), 김화춘(야고보), 고성운(요셉), 고성대(베드로, 고성운의 형)

*시복식(諡福式) : 가톨릭에서 종교적 업적을 남긴 사람의 사후에 일정한 심사를 거쳐 복자(福者)로 추대하는 의식.

*복자(福者) : 가톨릭에서 순교했거나 많은 덕행을 베풀어 공식적으로 신자들의 공경 대상이 된 사람.

*시복 년도 : 을해박해 사건 때 순교한 위 7명의 순교자들은 2014년 8월 16일 서울 광화 문광장에서 프란치스코 교황에 의해 복자로 시복되다.

소록도(小鹿島)에서 조사(弔使)를 하다

창천(蒼天)에 기러기 높이 날고 추월색 달빛 좋은 만추지절에 산악회에서 전남 고흥군에 소재한 소록도와 거금도 적대봉 산행에 동참을 했다. 회원들의 그 옛날 직장에서 패기 넘치던 모습은 간곳없고 잔주름과 백발이 성성한 모습들을 대하니 세월의 격세지감을 느끼게 한다. 쉬엄쉬엄 오솔길 따라 해발 592고지 정상에 올랐다. 탁 트인 쪽빛 바다에는 해무에 쌓인 수평선 위로 고기잡이배들이 점점이 한가로이 조업을 하고, 바다 위에 떠 있는 작은 섬들은 거북의 등짝인 양 넘실대는 파도에 가물거리는 남쪽 바다는 한 폭의 동양화를 방불케 했다.

산 정상에는 조선 시대 왜선을 감시하기 위해 축조된 봉화대가 있었다. 끊임없이 왜선이 침입하여 삼남지방 양민들의 재물을 약탈하여 갔다고 하니, 그들은 예나 지금이나 우리에겐 손톱 밑에 가시처럼 달갑잖은 존재인 듯하다. 산 정상에서 가져간 도시락과 반찬을 맛있게 나눠먹고 구름 한 점 없는 청명한 가을 날씨에 억새꽃이 바람에 나부끼는 등산로를 따라 하산하여 주차장에 도착하자, 하산주가 우리를 기다리고 있었다. 소주에 갓 잡은 가을 바다 회를 한 점 들이켜니 가을 정취에 흠뻑 젖은 금상첨화의 하루였다.

시간이 남아 소록도를 방문하였다. 사방이 바다로 둘러싸인 소록도 출입도로는 나무 데크로 만들어졌는데 올레길 옆으로 수백 년 된 노송 수림들이 울창하다.

나환자들이 집단 거주하는 마을 입구엔 잘 가꿔진 수천 평의 대공원이 보이는, 한눈에 지상낙원이었다. 수백 년 된 향나무와 이름 모를 열대수목들이 그들의 불편한 몸과 피땀으로 이루어진 낙원이라고 하니 참으로 경이로울 뿐이다. 아이러니하게도 천국 같은 아름다운 공원 한가운데는 나환자들이 신음 속에 죽어간 한이 서린 추모기념탑이 세워져 있어 대조를 이루었다. 더욱이 나의 간담을 서늘케 한 것은 일제강점기에 강제로 이주한 나환자들을 강제 격리시킨 감방과 죽은 환자를 해부 실험하는 검시대, 살아있는 젊은 남성의 고환을 제거하는 수술대가 있는 것을 보는 순간 섬뜩한 소름이 끼쳐 왔다.

고환을 수술하는 방 벽에는 스물다섯 젊은 나이에 한 남성이 어머니에게 남긴 피맺힌 절규의 글이 남아있어 보는 이로 하여금 창자를 도려내는 듯 마음이 아프기만 하다. “내 어머니는 나를 낳아 삼대독자로 키우면서 대를 이을 손자를 보는 것이 유일한 낙이었는데 불치의 병을 얻어 내가 오늘 고환 제거수술을 받게 되면 나는 괜찮지만 내 어머니 가슴에 대못을 박고 가문에 대가 끊어지니 불효가 애절하구나."란 글 구절이 나의 뇌리에 떠나지 않았다. 멸문지화를 당하게 된 그 청년의 절규 글귀가 자꾸만 떠오르니, 그 청년을 위해 늦었지만 즉석에서 조사(弔辭)한 구절을 지어 원혼을 달래고 떠나고자 한다.

이승에서 불치의 병마로 시달리다 유명을 달리한 그대여! 인생무상이요 제행무상이라! 영원한 것은 이 세상엔 없으니 그대의 고환을 거세한 못된 사람도 악행의 대가로 벌써 염라대왕이 벌을 내렸을 것이요, 만나면 헤어지고 태어나면 소멸되는 것이 인생이라네. 그대의 가문에 대를 절손케 한 나쁜 인간도 살아 봤자 필경엔 죽음을 피할 수 없는 것이 철칙이라네. 인간의 존엄성과 생명의 고귀함을 무시하고 이 땅에서 군림하며 잘못된 의료정책을 펴던 위정자들도 죽어서는 유황지옥에서 천벌을 받았으리라!

삶이란 한 조각 구름이 일어나는 것이요(生也一片浮雲起)요, 죽음도 한 조각 구름이 소멸(死也一片 浮雲滅)되는 것이니 뜬구름 자체가 본시 실체가 없는(浮雲自體 本無實) 것인즉 나고 죽고 가고 오감이 또한 그와 같으니(生死去來亦如然) 필경엔 누구나 인간세상의 불변형의 자연법칙을 따라간다네. 그대의 절규처럼 가문에 대를 이어갈 후손없이 꽃다운 젊은 나이에 불구가 되어 자손 노릇 못 하고 떠나면 참으로 애석하구나.

그대는 참으로 시대를 잘못 타고 태어난 운명인 것 같소. 한 세기가 지난 지금 동물도 학대하면 처벌을 받는 때이거늘 대명천지에 만물의 영장인 인간을 야비하게 생명의 근원처를 거세당하다니 통탄할 따름이구려! 그대여 부디 극락(천국)에 가서는 좋은 때를 만나 질병 없이 건강하게 영원무궁토록 복록을 누리기를 기원한다네. 거세 수술대 앞에서 그대의 절규 글을 읽으면서 후세방문객의 한 사람으로 그대의 한 많은 삶을 슬퍼하며 삼가 조사를 하고 떠나오!

제 3 부

지구촌의 낙원

지구촌의 낙원

유럽의 지붕인 알프스산은 '몽블랑' 봉우리가 최고봉(4,810m)이다. 나는 프랑스령 '샤모니'라는 곳에서 케이블카를 타고 블레방(2,550m) 봉에 내려 꿈에도 그리던 몽블랑의 만년설이 덮인 산봉우리를 볼 수 있었다.

주변 경관이 얼마나 환상적인지 아담과 이브가 살았던 열락(悅樂)의 동산에 서 있는 기분이었다. 사방팔방 창검을 세워놓은 듯 첨봉(尖峰)들이 몽블랑을 향해 조아리고 있는 듯하고 발아래는 안개구름이 산허리를 감아 돌고 저 멀리 계곡에는 젖소와 양 떼들이 오색단풍이 곱게 물든 평원에서 풀을 뜯고 있는 풍경이 곧 열락의 파라다이스(paradise)가 아니던가.

케이블카 옆에 한국인이 경영하는 레스토랑 사장의 해설을 들으면 샤모니는 범죄가 없는 지상천국이라고 한다. 산골 마을이지만 동계올림픽을 2회나 개최한 지역으로 주민들은 펜션 한 채

(50억~100억)만 갖고 있으면 부자라는 소리를 듣고 산다는 데 놀랐다. 모여드는 알파인들에게 숙소를 제공하고 임대수입으로 부를 누리며 행복하게 살 수 있다 했다. 그러나 알프스는 일 년에 꼭 30-40여 명의 산악인들이 죽어나간다고 하는데, 주로 패러글라이딩 낙하사고, 절벽 등반 추락사, 설산 등반 시 폭풍과 눈사태 매몰사고 때문이라고 한다.

그럼에도 알파인들이 부나비처럼 지구촌 곳곳에서 알프스에 모여드는 이유는 무엇일까. 아름다운 알프스에 매료되어 인간의 한계를 극복하는 끝없는 진취적인 열정과 도전정신 때문이라고 한다.

내가 서 있는 머리 위로 패러글라이더를 타고 마치 날 선 솔개처럼 창공을 돌기도 하고 체조선수가 공중제비 넘듯 갑자기 계곡 쪽으로 내리꽂아 비행하는 모습을 보니 나는 아연실색 눈앞이 캄캄해졌다. 그런가 하면 만학천봉(萬壑千峰) 절벽을 로프 하나에 생명을 맡기고 오르다 벼랑 중간에 흔들리며 매달려 있는 광경을 보고 있노라면, 나는 지금껏 내 인생의 목표를 향해 젊은 날에 어떤 도전을 하며 살아왔는가? 뒤돌아보니 부끄러울 뿐이다. 인류의 역사와 문화는 끝없는 도전정신으로 고난과 실패를 극복하며 이루어진다는 것을 새삼 느끼게 한다.

교포 해설사는 마지막으로 우리에게 "여행 끝날 때까지 조심하라"고 했다. 동유럽, 아프리카, 중동에서 유입된 난민과 불법체류자들 때문에 유럽사회가 골머리를 앓고 있다고 한다. 그들은 "고국의 가족들이 내전과 기근, 가뭄과 질병으로 죽어가고 있는데, 관광객이나 부유층 사람 가방 하나만 털면 고국에 가족들을 일 년간 편안히 먹여 살릴 수 있다"며 범행을 한다고 했다.

내가 본 로마의 바티칸국의 박물관 주변과 콜로세움 경기장, 피사탑, 파리의 루브르박물관과 에펠탑, 센 강 뱃놀이 상젤리제 거리에는 난민들과 불법 체류자들이 관광객으로 상대로 싸구려 물품 매매를 강요하다가 거절하면 험악한 인상으로 욕설을 퍼붓는 상행위가 도를 넘어 생명의 위협마저 느낄 정도였다.

우리는 알프스 설산과 레만 호수 등 여행을 마치고 제네바 꼬르빈나 역에서 국경을 넘어 파리 리옹 역까지 가는 테제베(tgv) 고속열차를 탔다. 여행 가방을 짐칸에 싣고 여행에 지친 몸을 쉬고 있었다. 열차가 출발하는 순간, 화물 선반 밑에 있던 난민으로 보이는 청년 3명(아랍계열)이 갑자기 가방 한 개를 쥐고 뛰어내려 도망을 가고 두 명은 뒤따르는 우리를 막아섰다. 마침 테제베 열차장이 경적을 불면서 추격 체포하는 사건이 순식간에 벌어졌다. 유럽은 높은 문화와 복지 치안질서가 확립된 신사의 나라로 생각한 것은 나의 환상이고 착각이었다.

난민들은 이국땅 길거리에서 삶을 위해 극단적인 범행까지 마다치 않는 삶의 현장을 보니 어린 시절 6.25 피란살이가 생각난다. 전쟁이 지나간 곳에 질병과 기근 헐벗은 폐허의 잿더미에서 풍찬노숙(風餐露宿)을 하며 생명의 끈을 이어가던 그때와 무엇이 다르랴!

그런 우리가 반세기 만에 국민소득 3만 불 시대에 살고 있지 않는가? 나도 청년 시절 노력과 도전은 접어두고 빈부격차에 대해 불평하던 때가 있었다. 이번 여행을 하면서 불평이라는 글자를 마음속에 지우개로 싹 지워버렸다.

프랑스가 자랑하는 파리의 샹젤리제 거리는 세계에서 가장 아름다운 문화와 예술 낭만이 넘치고 자유 평등을 표방하는 거리다. 각 국에서 모여든 인종전시장 같았다. 내가 드골공항을 떠나 귀국한 지 보름 만에 프랑스 심장부에 회교원리주의자(IS) 테러범들이 다중이 모여드는 곳에 동시다발 테러로 2차대전 후 최대 사상자(300여 명)를 냈다.

자유, 평등도 국민의 생명과 재산 치안질서가 보장되지 않으면 사상누각일 뿐이다. 가이드의 해설처럼 과연 지구촌 낙원은 유럽일까? 노력하면 안심하고 편안하게 잘 살 수 있는 지상낙원은 바로 동방의 등불이요 아침 햇살 고운 나의 조국이리라!

어버이날에 부치는 편지

해마다 우리 두 사람 생일과 어버이날에, 자녀와 손자들로부터 붉은 카네이션 꽃과 한정식 음식집에서 맛좋은 음식을 대접받고 금일봉도 받았다. 생활에 여유도 없는 팍팍한 살림살이에도 낳아주고 길러준 은혜에 보답한다고 분주하다.

자녀 4남매가 우리를 위하여 저희들끼리 의논하여 유고(有故)가 없는 날을 택하여 모이는 날짜와 음식집을 예약하여 놓고, 우리 부부를 모셔가니 아내는 겉으로는 며느리들에게 사양을 하면서도 싫지 않는 듯 못 이기는 체하면서, 환한 표정으로 따라가곤 한다.

내 나이 벌써 칠순에 이르러 손자 손녀들이 카네이션 꽃을 오므라든 가슴에 달아주니, 마음만은 젊은 사람 가슴처럼 활짝 펴지는 기분이다. 식사를 마치고 난 후에 앵두같이 고운 손자손녀 네 명이 케이크에 촛불을 켜고 아들딸 며느리와 함께 손뼉을 치며 '어머니의 마음'이라는 축가를 부른다.

> 낳으실 제 괴로움 다 잊으시고 / 기를 제 밤낮으로 애쓰는 마음
> 진자리 마른자리 가려 뉘시며 / 손발이 다 닳도록 고생하시네
> 하늘 아래 그 무엇이 넓다 하리요 / 어머님의 희생은 가없어라

부모은중경(父母恩重經)에 부모가 희생과 사랑으로 육아하는 내용과 자식이 성장하여 부모 은혜에 보은 효도하는 중요 경구(經句)를 발췌하여 작사자가 노랫말로 작사한 뜻을, 어린 손자들이 알 리야 없겠지만 뜻이 깊은 노래를 듣는 순간 기쁘고 즐겁기만 하다.

한편으로 돌아가신 부모님을 생각하면, 생전에 빠듯한 살림살이에 물질적으로 흡족히 효도 못 한 죄책감 때문에, 걸리는 게 너무 많아 가슴이 아려오고 마냥 즐겁지 않다. 남의 집에서 데려온 며느리와 사위들이 보는 앞에서 밖으로 내색은 못 하고, 맛좋은 고량진미(膏粱珍味)도 돌아가신 부모님을 생각하면 목구멍에 기분 좋게 넘어가질 않는다.

어버이시여! 지난날을 회고컨대, 먼저 누님 둘을 낳으시고 뒤늦게 나를 낳아 대를 이을 아들이 출생하였다고 좋아하시던 어버이시여! 6.25전란이 스치고 지나간 폐허의 잿더미 속에서 먹는 것이 귀하던 유년 시절, 소생이 철없던 짧은 생각에 옆집 어른 생신날 고등어 굽는 냄새가 등천하는 것을 보고, 고기를 먹고 싶다고 졸랐

더니, 당신께서는 이틀 뒤 닷새 장날 삼십 리 먼 길을 점심 끼니를 거르며 고기를 사 오셨지요. 가마솥 숯불 석쇠에 고기를 구워 저녁을 먹는데, 뼈를 발라 살코기를 나에게 먹이고, 머리와 꽁지를 더 맛이 좋다 하시던 어버이시여!

맹자가 어린 시절 이웃집에서 돼지 잡는 것을 보고, 모친에게 왜 돼지를 잡느냐고 물을 때, "너를 주려고 잡는단다." 농담을 한 후 맹자가 돼지고기를 달라고 졸라대자 약속을 지켜 믿음을 주기 위해 돼지고기를 사다 먹여 언약을 지켜 키운 맹자가 천추에 길이 남을 성인(聖人)이 됐다는 이야기가 있습니다.

어버이께서는 나와 약속을 지키기 위해 이웃이 아닌 삼십 리 먼 길을 가면서까지 고기를 사 오는 약속을 지켜 나를 훌륭한 인물이 되기를 기대했지만, 귀한 참쑥이 되지 못하고 흔하디흔한 사철쑥이 되었으니(蓼蓼者莪匪莪伊蒿)* 부끄럽습니다. 왕상지효(王祥之孝)* 나 맹종지효(孟宗之孝)* 를 다하지 못해 낯이 뜨겁습니다. 어버이의 희생적인 자정을 받으면서 나의 형제가 성장하였으나, 평생 타관 객지에서 부모님 곁을 떠나 박봉으로 살아오며 마음 흡족하게 효도 못한 것이 마음에 걸려, 금의옥식을 먹어도 가슴이 메어 오는 듯하여 달갑지 않습니다.

자식은 몸가짐과 행동을 바르게 하여, 후세에 이름을 떨치며 부모님을 드러나게 하는 것이 효도의 마지막 길이라 했는데(立身行道 揚名於 後世以顯父母 孝之終也), 내 자식 4남매 교육만 생각하고 제대로 처신을 못 하여 걱정만 끼쳤으니 크게 뉘우쳐집니다. 주자십회훈

(朱子十悔訓)에 부모에 불효한 자식은 부모가 죽은 후에 뉘우쳐진다 했듯이, 제가 바로 그렇습니다.

제가 소년 시절에 아버님께서 <시경>과 <명심보감>에 나오는 부모님 은혜에 대하여 가르쳐주신 글귀가 문득 생각나서, 어버이날에 한 통의 편지를 작성하여 5월 훈풍 편에 부쳐드립니다. 고향 양지바른 언덕 선영하에 영면하시는 어버이시여! 어버이날을 맞이하여 편지 한 통으로 가름코자 하오니 불초소자 용서하옵소서!

아버님 날 낳으시고(父兮生我) 어머님 날 기르시니(母兮鞠我)
아! 슬프고 애달프다 어버이시여(哀哀父母)
날 낳아 기르시느라 고생하셨네(生我劬勞).
크나큰 은혜 보답코자 하나(欲報深恩)
높고 넓은 그 은혜 하늘처럼 끝이 없도다(昊天罔極)!

*육육(료료)자아 비아이호(蓼蓼者莪 匪莪伊蒿) : 커다랗게 자란 것이 참쑥인가 했더니, 귀한 참쑥이 아니고 흔하디흔한 사철쑥이란 뜻. 부모님께서는 귀하게 키워 훌륭한 인물이 되기를 바랐으나, 평범한 인물이 되었음을 자탄하는 의미임.

*부빙득리 왕상지효(剖氷得鯉 王祥之孝) : 고대 중국 동진(東晋) 때 효자 왕상이 한겨울에 어머니가 병환에 잉어고기를 먹고 싶다 하여 냇가에서 옷을 벗고 하늘에 기도하니 갑자기 잉어 두 마리가 얼음을 깨고 나왔는데, 어머니에게 잉어를 달여 공양하니 병환이 나아졌다는 고사.

*설리구순맹종지효(雪裏求筍孟之宗孝) : 중국 삼국시대 오나라 맹종이란 사람이 효자로서 겨울에 어머니가 즐기는 죽순이 없음을 애탄하자 홀연히 눈 속에서 죽순이 나타나 어머니에게 공양했다 함.

토사구팽(兎死狗烹)

중국 역사상 가장 위대한 진시황은 기원전 230년에 천하를 통일하고 재위 16년 만에 죽으니 천하는 또다시 제후국들이 세력을 형성하여 전국시대로 혼란 상태에 빠졌다. 그중에서 가장 세력이 강한 초나라의 항우(項羽)와 한나라의 유방(劉邦)이 천하를 차지하려고 각축전을 벌이는 것을 기록한 서적이 유명한 <초한지(楚漢誌)>이다. 장기를 둘 때 장기 색깔이 청색은 초나라이고 홍색은 한나라로 표시하는 것은 두 나라의 군사 깃발을 청홍색으로 구분하였기 때문에 장기 알맹이 색깔도 군 깃발 색깔에 따른 것이다.

초, 한 두 나라는 8년간의 전투에서 항우는 70여 회 전투에서 한 번도 패배한 적이 없이 역발산의 기개세를 자랑하였지만 마지막 전투인 해하성 전투에서 유방의 책사 장량(張良)의 심리전에 말려들었다. 오랜 전장에서 지친 초나라 군사들은 전선에서 고향을 그리는 초나라 민요인 사향곡(思鄕曲) 피리소리가 달빛을 타고 전선에 은은히 울려 퍼지니 초나라 병사들은 두고 온 처자식이 그리워 전선을 이탈하여 도망치기 시작했다. 유방의 30만 대군의 포위망이 좁혀들자 사면초가에 놓인 항우는 사랑하던 애첩 우미인(虞美人)에게 장검을 주어 자결케 하고 자기도 운명이 다 된 것을 감지하고 적진에서 간신히 탈출하여 강동으로 가는 오강(烏江) 나루터에서 자결하게 되는 것이 <초한지>의 개괄적인 내용이다.

<초한지>는 단순한 흥미 위주의 소설이 아니고 사마천의 사기에 기술될 정도로 동양사회에 지도자의 통치수단과 전술 전략 등 백성들에게까지 삶의 지혜를 주는 수백 개의 고사성어가 생겨난 역사 서적이다. 그중 요즘 정가에 많이 인용하는 '토사구팽(兎死狗烹)'의 어원을 알아보고자 한다. 한흥삼걸(漢興三傑)이라 해서 한나라는 소하(蕭何) 장량(張良) 한신(韓信) 세 사람의 영웅호걸이 있었기 때문에 통일이란 대업이 가능했다. 소하는 승상으로 전쟁 수행 보급물자 담당 임무를 맡았고, 장량은 전략전술가로 전쟁의 계획을 수립하는 유방의 군사(軍師)이고, 한신은 야전에서 군사를 이끌고 전황에 따라 능수능란하게 승리를 이끌어내는 대장군이었다.

전쟁을 승리로 끝낸 유방은 논공행상을 하는데, 한흥삼걸이 장차 자기의 정적이 될 것을 두려워해 차례로 제거할 생각이었다. 한신 대장에게는 좋은 영지를 할애해줘야 마땅하나 제일 나

뿐 불모지인 파촉 땅에 제후로 봉했다. 그리고 은밀히 첩자를 보내 숙청할 구실을 찾던 중 과거에 항우 밑에 있던 종리매라는 장수와 절친하게 지내는 것을 알아내고 한신을 역모죄로 몰아 체포하여 가마솥에 삶아 죽여 버린다.

이를 두고 그 당시 제나라 출신 관상가이며 예언자인 괴통(蒯通)이라는 사람이 처음으로 '토사구팽'이란 용어를 썼다고 한다. "토끼를 다 잡으면 쓸모없는 사냥개는 가마솥에 삶아지고 높이 나는 새를 다 잡으면 좋은 활도 창고에 들어가고, 싸우던 적국이 평정되면 지혜로운 신하와 장수도 정적에게 잡혀서 가마솥에 삶겨 죽게 되는구나."라고 했다.

1993년에 대통령이 된 YS가 선거에 적극 도왔던 친구 김재순(국회의장, 7선 의원)을 부정축재의 허물을 덮어씌워 물러나게 하자 그는 "내가 청렴하게 살아왔나, YS가 더 청렴하게 살아왔는가를 국민에게 물어봐라."라고 하면서 "이제 쓸모없으니 토사구팽 당하는구나."라는 말을 남기고 정계를 떠났다. 북한의 현대사에 유례없는 3대 세습체제로 권력을 물려받은 젊은 위정자는 권좌 유지에 정적이 될 공신은 물론이고, 피를 나눈 형제와 친인척도 가차 없이 독가스와 고사포로 공개 처형하니 현대판 토사구팽이 왕조 시대 숙청 수단보다 더 잔인하여 끔찍하기만 하다.

권력이란 한 번 맛을 들이면 그 자리에서 더욱 집착하게 되고 권력을 남용하여 자기 위상을 제고시키는 것이 그 속성이다. 그러다 보면 자기도 모르게 교만해지고 스스로 허물을 남기게 마련이다. 보물이 집안에 가득 차면 지키기 어렵고 가지고도 더욱 채우려는 끝없는 욕망이 불행의 근원이 된다는 것이다.

'공(功)을 이룬 후에는 자리에서 미련 없이 스스로 물러나는 것이 하늘의 도리'(功遂身退 天之道也)라는 명언이 있다. 그래야만 자기 자신을 온전히 명철보신(明哲保身)하는 길이다. 그릇에 가득찬 물은 넘치게 마련이고 정상에 오르면 반드시 내려오게 되는 것이 순리다. 권력에 맛 들어 오래 머물면 애써 이룬 공적마저 잃어버리고 신변에는 교만과 허물이 그칠 줄 몰라 종말에는 상대방 정적에게 발목이 잡혀 토사구팽 당하는 것이다.

공을 이루고 미련 없이 떠난 사람이 있다. 한나라 유방의 군사인 장량이다. 그는 천하를 통일하자 한고조 유방이 머물 것을 요청하는데도 "나는 세 치 혀(三寸持舌)를 가지고 제왕의 스승이 되었으며 1만 호의 영지를 받아 열후의 반열에 올랐으니 이것으로 내 임무는 끝났다. 앞으로는 속세를 떠나서 선계(仙界)에서 노닐고 싶다."라며 미련 없이 떠났다. 오래 머물면 한신 대장군같이 토사구팽이 되기 때문이다.

우리나라 현대사에서도 P대통령 시대 때 L정보부장이 있었다. 그는 냉전으로 남북이 단절되어 일촉즉발의 긴장상태 때 통치자의 밀명을 받고 평양을 방문하여 김일성을 면담하여 남북 간의 평화통일, 민족화합, 상호존중이란 7.4남북공동성명을 성사시켰다. 귀국 후 공적을 인정받아 통치자가 유임을 요청하였으나 스스로 자리를 떠난 후 경기도 산골에서 속세를 떠나 여생을 온전히 신선처럼 명철보신하였다.

요즘 정가에서는 좌우로, 동서로 갈라지고 주류 비주류로 쪼개지고 합치고 연대하고 이합집산과 합종연횡이 난무하더니 지도자가 탄핵을 받아 국정이 마비되는 등 시련을 겪고 있다. 10년 세월을 국제연합에서 국제적인 분쟁, 난민, 안보, 식량문제 등을 조정 해결하며 유엔의 수장으로 지낸 분이 귀국하여 권좌에 집착하다 하루아침에 토사구팽 당하여 지금껏 쌓아올린 명예가 일조에 무너지니 처량하게 느껴진다. 난세일수록 권력에 집착하면 토사구팽 당하니 공적을 이루었으면 권좌에 집착 말고 스스로 물러나는 것이 하늘의 도리요 자신을 온전하게 명철보신하는 길이라 생각이 든다.

신성구곡(新星九曲)

－힐링의 0번지

신성구곡은 보현산(普賢山) 북쪽으로 내려온 지맥과 노래산(老萊山) 서쪽으로 뻗은 중첩된 산들이 마주 보며 펼쳐지는 골이 깊은 심산유곡이다. 계곡 사이 흐르는 길안천(吉安川)은 구절양장같이 용틀임하며 굽이돌아 낙동강으로 흐르는데, 산수를 겸비한 아름다운 협곡이다.

주상절리의 절벽 산들이 병풍을 두른 듯한 석병산(石屛山), 붓끝처럼 솟아오른 필봉, 선비들이 갓 속에 받쳐 쓰던 탕건처럼 생긴 바위 절벽 등 천변만화 형형색색의 석산들이 강변을 향해 읍하듯 조아리고 있는 형국이다.

물길은 역동성이 넘치는 을(乙), 궁(弓) 자 모양으로 휘돌아 흐르고 흙 한 줌 없는 옥반석의 석천 위로 쪽빛을 띤 명경지수가 장장 16km 여울져 흐르고 있다.

동식물들도 희귀종들이 자연 그대로 서식하고 있다. 적송 비자나무 피나무 잣나무 참나무 등 수목들이 밀림을 형성하고, 삵 담비 궁노루 오소리 고슴도치 솔개 등 산짐승과 수달 재두루미 자라 쏘가리 쉬리 꺽지 메기 다슬기 등의 내수면 어종들이 함께 어울려 살고 있는 곳이다.

전국에서 가장 공기가 쾌적한 이곳을 두고 세인들은 지명을 따라 신성계곡이라 부르는데, 나는 선유동구곡(仙遊洞九曲)으로 부르고 싶다. 옛 시인 묵객들과 은자들이 숨어 살며 자연풍광에 도취되어 음풍농월을 하던 힐링(healing : 자연 치유)의 0번지이기 때문이다.

계곡 안으로 들어갈수록 비경들과 전해오는 전설들이 점입가경이다. 은자와 신선을 결부시킨 시구들과 흔적들이 계곡을 가득 채우고 있다. 오선동*(五仙洞, 다섯 명의 신선)이 정자 난간에서 쏟아지는 월색을 타고 풍류를 즐겼다는 방호정(方壺亭), 은자가 난세를 피해 숨어들어 베개를 높이 베고 편안히 살 수 있는 곳이라는 고와리(高臥里) 지명, 신선들이 선경의 산속에서 살았다는 보랏빛 노을의 자하산(紫霞山), 늙은 신선이 부는 옥피리 소리가 달빛 타고 들린다는 노래산(老萊山), 신선들이 세파에 오염된 마음을 씻었다는 세심대(洗心臺), 더럽혀진 갓끈을 씻었다는 탁영대(濯纓臺), 강상에서 시를 읊었다는 가사연(歌詞淵), 청송 도호부백이 풍류를 즐기고 남긴 부백윤현기동천(府伯尹顯棋洞天) 암각 글씨, 선비들이 강태공처럼 낚시를 즐겼던 조어대(釣魚臺) 등 절벽과 암반에 새겨진 시구 등이 가는 곳마다 찾는 이의 마음을 홍건히 젖게 한다. 탐방객들도 아름다운 선경에 매료되면 마치 허유(許由)와 소부(巢父)가 된 것처럼 심신이 고결해짐을 느낄 수 있다.

신성구곡에 매료되어 비경과 전설을 찾아 나서본다. 일곡 방호정(一曲 方壺亭)은 광해군 때 조준도 유생이 모친인 안동 권씨를 사모코자 세운 정각으로 신성계곡 입구에 회룡고조 절벽과 궁류수로 흐르는 물 위에 떠 있는 듯한 전각이다. 방호정 맞은편 야산 절개지에 쥐라기 시대의 육식 및 초식 공룡족적(恐龍足跡)이 경사지 암반에 수백 개가 혼재해 있어 학술적 가치가 높다고 한다. 이곡 탕건암(二曲 宕巾岩)은 근곡리 보 상류 도로 서편 바위산인데 생김새가 선비들이 갓 속에 받쳐 쓰던 탕건 모양의 기암절벽이다. 삼곡 근곡리 구암봉(三曲 近谷里 九巖峯)은 근곡리 마을 앞 안산으로 강 건너편 아홉 봉우리의 주상절리 절벽 산이 창과 칼을 세워놓은 듯한 생김새의 바위산이다. 사곡 만안단애(四曲 萬安 丹崖)는 자연부락인 만안리 동편 강 언덕에 높이 수백 척의 길이 500보 정도의 낭떠러지 절벽 바위면으로 색깔이 주홍색의 저녁노을처럼 붉게 펼쳐진 절벽이다. 오곡 노래산 천지호수(五曲 老萊山 天池湖水)는 늙은 신선이 월색이 교교한 달밤에 옥피리를 부는 소리가 들린다는 명산이다. 최근에 산 정상 동편에 양수발전소 상류 댐 호수가 들어서 쪽빛을 띠고 있다. 임진왜란 시 유운룡의(柳雲龍 : 유성룡 재상의 형)의 의병 훈련장으로 선조 말엽 천주교 을해박해 사건 때 신자 30여 가구가 숨어살던 곳이다. 육곡 구독평과(六曲 溝瀆平果)는 구독골 보 주변 2만여 평의 넓은 갯밭 들녘으로 이 고장의 특산물인 사과가 농익어 가면 자줏빛의 사과와 그 향기가 코끝을 매혹시킨다. 칠곡 자하산 선궁(七曲 紫霞山 仙宮)은 봉우리에 보라색 안개구름이 감도는 산을 말하며 이 산은 다섯 명의 신선들이 머물던 산이다. 봄에는 산벚꽃 개살구꽃이 산야를 물들이고 가을이면 서리 맞은 오색단풍이 황홀경을 이룬다. 팔곡 백석청탄(八曲 白石淸灘)은 은자 김한룡(고와동 입향조)이 병자호란을 피하여 벼슬을 버리고 한양에서 고와리에 숨어들어 은거생활을 한 곳이다. 2,000여 평의 옥반석 사이로 길안천 강물이 포말을 일으키며 여울져 흐르고 세심대 탁영대 조어대 가사연 등은 은자와 오선동이 신선처럼 백석탄 팔경시*를 읊으며 풍류를 즐기던 곳이다. 구곡 첨섬필봉(九曲 尖纖筆峰)은 길안천이 흐르는 청송군과 안동시 경계지역에 수직으로 붓끝처럼 솟아오른 절경의 뾰족한 바위 산봉우리다.

세파에 심신이 지칠 때면 잃어버린 생기를 얻기 위해 녹수청산인 이곳을 찾아 나선다. 속리산 화양동 계곡, 청량산 도산계곡 등에는 인파가 문전성시를 이룬다. 신성구곡은 자연경관이 월등함에도 어둠 속에 가리어져 빛을 보지 못하고 있으니 안타깝다. 은자와 유현들이 옥반석에 남기고 간 영탄시구(詠嘆詩句)들의 각자(刻字)마저 오랜 세월 속에 홍수와 비바람에 마모되어 소멸되어가고 있다.

요즘 세상은 자연유산과 문화예술이 인간의 정신을 살찌우고 소득을 창출하는 시대이다. 유네스코에 지정된 자연유산이 그러하고 경주 세계불교 문화유산이 그러하다. 인위적인 위락시설은 일시적인 냄비현상이지만 조물주가 창조한 자연유산은 영원 무궁토록 심신에 생기(에너지)를 불어넣는 치유의 자원이기 때문이다. 신성구곡도 하루속히 유네스코에 세계자연지질공원으로 지정되어 사라져가는 자연유산을 보호하고 자원을 개발하여 세파에 지친 많은 사람들이 생기를 재충전하는 녹색 치유의(healing) 명소가 되기를 기대해본다.

*오선동(五仙洞) : 조선 중엽 당쟁이 심하던 시기에 다섯 명의 유현들이 세상을 등지고 방호정(方壺亭)과 백석탄(白石灘)을 왕래하며 자칭 오선동이라 칭하고 풍류를 즐김(蒼石 李俊. 東溪 趙亨道. 方壺 趙俊道. 風崖 權翊. 河陰 申楫)

*허유소부(許由巢父) : 옛날 요(堯) 임금이 황제를 선양(禪讓)하려고 허유를 찾아가 말을 하니 그 말을 들은 허유는 귀가 더러워졌다고 영천(潁川) 강물에 귀를 씻었다. 마침 소부(巢父)가 소를 몰고 물을 먹이러 와서 허유의 이야기를 듣고, 귀를 씻은 더러운 물을 먹일 수 없다 하고 소를 몰고 상류로 올라갔다는 고사.

*백석탄 팔경 : 고와리 입향조(入鄕祖), 김한룡의 영탄시(詠嘆詩), 금강비폭(金剛飛瀑), 부석등표(浮石燈標), 청탄세이(淸灘洗耳), 필봉명숙(筆鋒鳴宿), 채화도선(彩畵倒扇), 백석침대(白石枕臺), 장군석단(將軍石段), 화전접무(花田蝶舞)

별유천지(別有天地)

연둣빛 신록이 숲을 이루는 봉무동(鳳舞洞)은 지명에 어울릴 만큼 자연경관이 수려한 곳이다. 봉무동은 봉황이 춤을 추다 오동나무숲이 있는 동화사(桐華寺) 쪽으로 날아갔다 하여 봉무동이란 지명이 생겼다. 신라 말, 고려 초의 후백제의 견훤과 고려 태조 왕건의 공산전투의 격전지로서도 유명하며 대구 동구 팔공산 자락에 있는 산과 호수를 겸비한 마을이다. 이곳은 6만여 평의 호수가 봉황의 양 날개처럼 생긴 사이에 있고, 호수 입구에 봉황의 머리에 해당하는 곳에 봉무 동네가 있는데, 풍수지리학적으로 명당으로 꼽히는 지세라고 한다. 최근에는 마을 앞 들녘에 대구시에서 수백만 평의 산업단지(이시아폴리스)를 조성하여 신 성장 산업기지로 발돋움하고 있는 곳이기도 하다.

내가 찾은 곳은 동네 안쪽에 위치한 호수와 산야이다. 이른 봄부터 개나리, 복사꽃, 진달래가 장관을 이루고 봄의 중간 철에는 벚꽃이 눈부시게 황홀하다. 5월이 접어들면, 송화가 터져 노랗게 가루를 흩뿌리고 요즘은 붉은 철쭉꽃과 아카시아가 산야에 하얗게 꽃 초롱을 드리우며 산야를 순백으로 물들이고 있다. 그 짙은 꽃향기가 호수 주변 등산로 십 리 길에 쉴 새 없이 내뿜어져 도시민의 서정과 낭만을 만끽할 만큼 장관이다.

내가 매년 이맘때면 며칠씩 어김없이 찾아오는 곳이기도 하다. 자연이 인간 세상에 주는 천자만홍의 꽃들과 내뿜는 꽃향기에 매료되어 호수 주변을 석양 무렵이면 어김없이 산책로를 따라 천천히 걸으며 자연경관에 도취되어 산책하는 것이 너무도 상쾌하기만 하다. 낙조가 호수 위에 불타는 듯 물들이는가 하면, 어둠이 내리면 아카시아 꽃향기는 더욱 코끝을 자극하여 취하게 하고, 음력 4월의 초승달이 호수 위에 비치고 주변 가로등 불빛도 호수에 일렁일 때 선착장에 가서 2인용 보트에 오른다. 핸들을 잡고 두 발로 자전거 페달처럼 된 노를 천천히 저으며 물 위를 선유하면서 가는 봄의 야경을 만끽한다. 하늘엔 초승달이 휘영청 비추고 산야에는 꽃향기가 진동하는가 하면, 숲속에선 귀촉도(歸蜀道) 새가 피를 토하는 울부짖음이 밤하늘에 메아리쳐 들리는 이곳은 그야말로 별유천지 선경의 세계로 나를 매료시켜 다시 찾아오게 하는 곳이다.

귀촉도(자규)는 풍진세상에서 무슨 한이 서려 저토록 절규하며 우는지 사연을 들어보자. 촉(蜀)나라 왕 망제(望帝)가 역신들의 모반에 의해 궁궐에서 쫓겨나서 궁궐로 돌아가지 못하고 귀양살이를 하다가 죽은 원혼이 귀촉도 새가 되어 지금껏 저렇게 슬피 운다고 한다.

단종도 세조의 모반에 쫓겨나서 절해고도 영월 청령포에서 죽임을 당했으니 얼마나 원통할까. 자기 처지를 자규에 비유하여 지은 시 한 수가 지금도 영월 자규루 누각 난간에 전해져온다. 두 나라 왕들은 민족은 다르나 속진 세상에서 당한 억울한 죽음에 대한 분노와 백성들이 느끼는 연민의 정서에서는 공통점이 있다고 보인다.

늦은 봄의 고요한 밤하늘에 초승달빛을 타고 "소쩍, 소쩍" 하고 구곡간장이 끊어질 듯 애절하게 울어대는 울음소리를 들으면 나도 모르게 처연한 마음이 들고 망제와 단종의 속진 세상에서의 한 맺힌 심정을 다소나마 알 듯도 하다.

옛 당송시대의 유명한 8대가의 시인 한유, 소동파, 왕유 등이 동정호(洞庭湖) 호반에서 소상팔경을 경탄하며 뱃머리에 기대서서 선유하며 시를 읊조렸다고 하는데, 나는 꼭 동정호만이 천하 절경이 아닌 듯하다. 이곳 단산지 호수 위에서 달빛과 꽃향기, 두견새 소리를 들으며 선유하는 나도 현대판 8대가가 된 것처럼 자찬하며 흉내를 내어보기도 한다. 배 위에서 미리 준비해간 이 지방의 명주인 '불로막걸리'로 밤하늘의 조각달을 술잔 삼아 술을 따르며 나와 두견새와 마주 앉아 대작을 하면서 한 맺힌 원한의 절규를 달래면서 원혼을 위로하고 온 밤을 지새워 보고 싶다.

한 치 앞을 못 내다보는 속진 속에서 살아남기 위해 군상들과 경쟁을 하며, 치솟는 물가고에 허리띠를 조이고, 각박한 인심이 양심을 속고 속이는 데 지치고 병든 현실을 잠시라도 도피하여 별유천지의 몽환계(夢幻界) 속에서 머물고 싶다. 옛 시인들의 대작을 머릿속에 상상하며 나도 불로주 한 잔을 마셔본다. 여유와 한가로움을 안주 삼아 음미하면서 이백(李白)의 산중문답(山中問答) 시 한 수를 읊으며 풍진에 검게 오염된 마음속의 때(心垢)를 하얗게 씻어보련다.

<산중문답(山中問答)> －李白

문여하사 서벽산(問余何事 棲碧山)

나보고 어찌하여 푸른 산속에 사는가 묻는다.

소이부답 심자한(笑而不答 心自閑)

웃으며 대답은 안 해도 마음만은 한가롭다네.

도화유수 묘연거(桃花流水 杳然去)

복사꽃이 흐르는 물에 아득히 떠내려가는 곳

별유천지 비인간(別有天地非人間)

인간 세상 아닌 신선들이 사는 별천지라네

봄나들이

화조월석(花朝月夕) 춘삼월 좋은 계절에 봄나들이를 떠난다. 절후로 봐서는 아직 음력으로 이월 초순이라 옛날 같으면 산간지방에는 잔설과 영하의 날씨로 산하가 동면에서 깨어나지를 못하는 시기이다. 그러나 올해는 작년에 윤달이 들어 봄이 얕은 데다 지구의 온난화 현상으로 대구의 도심지에는 벌써부터 매화를 비롯한 산수유 목련화 개나리 등이 남녘에서 불어오는 춘풍을 타고 꽃망울을 터뜨린다. 실버들 가지에는 노란 꾀꼬리가 짝을 찾아 울부짖고 있으니 계절은 바야흐로 화란이 춘성하고 만화가 방창한 성춘가절이다.

칼바람이 불어오는 삼동에 마음속에 남아있는 겨울 때를 털어내고 약동하는 봄기운과 동백꽃 향기를 가슴에 담고자 남국의 정취가 물씬 풍기는 한려수도해상공원이며 거제시에 속한 지심도(只心島)를 찾아 나섰다. 새벽잠을 설쳐가며 거제항에서 지심도

가는 선착장에 도착하니 오전 11시였다. 벌써 전국 각 지역에서 찾아온 봄나들이 인파가 선착장을 메우고 여객선운항에 종사하는 사람들은 핸드마이크로 승선자 인적사항, 인원, 안전교육과 장내 질서유지에 떠들썩하다. 나도 야단법석 틈바구니에서 소형 여객선(100명, 정원)에 겨우 승선하자 배는 곧 지심도를 향해 물살을 가르며 떠난다. 파도가 요동칠 때마다 소형선박이라 흔들림이 불안할 정도로 심하니 그야말로 만경창파에 일엽편주이니 세월호가 문득 떠올라 바다가 은근히 두렵기만 하다.

지심도 선착장에 도착하자 섬마을 해설사가 그룹별로 안내를 하고 있었다. 지심도는 섬 모양이 마음 심(心) 자같이 생겨서 지심도라 하는데 섬 안에 서식하는 열대성 숲과 태평양전쟁 시 주요 군사 요충지로도 침략의 흔적이 지금도 남아있다는 해설사의 안내를 듣고 둘레길을 따라 나섰다.

해발 백 미터가 안 되는 나지막한 작은 산기슭과 능선을 안내 표시판에 따라 걸어가는 둘레길엔 섬 전체가 동백나무와 후박나무로 열대성 수림이 울창하게 터널을 형성하고 있다. 봄볕이 화사한 날씬데도 수림에 가리어져 어둠침침하니 산등성에 올라야만 비로소 쪽빛 바다를 겨우 볼 수 있었다. 수백 년 된 후박나무가 둘레길 옆에 광풍노도에도 굳건히 버티며 늠름한 자태를 보이고 있어 안내간판을 보지 않아도 한눈에 노거목이며 마을을 수호하는 신목인 듯 짐작이 간다. 울울창창한 동백나무 숲속엔 붉디붉은 동백꽃이 만개하여 수줍은 열아홉 살 섬 처녀 얼굴처럼 꽃 숲을 형성하고 꽃술 속에는 벌들이 숫처녀의 젖무덤을 어루만지듯 꽃을 희롱하며 꿀 따기에 분주하다.

먼저 핀 꽃들은 꽃비가 되어 하염없이 길섶에 떨어져 마지막 꽃잎이 되어 작별의 아쉬움을 예고하듯 시들어가고 있었다. 떨어진 꽃잎을 행인들이 모아서 하트 모양과 사랑이란 글자를 만들어놓은 동백꽃 둘레길에는 동백아가씨 연가가 애절하게 울려 퍼지는 가운데, 봄나들이 온 청춘남녀들은 봄 풍경에 취하여 추억을 남기려 셀카 봉으로 사진 찍기에 분주하다.

섬 전체 둘레길을 지나 산 능선을 타고 오르니 비로소 다도해의 섬들이 쪽빛 바다에 수평선 위로 점점이 떠 있는 듯 아름다운 남쪽바다 풍경이 한눈에 펼쳐지고 있었다. 그야말로 별유천지 비인간의 선경의 세계인 듯하다. 멀리 조선소에는 골리앗처럼 큰 크레인과 수십만 톤의 화물 유조선도 봄볕 아지랑이와 해무에 아롱져 그저 한 점의 그림인 듯 가물거리니 봄나들이 온 관광인파 모두가 펼쳐지는 봄 바다와 동백꽃 숲속에서 서정과 낭만을 만끽하는 날이었다.

그러나 한편으로 나는 마냥 춘흥에 취해서 즐겁지만은 않다. 지심도 앞바다는 남해안 다도해의 모든 선박들이 드나드는 주요 길목으로 태평양전쟁 시 일본군의 군사 요충지였다 한다. 대한제국과 동남아를 침략코자 일본군의 포 진지와 탄약고 서치라이트(조명등) 등대 군함 항해방향표시소 일장기 게양대가 산 능선에 아직도 그대로 남아있다. 침략의 발자취를 보는 순간 갑자기

내 가슴속엔 일본도 비수가 꽂히는 듯한 전율이 느껴진다. 침략의 발자취가 남아있는 곳이 지심도이다.

70년이 지난 최근까지도 한일 간에 독도와 위안부문제가 해결되지 않고 양국 간에 냉기류가 흐르고 쓰라린 침략의 흔적들이 이 섬 안에 고스란히 남아있으니 이 섬은 우리에게는 반면교사로 삼아야 할 잊지 못할 섬이 아닌가 싶다.

알묘조장(揠苗助長)

한줄기 소낙비가 내린 뒤 산마루에 반월형의 무지개가 칠보단장한 여인의 실눈썹처럼 곱게 펼쳐지는 모습을 보면 환상에 젖어들 때가 있다. 공기 중에 떠 있는 물방울이 햇빛에 굴절 반사되어 잠시 일어나는 현상이라고 하는데, 인생살이에도 때로는 무지개 환상에 젖어 판단을 흐릴 때가 있었다.

증권시장에 투자열기가 들불처럼 번지고 고객들이 불나방처럼 뛰어들던 시기였다. 정부에서도 침체된 경제를 소생시키고 돈을 풀어 소비를 권장하고 기업을 육성하기 위해 은근히 부추기던 때였다. 이른바 "묻지 마" 투자 열풍이 도가니처럼 객장을 달구었다.

증권회사에 딜러로 있는 친구는 나를 보고 퇴직 후 무료하게 세월을 보내지 말고 주식에 재미를 붙여 노후에 여유 있는 삶을 누려보라고 권유했다. 친구의 권유로 궁색한 살림살이를 탈피코자 형편에 비하면 적지 않는 종잣돈을 투자하여 무지개 꿈을 키우면서 객장에 들락거렸다.

환상의 꿈은 오래가지 못하고 절망과 좌절로 얼룩지고 말았다. 미국의 부실금융 위기(서브프라임모기지)에서 출발한 쓰나미 같은 경제공황 파장은 지구촌을 휩쓸고 나에게도 여파가 미쳐 주식은 급락하고 일조일석에 빈털터리가 돼 버렸다.

신중치 못한 내 잘못으로 온 가족의 가슴에 보이지 않는 상처를 남겼고 그 원망의 화살이 나에게 돌아와 극심한 불면증과 스트레스로 전이되어 영혼과 육신을 갉아먹고 있었다. 지나고 보니 실패 원인이 한두 가지가 아니었다. 주식에 대한 기본적인 지식과 국내외 증권시장의 정보와 분석력이 청맹과니나 다름없었고 노력 없는 대가와 과욕이 화를 자초한 것이었다.

'알묘조장(揠苗助長)'이라는 고사성어가 생각난다. 맹자의 공손추장구(公孫丑章句) 편에 나오는 명문이라고 하는데, 송(宋)나라 사람이 자신이 뿌린 곡식의 씨앗이 빨리 자라 조기에 수확하기 위해 덜 자란 싹(고갱이)을 조금씩 뽑아 올렸다. 그는 그렇게 하면 싹이 더 빨리 잘 자랄 것이라고 여겨 성장을 도와준 것이라고 여기면서 나름대로 할 도리를 다한 사람처럼 가족들에게 말했다. 그러나 그의 아들은 이것이 오히려 싹이 자라는 것을 해치는 것인 줄 알았으므로 제대로 심어놓으려고 논들에 나가보았으나 싹은 이미 말라 죽어 농사를 망쳐버렸다는 고사이다. 투자를 만류하던 아내와 자녀들을 대할 때면 수천여 년 전에 생긴 이 고사가 꼭 나를 두고 하는 명문인 것 같아 나 스스로를 되돌아보게 한다.

가뭄 끝에 내리는 빗물은 높은 산에 수목의 뿌리를 서서히 젖어들게 하고 제 몸을 낮추어 산골짜기로 흘러 빈 웅덩이를 채우고 산모롱이를 굽이돌아 흐른다. 가로지름 없이 순리대로 물길따라 대해를 향해 흐르는 강물을 유심히 바라보면서 순리와 절차 그리고 겸손을 되씹게 된다.

사람이 살아가는 데 더위와 혹한을 막아주는 의복이 필요하고 생명을 유지하기 위해 음식을 먹어야 하며 휴식과 잠을 잘 수 있는 주거공간은 필수 불가결한 경제활동이지만 지나친 탐욕은 절제가 필요하다고 여겨진다.

요즘 세간에는 부와 권력의 정점에 있는 사람들이 곤욕을 치른다는데, 누리고 있는 권세와 부귀도 모자라서 지나친 탐욕 때문에 영어(囹圄)의 신세가 되는 걸 보면 탐욕이 재앙을 낳은 것이 아닐까.

평생을 두고 정당하고 노력 없는 이재에는 현혹되지 않고 청빈하게 살아왔는데, 잠시 탐욕으로 위험한 지름길로 가로질러 가려다 종잣돈마저 실물을 하고 난 뒤에서야 탐욕에서 벗어날 수 있었으니 스스로 한탄하지 않으랴!

'만족할 줄 알면 욕되지 않을 것이고, 그칠 줄 알면 위태롭지 않을 것(知足不辱 知止不殆)이란 명언을 늦게나마 빈 가슴에 채워 넣고 분수를 지키면서 절제된 생활로 소박하게 살아보련다.

명문가문의 가훈

가훈의 사전적 의미는 한 가문에 조상이 자손들에게 남기는 교훈을 의미한다고 했다. 집안에 전해오는 가풍을 올바르게 하여 후손들이 가정을 다스려 나가는 규범적 성격을 갖는 집안의 가약(家約)이라 할 수 있다.

가훈 중에 비조(鼻祖)*라 할 수 있는 가훈은 중국의 '안씨가훈'이 있는데, 1400여 년 전 남북조시대 때 안지추(顔之推)가 철저한 가족 중심으로 사회와 인간관계를 맺으며 난세를 살아가는 치가(治家)의 방법을 제시한 대표적인 가훈이라 할 수 있다.

나의 시선을 끈 대목은 "암탉이 울면 화를 부른다(牝鷄晨鳴 以致禍也)."는 부분이다. 언뜻 생각하면 여성을 비하하는 말인 듯하나 분담된 소임에는 타인 간섭 없이 조화를 이루며 살아가야 한다는 말이다. 새벽을 알리는 닭 울음은 반드시 수탉의 소임이다. 암탉이 월권하여 홰를 치고 운다면 집안은 어떻게 되겠는가? 남의 소관 업무를 간섭하면 다툼과 알력(軋轢)*이 생기는 시초가 되어, 규범이 무너짐은 물론, 가문 전체가 붕괴되는 요인이 되기 때문이다.

당나라 때 장공예(張公藝) 집안은 구세동거(九世同居)의 가문으로 유명하다. 어떻게 구 세대가 한 지붕 밑에 다툼 없이 살았는가? 당나라 고종황제가 태산에 올라 봉선(封禪)*을 마치고 환궁 길에 장공예의 집을 방문하여 구 세대가 동거하는 비법을 물었다.

장공예는 붓과 종이로 대답을 했는데, 창호지에 참을 인(忍) 자를 백여 번 써서 바치면서, 다음과 같이 말했다. "대개의 친척들이 화평치 못한 것은 첫째, 불공평한 재물분배입니다. 음식이나 의복 분배를 고르게 못 하면 불평과 다툼이 생기고, 둘째, 예절규범 문란입니다. 항렬(行列)이 낮거나 연소자가 윗분을 대할 때 예의를 갖추지 못하면 비난하게 되어 다투게 됩니다. 셋째는 분노를 참지 못하기 때문입니다. 간혹 다투거나 분노가 치밀 때는 '참을 인' 자를 써서 빈 항아리 안에 넣어 분노를 조절하고 있습니다." 하니 황제가 감탄했다고 한다.

우리나라 명문가문 중에도 도덕성 높은 철학과 신념을 담은 가훈이 수백 년간 전승되는 가문이 있다. 경주에 최 부자는 9대가 진사 벼슬을 잇고, 12대가 만석꾼의 부를 누리는 집안이다. '부불삼대(富不三代)'라 하여 부자는 삼대를 지키기 힘들다 했는데, 어떻게 12대를 유지했는가? 육훈(六訓)과 육연(六然)이란 가훈이 있어 가능했다. 지면상 육훈만 보면, '벼슬은 진사 이상 하지 말라.'

'재물은 만석 이상은 사회에 환원한다.' '주변 백 리 이내 굶어죽는 사람 없게 한다.' '흉년에 가난한 사람 전답을 사지 않는다.' '시집온 며느리는 3년간 무명옷을 입어라.' '과객을 후하게 대접하라.'는 가훈이 가문을 지탱케 했다.

진사만 되면 양반 신분을 가질 수 있고, 그 이상 벼슬은 정쟁에 휘말려 신변이 위태롭기 때문이다. 만석을 넘지 않고, 소작료를 다른 지주보다 절반밖에 받지 않아 지주와 경작자 간에 상생원리를 택했다. 흉년에 전답을 헐값에 매입하면 착취에 가까운 매도가 되어 원성을 사기 때문이다. 주변 백 리 이내 굶어죽지 않게 빈민을 구휼하여 적선을 베푸는 득인심 때문에 동학농민난과 6.25전란에도 폭도들로부터 인명과 재산이 무사했다. 시집온 며느리는 3년까지는 비단옷과 은수저 사용을 금하고 춘궁기는 보리밥을 먹으니, 남에게는 후덕하나 자신에게는 엄격한 절제와 내핍생활을 배우게 했다. 쌀 천 석을 비축하여 찾아오는 과객들에게 숙식을 제공하여 주고, 길 떠나는 과객에게 청어 한 손과 하루분 식량을 줘서 보내니, 접빈이 후덕하다는 소문이 동심원처럼 퍼져 나갔다.

안동에는 500여 년의 전통을 이어온 의성김씨 종가 가훈이 유명하다. 청계공(靑溪公 : 金璡)이 남긴 가훈은 "차라리 부서지는 옥이 될지언정, 구차하게 온전한 기왓장으로 남아서는 안 된다(寧須玉碎 不宜瓦全)."는 가훈이다. 곧은 도리를 지키다가 죽을지언정 도리를 굽혀 불의와 야합하며 살지 말라는 뜻이다. 왕이 도리에 어긋난 정사를 펼칠 때마다, 직언을 서슴지 않아 금부도사가 안동 땅을 빈번히 밟았다고 한다.

청계공 후손 김대락은 한일합병(1910년)으로 국권이 상실되자 식솔을 거느리고, 만주로 망명한다. 일송 김동삼은 항일의병 서로군정서대장으로, 월송 김형식은 재산을 털어 합동학교를 세워 독립투사를 배출했다. 나라가 위기에 처하면 목숨을 초개처럼 바쳤던 바, 해방 후 건국훈장을 받은 후손이 60여 명 되고 독립운동과 의병활동 유공자가 전국에서 가장 많은 가문이다.

경북 영양 한양조씨 세거지(壺隱宗宅)의 가훈은 재물, 인재, 문장 세 가지를 타인에 빌리지 않는다는 '삼불차(三不借)'이다. 가훈대로 지조론(志操論)으로 유명한 조지훈의 생가가 이곳이다.

대구 화원에 남평문씨 집안에는 재물보다 지혜를 물려주라는 가훈이 전해오고 있다. 한국 최고의 민간 도서관인 인수문고(仁壽文庫)를 설치하여 2만 권의 고서를 비치하여 대구시장을 비롯한 인재배출의 산실 역할을 한 가문이다.

명문가문들이 장구한 세월 동안 종가를 보존하며 가훈을 지켜온 원동력은 무엇일까? 첫째는 가문을 수호한다는 혈족 간의 응집된 애족심이 있었고, 둘째는 도리를 중시하는 철학적 신념이 가훈에 녹아있으며, 셋째는 주민에 적선하여 덕을 쌓고, 교육으로 인재를 배출하여 가문을 계승하니 이것이 원동력 된 듯하다.

가훈의 핵심 사상을 요약하면 선비정신이라 할 수 있다. 선비정신이 무엇인가? 자신에게는 엄격하고 타인에는 이타와 상생으로 관대하게 살며, 국난이 닥치면 목숨을 바치는 정신이 선비정신이라 할 수 있다. 서양사회에 '노블레스 오블리주(noblesse oblige)'라는 철학사상이 있다면 한국에는 선비정신이 그에 필적될 만한 철학 사상이다.

요즘 우리 사회는 어떠한가? 모범을 보여야 할 상류층 지식인이 병역의무를 회피해도 상당수가 건재하며, 졸부들의 부도덕한 갑질이 사회문제가 되고 있다. 어느 나라 어느 시대든지 상류사회는 존재한다. 우리 사회도 상류층의 혜택 받은 자들의 도덕적 책임과 특권층이 솔선수범하는 선비정신을 보여, 삶의 질이 향상되는 사회가 되기를 기대해본다.

*비조(飛鳥) : 시조. 창시자.

*알력(軋轢) : 의견이 충돌됨. 불화.

*봉선(封禪) : 흙을 쌓아 단을 만들고 하늘과 산천에 제사를 드림.

삼백취가(三白醉歌)

낮이면 뻐꾹새가 한가롭고, 밤이면 두견새가 서러운 늦봄이다. 이맘때가 되면 농가에서는 모심기 철이 한 달 가까이 이어지면서 일 년 중 가장 바쁜 농사철을 맞게 된다.

속담에도 "모심기 철에는 죽은 중[僧]도 꿈틀거리고, 부지깽이도 움직인다."고 하니 농번기임을 짐작할 수 있다. 그렇게 바쁜 시기인데도 군 복무를 마치고 갓 제대하여 반거들충이로 놀고 있는 나에게는 품앗이 한 번 부탁하러 오는 사람이 없었다.

그러나 오늘은 용바우와 나에게도 품앗이 요청이 왔다. 옆집 달순이가 모심기 품앗이 부탁을 해 와서 쉽게 허락을 해버렸다. 한 번 품앗이꾼으로 발탁이 되면 온품을 받는 상일꾼으로 대우가 바뀌기 때문이다. 수십 년이 지난 지금, 처음으로 품앗이 일꾼으로 뽑혀가서 추억을 남긴 전원의 일들이 내 가슴에 잊을 수 없는 농심으로 젖게 한다.

남의 집에 처음 일을 하러 가는데 과연 하루를 버틸 수 있을까, 근심 반 걱정 반이다. 아침나절에는 못자리판에서 모를 쪘다. 엎드려 일을 하다 보니 허리가 끊어질 듯 저려왔다. 지금은 모판의 육묘, 논갈이, 써레질, 추수, 타작 등 기계화 시대지만, 70년대 초만 하여도 대부분이 인력과 축력(畜力)에 의존하여 농사일을 하던 때였다. 농가에서 농우는 없어서는 안 될 절대적 존재였다. 온간 '재물'이라 하여 농가마다 한 마리 이상 길렀다. 모심기철에는 논갈이, 써레질 등 힘든 일은 소가 도맡아 했다.

일꾼이 물을 대어 논갈이와 써레질을 하여 논바닥을 부드럽게 고르고 나면, 모춤을 듬성듬성 던져놓고 10여 명의 일꾼들이 일렬횡대로 늘어서서 못줄에 표시된 눈금을 보고 심어나가는 일이 마칠 때까지 반복되었다.

모심기는 종일 엎드려 일하니 얼굴과 손발이 부어 몸 전체가 무거워짐을 느낀다. 처음 하는 나로서는 힘든 하루였다. 농사일이 몸에 밴 큰 일꾼들은 몇 날 며칠을 하여도 힘든 기색이 없다. 내가 힘들어하는 모습을 바라보던 달순이 아버지께서 곁에 오더니 용바우와 나를 못줄만 옮겨 꽂아 나가라고 했다. 모심기에 비하면 훨씬 쉬운 일이기에 저려오던 허리를 펼 수 있고 쉴 수 있는 여유가 있어 수월했다.

재래식 모심기에는 두 가지 필요한 것이 있다. 막걸리와 모심기 농요(農謠)이다. 막걸리를 마시면 체내에 흡수가 되어 갈증을 없애고 배고픔을 모르며 새로운 힘을 솟게 하고, 모내기 농요는 구성진 가락이 지루함을 잊게 하고 기분 전환을 시키는 심리적인 효과를 거둘 수 있다.

오늘도 달순이네 집 큰머슴은 입심 좋게 모내기 농요를 들녘이 떠나갈 듯 우렁차게 부르다가 다시 끊어질 듯 가냘프고 구성지게 선창을 불러대니 나머지 일꾼들이 후창 화답하여 뒤를 따라 반복한다. 농요 소리가 들녘에 메아리칠 때마다 한 줄 두 줄 논뙈기를 메워 나간다.

징개 만개 넓은 들에 점심때가 다가온다./ 모시적삼 반 적삼에 분통 같은 저 젖 보소./ 너무 보면 병이 되고 손톱만큼만 보고 가소./ 일락 산에 해 떨어지고/ 월출 동영에 달떠온다./ 사랑 내 사랑아/ 어화둥둥 내 사랑아/ 먼데 사람 듣기 좋게/ 가작은 사람 보기 좋게/ 드문드문 심어보세

구성진 가락이 커졌다 작아졌다 하면서 듣는 이로 하여금 흥겨워 신명 나게 하며, 때로는 남녀 간의 연정 유발과 해학적인 가사로 흥미로움을 더해주니 노소 할 것 없이 일심동체가 되어 힘든 줄 모르게 일을 해 나갔다.

점심때가 되서 들녘 원두막까지 달순이가 가져온 밥 광주리에 일꾼들은 둘러앉아 점심밥과 함께 농주를 백자사발에 흥건히 따라 마시고 피로를 풀기 위해 낮잠을 즐겼다. 나와 용바우는 개울가 숲속에서 낮잠을 잘려는 찰나였다. 달순이가 개울가로 내려오더니 땀에 젖은 옷소매를 걷어붙이고 적삼 옷자락을 살짝 들어 젖히더니 우윳빛 가슴을 드러냈다. 그러고는 상기된 얼굴과

땀에 젖은 가슴을 개울물로 씻지 않는가! 때 묻지 않는 젊은 날의 추억이 지금도 아름답기만 하다.

꿀맛 같은 단잠에서 깨어나 모심기는 다시 시작됐다. 인력으로 심는 모심기라 해가 져도 열 마지기 논바닥을 메우기 바빴다. 해가 서산에 넘어가고 어둠이 올 무렵 모내기를 마치고 흙투성이 몸을 시냇물에 씻어댔다. 남은 막걸리를 마시고 돌아가는 길에 구변 좋은 용바우가 자작한 삼백취가(三白醉歌) 가사로 앞소리를 먹이고 나머지 사람들은 '쾌지나칭칭 나네'를 후창하면서 신명 나는 어깨춤을 추어대며 춤판을 벌였다.

> 오월이라 단오절 모심기가 제철이네./ 힘든 농사일도 손 모으면 신명나네./ 금년 농사 풍년 되어 장가들게 하여주소./ 남원골엔 춘향이가 일색이고, / 우리 동네엔 달순이가 일색일세./ 월백(月白), 주백(酒白), 수밀도백(水蜜桃白)이니,/ 삼백(三白)에 취해 보세./우리 동네 사람들은 상부상조 으뜸이네./ 서로 돕고 살아가세 서로 돕고 살아가세.

삼백취가는 동네 어귀에 와서야 끝이 났다. 난생처음 품앗이 일꾼으로 뽑혀가 일하고 보니, 몸은 힘들지만 상부상조로 전통을 이어가는 두레 풍습에 흠뻑 젖은 기분 좋은 하루였다. 마을로 돌아오는 논둑길과 모내기를 마친 들녘을 아미(蛾眉) 같은 단오절 초승달이 들녘을 환히 비춰주고 있었다.

중국 기행

앵두가 곱게 익어가던 늦봄에 해외여행을 떠났다. K대학 평생교육원 동문들의 졸업여행으로 중국의 역사와 문화, 자연경관, 생활상을 탐방함으로써 중국에 대한 이해와 견문을 넓히는 데 목적을 두고 가는 여행이었다. 중국 남방항공 여객기를 타고 4시간 비행 끝에 후난성(湖南省) '장사국제공항'에 늦게 도착, 현지 여행사의 안내를 받아 시대제경호텔(時代帝景大店)에서 유숙, 하룻밤을 보냈다.

아침 6시에 모닝콜이 잠든 나를 깨웠다. 안남미(安南米) 밥과 기름에 튀긴 반찬이 식성에 맞지 않았다. 조선족 가이드가 후난에 대한 개괄적인 설명을 했다. 면적 인구는 한반도와 비슷하고, 역사와 문화, 넓은 평야, 산자수명한 자연풍광을 겸비한 성(省)이라는 설명이다. 오전에 '악록산 국가중점 풍경명승구 공원' 안에 있는 김구 선생의 요양지를 찾았다. 100여 평의 부지에 50여 평의 낡은 목조건물 안 입구에 선생의 흉상과 향로가 놓여있고 주위

벽면엔 항일운동 활동상을 담은 흑백 사진만 전시되어 있을 뿐, 특별한 유물은 없었다.

다음 행선지인 후난성박물관을 향해 떠났다. 가는 도중 장사시 번화가인 '화차참(火車站)' 거리를 지나자 후난성 안에 있는 모택동 동상 앞에서 학생들이 혁명지도자의 행적 학습과 사상 서약을 하고 있는 모습이 이색적이다.

후난성박물관은 현대식의 웅장한 건물로 서울중앙박물관보다 곱으로 커 보였다. 양자강을 중심으로 북쪽에는 진시왕릉유물박물관, 남쪽에는 후난성박물관이 쌍벽을 이룬다고 한다. 소장된 유물은 서한시대(西漢時代, BC 160년) 장사국 승상 '이창'의 부인 '신추'의 묘(馬王堆漢墓)에서 발굴된 유물로 악기, 의류, 신발, 목곽, 식료품, 약재, 칠그릇, 비단책 등 1,400여 점과 방직품이었다. 2,100년 전 지하 10m에 4중 대형목관에서 발굴된 신추 여인은 모발과 피부, 관절이 산 사람처럼 움직였다고 한다. 수천 년이 지나도 목곽과 시신은 왜 부패하지 않을까. 땅속 깊이 5톤의 숯 더미 위에 목관이 놓여있고 관 주변을 1m 두께의 회 점토로 밀봉하여 산소와 공기를 차단했는데, 시신은 마와 명주로 싸여져 있어 보존이 가능했다. 발굴 의류 중 두견지로 만든 두루마기식 비단 홑옷은 품이 1m, 두 소매길이가 2m인데, 무게는 28그램, 접으면 손바닥 안에 들어간다니 첨단문명시대에도 못 만드는 방직기술이다. 얇기로는 선익(蟬翼 : 매미 날개)과 같고, 가볍기로는 안개와 같다는 명주옷에 감탄했다.

유물을 본 후 상강(湘江)으로 향했다. 상강은 장사 시내 중심지를 흐르는 호남성의 젖줄이며 당송시대 이백을 비롯한 8대가의 시인들이 풍류를 읊은 '소상 팔경'*으로 유명한 강이다. 강 포구에 정박 중인 '러아유륜(挪亞游輪)' 대형 유람선을 타고 나도 천 년 전의 유명시인이 된 것처럼 소상팔경을 평측(平仄 : 낮고 높음)과 장단(長短 : 길고 짧음)을 맞추어 읊으며 음풍농월에 잠시 취해보았다.

오후에는 장가계 지역에 있는 천문산(天門山)을 가는데 5시간을 가도 무산천리였다. 하늘과 땅이 맞닿은 지평선만 보이는 들녘엔 벼농사뿐, 천편일률적인 인민들의 가옥엔 폭염 때문인지 사람이 보이질 않았다. 오후 4시경 천문산에 도착했다. '신선들이 하늘로 통하는 동굴 문이 있는 산이란 뜻으로 천문산이라 하는데, 그 기세가 웅장하고 수려하며 감탄사가 절로 나왔다. 세계 최장의 삭도(索道 : 7.5km)를 타고 해발 1,518m 산을 오르는데 기암 괴봉의 산허리를 감도는 안개구름 사이로 아련히 내민 봉우리들은 신이 창조한 걸작으로 인간세계의 최대의 선물인 것 같았다. 8부능선 삭도주차장에 하차하여 동굴 문까지 가파른 999계단을 힘겨운 등반 끝에 하늘 문에 도착했다. 정상 봉우리 중앙에 남북으로 뚫린 동굴문은 높이 131m, 폭 60m, 자연 동굴 문에 신비감이 들었다. 소련의 '수호이' 전투기의 여자 조종사가 천문 동굴을 최초 곡예비행에 성공했다는 설명을 듣고 하산할 때는 산 노을이 아름다웠다. 하루에 천 리가 넘는 일정에 쫓겨 지친 몸을 '만태국제주점호텔(萬泰國際酒店)'에서 뉘고 이틀째 밤을 보냈다.

여행 3일째 날 장가계의 '보봉호(寶峯湖)'에서 뱃놀이를 했다. 에메랄드 호수 위로 유람선이 유유히 호반을 선회하는데 호수 중간에 누각에서 '토가족(소수민족)' 아가씨가 부르는 '아리랑' 노래는 인상적이었다.

오후에는 이번 여행의 요채인 장가계 중심지역을 등반했다. 총 면적 264평방km, '세계자연유산'으로 지정된 곳, 1,000m 이상 산이 243개, 2000m 이상 긴 계곡이 32개나 되며, 국가산림공원, 색계곡, 천자산 보호구역으로 구분할 수 있는데, 화강암과 현무암 등 용암이 굳어 기둥 같은 주상절리형의 절벽 돌기둥 밀림지대이었다. 칼로 베인 듯이 날카롭게 갈라진 기암절벽 숲들이 멀리서 다가오는 듯하다. 어필봉(御筆峯), 천하제일교(天下第一橋), 미혼대(迷魂臺)에서 바라보는 섬세하고 정교한 산봉우리는 계곡에서 피어오르는 운무에 싸여 무릉도원이었다. 구름, 안개는 어느새 구름바다로 뒤덮이는가 하면, 또다시 안개구름이 파도처럼 변하고, 산봉우리에서 계곡으로 흘러내려 구름폭포로 변하고, 산들바람을 타고 운해를 이루어 변화무상한 신비의 산이다. 천문산이 웅장하고 남성적이라면, 천자산은 섬세하고 여성다운 산이었다. 하산길에 원가계(遠家界)에 있는 세계 최고의 '백룡천계(百龍天階 : 수직 326m)' 엘리베이터를 타고 내려오는 기분은 천상에서 안개 속으로 하강하는 신선이 된 기분이었다. "일생 장가계를 가보지 않고서 어찌 백 세를 살아온 노옹이라 말할 수 있을까(人生不到張家界 百歲豈能稱老翁)."라는 말이 있을 정도로 자연풍광이 그림 같았다.

'십 리 화랑'도 장가계 풍경구 안에 있는 관광지로 협곡 좌우 십 리 길에 가파른 기암이 그림을 전시한 화랑같이 아름다웠다.

여행 4일째 날 오전, 황룡동굴을 관람했다. 우리나라 동굴보다는 천장이 높고 동굴공간이 넓었다. 수백 개의 석순과 종유석들이 장관이었다. 그중에서도 정해신침(定海神針)이란 석순은 높이 19.2m로 아래쪽은 가늘고 위쪽은 굵고 큰 종유석으로 탄두를 닮았는데, 인민폐 1억 위안(환화 130억) 보험에 가입된 종유석이라 눈길을 끌었다. 여행을 마치고 장사 시내 서호루(西湖樓)에 도착했을 땐 저녁때였다. 궁중식 저녁밥을 먹었는데, 자금성을 모방한 서호루는 한 번에 6,500명을 수용하는 식당이었다. 호남성에서 4일간 여행을 마치고 밤 비행기로 광동성에 있는 심천(深川)으로 향했다. 홍계대주점 호텔(紅桂大酒店 : 별 5개)에 도착했을 땐 새벽 2시였다.

6월 1일, 여행 마지막 날이다. 심천은 홍콩과 강을 사이에 두고 있는 도시로 유동인구 1,200만 도시다. 1980년 등소평 주석이 '경제특구'로 지정하여 홍콩의 '자본주의경제체제'를 도입 확산시켜 오늘날 경제발전의 시발점이 된 도시였다. 심천은 내륙의 다른 도시와는 달리 건물양식과 색깔이 다양하고 유명 브랜드 옷차림과 고층 아파트, 외국산 고급 차량이 줄을 이어 달리고 있었다. 심천 시내 연화산공원(蓮花山公園)을 방문했는데 공원 정상엔 등소평 동상이 우뚝 선 곳에 학생들이 동상 앞에서 사상 서약을 하고 있었다. 마지막 방문지 심천박물관을 찾았다. 경제특구 지정 후 개항 시까지 도시 발전상과 남부지방 문화유물들을 전시하고 있었다.

4박 5일간 여행을 마치고 귀국길에 오르면서 동북 3성에 이어 10년 만에 남중국 지방을 보는 느낌은 광활한 평야와 유구한 문화유적, 빼어난 자연경관에 부러움마저 든다. 그러나 중국을 경시해서는 안 될 듯하다. 그들은 중화사상(中華思想)을 바탕에 깔고 주변국에 팽창주의 정책을 쓰고 있어 한시도 경계의 눈초리를 늦춰서는 안 되겠다는 느낌이다. '동북공정(東北工程)'이라는 야심찬 정책으로 약소국의 역사와 영토를 자국의 변방정부[省]에 복속시키려는 것을 보면서, 우리는 하루속히 분열된 국론을 하나로 결집하고 주변 강대국들의 위협에 대비해야 하지 않을까 생각된다. 오늘따라 민족 지도자 도산 안창호 선생의 '국력 배양론'과 우남 이승만 박사의 '뭉치면 산다'는 '민족 단합론'이 다시금 생각나게 하는 여행이었다. 대륙의 거대한 영토와 유구한 역사를 보는 나는 부러움보다는 두려움이 앞서는 심정이다. 지난날 수당명청(隨唐明靑)으로부터 한민족이 끊임없는 침략 유린당한 과거가 있기 때문이다.

*소상팔경(瀟湘八景) : 산시청풍(山市晴嵐), 어촌석조(漁村夕照), 소상야우(瀟湘夜雨), 원포귀범(遠浦歸帆), 번사만종(烟沙晩種), 동정추월(同庭秋月), 평사낙안(平沙落雁), 강천모설(江天暮雪).

제 4 부

천년왕국 신라

천년왕국 신라

토함산의 붉디붉은 홍엽도 조락(凋落)으로 낙엽되어 자연으로 돌아가고 추월색 달빛 타고 형산강에 기러기 울음소리 애잔하게 들리는 사색의 계절에 천년고도 경주를 찾았다.

신라라 하면 곧 한국사에서 천년왕국을 지키며 찬란한 불교문화를 꽃피운 경주시를 떠오르게 한다. 불국사와 석굴암, 노천 박물관인 남산, 반월성과 대릉원 등 세계문화유산에 등재된 문화유산이 가는 곳마다 즐비한 도시이다.

나는 경주에 갈 때마다 그 시대의 인물과 유적에 대한 수많은 전설이 얽혀있는 불교문화유산을 감상하고, 그 순간만은 천 년이라는 시공을 뛰어넘어 신라인이 된 듯 문화유산에 매료되어 해가 저무는 줄 모른다.

지구상 찬란한 문화를 꽃피운 고대문명 국가는 많이 있지만 한 나라를 건국하여 쉽게 멸망하지 않고 천 년을 지탱하며 빛나는 문화유산을 지구상에 남긴 대표적인 나라는 로마제국과 신라라고 생각한다. 신라는 혁거세 왕의 건국에서 경순왕의 멸망 때까지 56명의 왕에 992년간을 수많은 외세의 침략으로부터 나라를 지키며 문화를 꽃피웠으니 어찌 경탄하지 않으랴!

많은 유적 가운데 지금껏 가보지 못한 유서 깊은 무장사(鍪藏寺) 절터의 미타전(彌陀殿), 삼층석탑의 전설과 경주시 교촌동에 위치한 12대 만석꾼과 9대 진사가 배출된 최(崔) 부잣집을 찾아 나섰다. <삼국유사>에 나오는 무장산은 삼국을 통일한 무열왕이 투구와 병기를 무장산 골짜기 가운데에 묻었다는 산으로 산기슭에 무장사가 있다. 사찰은 원성대왕 때 세워진 사찰로 절터 위쪽에 미타고 전각이 있었는데 소성왕이 먼저 죽자 계화왕후가 대왕의 명복을 기리기 위하여 전국의 재물과 석공을 모아 미타전각과 미타불을 조성하였다고 한다. 지금은 미타전이 있던 곳에 비석 기단과 용두석만 남아있고 절터 아래편에 삼층석탑이 마모된 채 외로이 천 년의 세월을 지키고 있었다.

남산을 내려와 경주 시내 교촌동에 위치한 최 부잣집을 방문하였다. 가문의 역사와 자녀교육 치부법과 풍수비기 등을 고려하여 살펴보았다. 일행이 도착했을 땐 지는 해가 노을이 최 부잣집 앞을 흐르는 문천(蚊川)을 붉게 물들이고 있었다. 원효대사가 요석공주에게 구애하기 위해 월정교를 건너다가 문천에 빠져 젖은 옷을 말리려는 구실로 요석공주가 거주하는 궁 안에 들어가 일박 이후로 공주는 설총을 잉태하여 낳았다는 그 집터가 지금의 최 부잣집이라 한다. 문천을 가로질러 흐르는 월정교는 단청한 그 빛깔이 원효와 요석공주의 로맨스처럼 석양에 빛나고 있었다.

옛말에 '부불삼대(富不三代)'라, "부자는 3대를 넘기기 힘들다."란 말이 있다. 어떻게 하여 최 부자 가문은 12대로 만석꾼의 살림과 9대를 이어 진사의 벼슬을 하면서 400년간 지방민들의 추앙을 받으며 득인심하면서 살아왔는가. 그 집안에는 남다른 가문을 지탱하는 철학과 원칙이 있었기 때문이다.

그것은 육훈(六訓)과 육연(六然)이란 것으로 그 원칙을 두고 세상을 살아왔다고 한다. 지면상 육훈만 간략히 기술해보겠다. 첫째, 벼슬을 하되 진사 이상은 하지 말라. 진사만 하면 양반 신분을 갖게 되며 더 이상 높은 벼슬은 정쟁에 휘말리기 쉽다는 뜻이다. 둘째, 재산은 만 석 이상을 모으지 말라. 일 년 소작료가 3천 석인데, 그 정도면 찾아오는 나그네 접빈에 천 석, 빈민 구휼에 천 석을 쓰고 나머지 천 석은 노비와 가용에 천 석을 사용했다. 셋째 과객을 후하게 대접하라. 찾아드는 과객이 많을 땐 백여 명이라 손님을 삼등분하여 유숙 후 보낼 땐 일등 과객에 청어 한 손과 쌀 하루분, 이등 과객, 삼등 과객으로 구분하여 몇 푼의 노자와 겨울철엔 옷가지를 주는 등 차등하여 보냈다. 넷째, 흉년기에는 남의 논밭을 매입하지 말라. 보통 부자들이 재산증식 방법과 달리 흉년을 악용하여 헐값에 전답을 사들이는 악덕을 하지 않았다. 다섯째, 가문에 시집오는 며느리는 시집온 후 3년 동안 무명옷을 입어라. 부자이지만 시집온 며느리는 3년간 비단옷을 못 입게 하고 검소한 내핍을 하여 남에게는 후하되 자신은 철저한 사치를 경계했다. 여섯째, 사방 백 리 안에 흉년기에 굶어죽는 사람이 없게 하라. 자신만이 함포고식하지 않고 거둬들인 소작료로 천 석은 춘궁기에 인근 고을까지 아사자가 없게 식량을 나눠주며 서로 상생의 원리를 추구했다.

현재 후손은 서울에 살고 관리인이 거주하며 상세히는 알 수 없으나 조용헌 교수가 저술한 명문가 이야기책을 참고하여 집터를 둘러보면 토함산에서 뻗어 내려온 지맥인 내룡(背山) 등이 약하기는 하나 교촌동 향교와 최 부잣집에 와서 기세가 뭉쳐있다. 약한 등을 보완하기 위해 집 뒷산에 괴목을 심어 높게 비보(裨補)를 하고 집 앞엔 임수(臨水)인 문천이 궁류수(弓流水)로 감돌아 동출서류(東出西流)하니 재물이 쌓일 명당이다. 특히 안산인 경주 남산이 안채 대청마루에서 바라보는 정남향을 향해 밝은 기를 받아들이고 남산 바로 앞에 아미사 격인 도당산이 있는데 'ㄷ' 자형으로 생긴 창고사(倉庫砂)가 터진 쪽이 최 부잣집 정중앙 대청을 향해 있으니 재물이 빠져나가지 않고 12대를 유지케 한 명당으로 생각된다. 또 남산봉이 금체형이니 귀인이 날 터로 9대 진사가 배출되지 않았을까. 그러면서도 최 부자는 일제강점기엔 독립군 자금을 조달하고 해방이 되자 계림학당과 대구대학(현 영남대학)을 설립하여 아무런 대가 없이 후임 재단운영자에게 재산을 넘겨줬다고 한다.

이타를 하는 것은 좋으나 그렇게 할인을 하고도 재물이 남아날 수가 있을까. 최 부자는 남들이 소작료를 보통 생산량의 7, 8할을 거둬들일 때 자기는 4, 5할만 거둬들였다. 계산상으로는 남보다 줄어들지 않는가? 아니다. 소작료가 낮기 때문에 경작자들이 다투어 최 부잣집 전답을 많이 경작하려고 하므로 적게 받고 많은 경작을 하게 했으니 박리다작 원리가 적용됐다고 할 수 있다.

동양 고전에 "적선지가 필유여경(積善之家 必有餘慶)"이란 말이 있다. 착한 일을 많이 쌓이게 하는 가문은 당대는 물론 아랫대 후손에게까지 적선의 여파가 미쳐 필경 경사스런 복이 온다고 한다. 이렇듯 천년왕국 신라는 로마제국의 지배층의 정치철학인 '기사도정신'에 상응하는 세속오계(世俗五戒)의 화랑정신을 국가이념으로 삼고 진충보국하여 천년왕국을 지키며 개방된 외교정책과 문화교류로 찬란한 문화를 꽃피웠고, 최 부자는 부를 쌓아서 자기보다는 노복과 과객, 향민과 나라를 위하여 축적된 부를 요긴하게 사용하고 사회사업에 환원하는 특별한 철학이 담긴 육훈과 육연의 가훈을 지켜왔기에 400년간 긴 세월의 가문을 지탱할 수 있었다.

내가 본 황국(皇國)

가깝고도 먼 나라인 일본을 여행할 기회가 있었다. 생활체육 동호회 회원들이 가는 단체 관광에 동참을 했다. 여행에 필요한 여권과 옷가지, 그리고 물가가 비싸다는 일본에서 여행 중 경비를 줄이기 위해 한국의 음식과 반찬 등을 준비하여 자린고비 여행을 떠났다.

부산항 제1부두 출입국 대기실에서 출국 수속 절차를 밟고 난 후 연락선 '뉴카멜리아 호(16,000톤)'에 승선을 했다. 가이드의 안내로 객실 방을 배정받아 여장을 풀고 저녁 식사를 마치고 연락선 안에 층별로 있는 시설물을 구경했는데 철갑선 안에 수천 명의 사람과 컨테이너 박스를 실은 대형 화물차가 드나드는 광경은 육지로 착각할 정도로 큰 배였다.

밤 11시가 되자 뉴카멜리아 호는 육중한 몸집을 움직여 10여분이 지나자 뱃머리는 일본의 규슈 하카다항을 향해 시속 25노트로 항진하고 있었다. 부산을 출발한 지 40분이 지나자 조류가 점점 거세어지고 선체가 흔들거리며 뱃전에 부딪치는 파도는 바람과 함께 갑판 위로 몰아쳤다. 멀리 대마도의 불빛이 짙은 해무에 젖어 수평선 위로 가물거리고 있었다.

갑판 위의 난간에 몸을 의지하고 망망대해의 현해탄을 바라보면서 한일 간 지난 역사를 더듬어본다. 임진왜란으로 조선인들이 끌려간 뱃길도 이 길이요, 태평양전쟁 때 강제징용으로 20만 명이 끌려간 길도 이 길이었다. 해방과 더불어 징용자들은 귀국의 기쁨을 안고 일본 수송선 '우키시마(浮島丸)' 호를 타고 귀국하던 중 의문의 폭발로 5,000여 명의 꽃다운 생명이 바다에 수장된 역사의 자취를 회상하니 만감이 교차한다. 지금 뱃머리에 부딪치는 거센 파도와 윙윙거리는 바람 소리는 현해탄을 건너지 못하고 죽은 조선인들 원귀의 절규인 양 묘한 감정이 교차한다.

하카다항에 도착했을 때는 아침이었다. 상륙과 입국 수속 절차를 마치고 대기 중인 버스를 타고 구마모토 성으로 향했다. 2시간이 지나자 구마모도 성루가 보였다. 가이드가 성에 대한 역사적 배경을 소개했다. 임진왜란 시 조선을 정벌하기 위해 왜장 '가토 기요마사(가등청정)'가 7년간 토목공사로 축조한 성인데, 해상, 육로 등 본주와 구주로 연결하는 교통 중심지이며 조선침략의 전초기지라고 한다.

성곽의 면적은 39만 평, 둘레가 5.3킬로, 성루 44개, 성문 29개소인데 성벽은 석벽으로 두부모를 쌓아올린 듯 정교하고 80도

경사로 8~9미터 높이로 축조되어 있었다. 성벽 밑에는 해자(垓字)로 깊은 도랑을 파서 수로를 만들어 적 침입에 대비하였다. 평지에 축조된 이 성은 우리나라의 산성과 비교가 되었다. 성안 중심지에는 '천수각(天守閣)'이라는 5층 망루가 높이 위치하고 있는데, 조선 침공 당시 왜병들이 사용했던 조총, 대포, 칼, 투구, 갑옷 등이 전시되어 한국인들의 눈길을 끌었다. 일본의 3대 성(구마모토, 도쿄 오사카 성) 중의 하나인 구마모토 성 축조 시에 끌려간 조선인이 강제 동원되었다는 사실도 처음 들었다.

구마모토 성을 떠나 1시간 30분 지나자 일본 국립공원이며 활화산인 '아소(阿蘇)' 화산지대에 도착했다. 주차장에 내리자 진하고 매캐한 가스와 유황 냄새를 맡으니 두통이 나기 시작했다. 케이블카로 화산 분화구 밑에서 내려 도보로 분화구로 향했다. 산정상 분화구에서 분출하는 가스와 유황 냄새가 산 전체를 휘감았다. 분화구 안에는 에메랄드 색깔의 선명한 호수가 환상적이었다. 분화구 바깥은 화산 분출 시 굳어버린 부석(浮石)이 널려있고 풀 한 포기 없는 검붉은 민둥산이었다. 내려올수록 푸른 이끼식물, 초원(草千里)으로 이어졌다. 초원엔 '와우'라는 검은 소 떼를 방목하여 풀을 뜯는 모습이 한가로워 보였다. 처음 보는 활화산은 한국에서는 볼 수 없는 이색풍경이었다.

온천의 도시 '뱃부(別府)'에 도착했을 땐 석양의 저녁놀이 온통 서쪽 하늘을 붉게 물들이고 있었다. 온천으로 이름난 이곳은 인구가 10만 명의 중소도시, 연간 관광객 150만 명이 지나가는 관광도시로 일일 용출량이 17만 톤이나 된다니 도시 전체 땅속엔 마그마가 끓고 있고 지표엔 온천수가 흘러나오고 있었다. '해수지옥관광지(海水地獄觀光地)'를 찾았다. 500여 평 남짓한 에메랄드 색깔의 큰 연못에서 섭씨 98도의 온천수가 솟아나는데 하얀 기체안개가 수면 위로 피어오르는 모습은 장관이었다. 온천수로 삶은 계란도 팔고 있었다. 여러 곳에서 분출하는 가스 소리는 마치 타이어에서 압축된 공기가 빠지는 듯 요란했다. 숙소를 '오이시히' 호텔로 정하고 여장을 풀었다. 놀라운 사실은 객실에 침대가 없고, '다다미' 방바닥에 요와 이불만 놓여 있었다. 한국엔 자취를 감춘 다이얼 전화가 놓여있었고, 온천탕 내에도 시멘트 바닥에 고급 타일이나 자동 샤워기가 없이 수도꼭지를 틀어야만 샤워가 가능했다. 2류급 호텔이지만 국민성이 검소함도 엿볼 수 있었다.

벳부를 출발하여 '다사이후' 도시 안에 있는 구주국립박물관(九州國立博物館)에 도착했을 땐 빗줄기도 멈추고 갠 날씨여서 관람하기에 좋은 날씨였다. '석도거(石島居=토리)'라는 솟대가 높이 세워진 4개의 문을 거쳐 박물관 현관에 도착했다. 짚으로 만든 동아줄 같은 금줄(禁索 : 부정과 액막이용)이 현관 기둥에 둘러져 있는 모습을 보면서 우리와는 달리 다원적인 전통 토속신앙을 믿는 민족임을 알 수 있었다. 박물관 안에 있는 신사(神社)는 '태제부천만궁(太帝府天滿宮)'이라는 신사인데 학문을 숭상하는 신을 모신 집이다. 신단(神壇) 위에 위패를 모셨는데, 단 아래 무릎 끓은 5명의 일본인이 눈을 감고 앉은 위에 무녀(巫女)가 쾌자 옷을 입고 엄숙한 표정으로 주문을 외우면서 방울을 흔들다가 다시 정화수를 뿌리는 모습을 볼 때 민족 고유의 전통문화를 숭상하고 있음이 인상적이었다.

며칠간의 일본 관광으로 그들의 내면까지 깊이 있게 볼 수는 없지만 표면상 보이는 것만으로도 놀라운 것들이 한두 가지가 아니었다. 잘 정비된 거리와 입간판, 도로, 단정한 몸가짐과 행동, 친절한 예의와 정직성, 준법성과 근검, 절약정신 등 본받아야 할 대상이 아닌가 생각해본다.

좀 더 잠재된 이면을 보면 더욱 놀라운 것은 천황숭배 사상과 제국주의이다. 그들은 태양의 신 '아마테라스 오미카미(天照大神)'의 후손으로 자칭하고 진무천황이 황국을 세운 이후 지금까지 이어졌다. 현재 지구상 유일하게 아키히토(明仁) 천황이 '헤이세이(平成)'라는 연호를 사용하면서 살아있는 현신으로 존재하고 있다. 인간이면서 신으로서 국민통합과 상징적인 존재로 추앙, 우상화된 것이 천황사상이다. 천황사상은 곧, 제국주의와 민족주의로 연결되어 태평양전쟁으로 이어졌다. 그들의 제국주의에 가장 먼저 유린당한 나라가 우리라는 사실을 생각할 때 우리는 무서운 이웃임을 잊지 말아야 할 것이다.

구한말 주권과 영토가 일본에 의해 힘없이 무너지는 모습을 보고, 도산 안창호 선생이 하신 "우리는 스스로 힘을 길러야 한다."라는 말씀을 새겨봐야 할 것이다. 분단을 외교적으로 이용하는 나라가 일본이요, 독도 영유권을 주장하는 나라가 일본이다. 우리는 사분오열된 국론을 결집하고 외세로부터 국권을 수호하려면 국력을 배양해야 할 것이다. 1895년 명성황후가 일본 낭인 토오 가츠아키 무리가 휘두른 '히젠도' 칼날에 시해당해 국모를 잃은 치욕을 잊지 말아야 할 것이다. 천황사상에 맞서는 정신무장과 국론 결집으로 국력 배양만이 민족이 살 길임을 일깨워 주는 의미 있는 여행이었다.

솔개의 회상

둥 둥 둥, 분위기를 고조시키는 북소리와 함께 사물놀이패들이 원을 그리며 운동장을 선회한다. 대강당 앞마당에는 적색 깃발이 물결치고 머리띠를 두른 한총련 소속 학생간부가 구경하는 학생들에게 준비된 유인물을 배포하고 시위 군중을 모으고 있었다. 캠퍼스 내에는 반정부 현수막이 어지럽게 광장을 메우고 대형 확성기에는 선전선동 방송이 쉴새없이 퍼져 나왔다.

내가 소속된 진압부대와는 8차선 도로 하나를 두고 마주 보며 대치하고 결사항전을 예고하며 작전명령만을 기다리는 피할 수 없는 운명 앞에 있었다. 잠시 후 시위대 학생들은 수건으로 얼굴을 가리고 시너에 톱밥을 섞은 화염병, 벽돌, 쇠파이프를 수십 대의 리어카에 실어 왔다. 도착된 시위용품들 중 선봉 대열에는 쇠파이프와 각목, 중간 대열에는 화염병, 후속 및 별동 대열에는 벽돌 등을 재분배하는 것이 보였다.

무장을 한 시위대가 구호를 외치며 정문 도로를 마주한 진압대에 가까이 오자 '투척'이라는 명령과 함께 수십 개의 화염병이 날아와 폭발했다.

'1조 투척', '2조 투척' 화염병과 벽돌이 연달아 날고 각목 부대가 벌 떼처럼 우리를 두들겼다. 진압부대는 최루탄과 방패로 대응했다. 무거운 방석에는 불이 붙고 방패는 부서지고 접전지역엔 최루탄 연기 속에 화염병 불꽃과 깨어진 유리병 조각이 거리를 가득 메운 가운데 우리는 힘없이 쓰러져 갔다. 날아온 화염병이 터져 시너가 묻은 곳은 치명적 화상을 입고 벽돌과 쇠파이프에 맞은 부위는 골절되었다. 결사항전으로 겨우 막아냈지만 피해 또한 많았다. 쓰러진 동료를 쉴 새 없이 실어 나르는 앰뷸런스 소리에 찢어질 것 같은 애상(哀想)을 느끼며 우리는 적이 아닌 적과 전쟁 아닌 전쟁을 해야만 했고, 하기 싫은 싸움과 피치 못 할 대결을 해야만 했다. 민주화 물결이 메아리치던 80년대 6월의 뜨거운 태양 아래 땀에 젖은 방석복을 입고 운명적으로 맞서야 했다.

살상용 화염병으로 무장한 공격적인 시위대와 방어용 최루탄과 방패로 최소한의 방어개념으로 시위를 막는 우리와는 장비에서부터 작전 개념까지 벌써 희생이 예고되는 싸움이었다. 긴 공직생활 가운데 단 3년간 시국치안부서(時局治安部署)에 몸을 담고 있던 그때가 가장 뇌리에 남는 것은 초급 지휘관으로 부하직원과 나 자신이 입은 정신적 육체적 상처와 변화의 물결 속에서 내키지 않는 대결을 해야 했던 마음속 갈등 때문이었다. 나는 그때 입은 상처 때문에 17여 년이 지난 지금까지 심장질환을 앓고 있다. 시위대가 던진 벽돌에 가슴을 맞고 휘두르는 파이프에 왼쪽 손가락 약지 안쪽 마디가 골절되었다. 제대로 붙지 않아서 평생을 불편하게 살아가고 있다.

민주화를 외치던 항쟁이 노도처럼 방방곡곡 퍼지던 때 입은 영광의 상처라고 할까? 지금도 그때만 생각하면 온몸에 경련이 일어난다. 그래도 나는 다행이다. 꽃다운 청춘이 피어 보지도 못한 채 방화 불꽃 속에 희생된 젊은이가 있는가 하면, 각지에서 화염병 세례를 받아 눈이 실명되고 얼굴, 손등, 목 부위에 화상을 입고 일생을 불구자로 살아가는 동료에 비하면 천만다행이다.

민주화를 주장하는 정치적 논리에도 당위성은 있다. 그리고 실정법(實定法)상 법률에 위배되는 폭력시위를 막으려는 진압부대에도 당위성은 있다. 그러나 역사는 우리 편이 아니었다. 시위대가 희생되면 국민적 영웅이 되고, 화염병과 방화 속에 희생된 진압 대원은 역사의 뒤안길에 한 줌의 재로 변해 소리 없이 사라져 갔다.

죽은 자를 보고 산 자는 말한다.
아! 불꽃 속에서 사라진 무궁화여
돌아오지 못할 강을 건너간 자여
우리는 정녕 시대의 희생물인가?
역사 변화의 제단(祭壇)에
바치는 속죄양(贖罪羊)인가?

이제는 두번 다시 서로가 불행해지는 전쟁같은 대결을 피하고 싶다. 봉사와 질서라는 본연의 임무로 돌아가 국리민복을 위해 일하고 싶다.

지난 30여 년간 힘찬 날개로 비상하여 번뜩이는 눈초리와 날카로운 발톱과 부리로 법과 질서를 위하여 범 민생치안에 위해 요인을 가려내는 임무에 오직 한길로 걸어온 세월이었다. 이제는 힘차게 비상하던 날개도 힘이 없고 날카로운 부리와 발톱은 닳아빠지고 예리한 눈동자는 흐려져 나를 슬프게 한다.

촛불이 몸을 태워 방 안을 밝히듯 이 한 몸을 던져 국가에는 충성, 국민에는 봉사와 질서로 나라와 국민을 위해 혼신을 불태워 왔다. 이제 무거운 짐을 젊고 패기 찬 동료에게 대물림을 하여야 할 때가 왔다. 나도 먼저 간 선배 동료들처럼, 후배 동료들로부터 존경받는 선배로 남기를 바라며 지나온 흔적을 관조하면서 상처뿐인 병든 몸으로 정년퇴임을 목전에 두고 있다.

그간 국가라는 주인으로부터 주는 먹이를 받아먹고 충직하게 몸담았던 일터를 떠나 새로운 환경이 순탄치 않는, 비바람 몰아치는 황야에서 스스로 생명을 연장하기 위해 먹이를 찾아야 할 운명에 놓인 늙은 솔개는 '솔개의 우화(寓話)'*처럼 다시금 내 몸을 추슬러 혁신하고 부리와 발톱을 갈고닦아 보면서 지난날의 세월과 다가올 앞날에 대하여 깊은 회상에 잠겨 본다.

*솔개의 우화(寓話) : 솔개는 평균수명이 40년이지만 생명 연장을 위해 낡은 부리와 발톱, 깃털을 스스로 뽑고 고통을 겪으며 새롭게 변모한다는 우화.

부악산(父岳山)에 기원한다

나는 요즈음 틈만 나면 산과 계곡에서 시간을 보낸다. 달구벌의 중심가인 중앙로역 지하철 화재 사고 현장(2003년 2월 18일)에서 구호활동 중 유독가스를 마셔 가벼운 폐질환을 앓고 있기 때문이다. 병원 의사가 산속의 청량한 공기를 마시고 폐활량을 늘리면 좋아진다는 진단을 내린 까닭이다. 가까운 산을 가다 보니 팔공산에 가게 되고 자주 가니 숲길도 익숙해져 어디에 적송 군락지가 있고 산성과 사찰, 역사와 문화유적지도 있는지를 알게 된다. 이제는 건강은 물론, 부수적으로 역사와 불교문화가 어우러져 있는 달구벌의 진산(鎭山)*이 신비롭기만 하여 발걸음을 재촉하게 한다.

전쟁터를 능가하는 그날의 대재앙은 내 생애 평생토록 기억에 지워지지 않는 트라우마(trauma)로 남아있어 치유가 필요하다.

팔공산 가는 길 입구에는 파군재 삼거리가 있다. 서기 927년

11월에 고려 태조 왕건과 후백제 견훤의 공산전투 격전지다. 여기서 왕건의 부장 신숭겸 장수는 왕건이 견훤에 포위당하자, 왕건의 용포를 바꿔 입고 변장하여 견훤의 적진에 잡히는 순간, 왕건은 평복으로 위장 탈출에 성공한다.

군대가 파산된 삼거리에 신숭겸 장군 동상이 최근에 세워져, 천 년 전 그날의 격전지를 말해주고 있다. '파군재'라는 지명은 왕건의 군대가 견훤에 패하여 흩어졌다 해서 파군재, 불로동은 어른은 전투에 동원되고 아이들만 남아있는 동네라 하여 불로동이라 한다. 그 외에도 독좌암(獨坐岩), 반야월(半夜月), 안심(安心), 은적사(隱跡寺), 무태(無怠), 연경(延經) 등 태조가 전투 당시의 기상, 상황 패전한 후의 도주 경로이거나 숨은 곳이 지명으로 전해오고 있다.

팔공산 남쪽에 가파른 돌계단을 따라 관봉(冠峰 : 갓바위 850m)에 올랐다. 1300년 전 의현대사가 타계한 어머니를 위해 조성했다는 석조약사여래좌상은 중생들이 소원을 빌면 한 가지 소원은 들어준다는데, 전국 각지에서 대학 진학 수험생을 둔 부모들로 인산인해다. 나도 병든 내 몸의 쾌유를 빌어본다. 계곡은 "서리맞은 늦가을 단풍잎이 이월 매화보다 더 곱다(霜葉紅於 二月梅花)"는 말처럼 한 폭의 그림 같았다.

갓바위를 지나 동봉(1,167m)에 도착했다. 달구벌의 웅부(雄府)가 한눈 아래 굽어보인다. 팔공산을 마주한 남쪽 비슬산이 보이고 금호강이 동류서출 한다. 일연(一然) 스님이 지은 <삼국유사>를 보면 신라오악(新羅五岳) 중의 하나인 팔공산을 신라 영토의 한가운데 위치한 산으로 중악(中嶽) 또는 아버지 격이라 하여 '부악산(父岳山)'이라고 불렀다고 한다. 산의 최고봉인 비로봉(1,193m)에는 통일신라시대 때 천제(天帝)에 제사를 올리는 천제단이 지금도 남아있어 신라인들의 정신적인 지주 역할을 한 유서 깊은 영산임을 말해 주고 있다.

주차장 옆 산기슭에는 조계종 제9교구본사 동화사(桐華寺)가 자리 잡고 있다. 개산조(開山祖)이신 극달(極達) 스님이 짚고 있던 지팡이를 던져 날아가 꽂힌 자리에 유가사(瑜伽寺 : 현 동화사)를 지었다고 한다. 그 후 심지대사(心地大師 : 신라 헌덕대왕 아들)가 보은 속리산에서 영심(永深) 법사가 과증법회(果證法會)*를 여는 곳에 찾아가 진표율사가 소지했던 불골간자(佛骨簡子)* 두 과를 얻어와 중창할 때 오동나무에 꽃이 상서롭게 피었다 하여, 동화사라고 불렀다고 한다. 대웅전 아래는 동양 최대의 통일약사여래대불(統一藥師如來大佛, 높이 33m)이 우뚝 솟아있다.

내가 왜 부악산에 매료되는 것일까? 부악은 한반도 최초로 신라가 삼국통일을 이룩한 정신적인 지주 역할을 한 명산이고, 경상도 사람 특유의 흔들리지 않는 태산교악(泰山喬嶽) 같은 신의와 충절의 기질을 닮은 웅산이며, 영남의 역사와 문화유적이 응축된 곳이기 때문이다.

이러한 아름다운 도심 속에서 대재앙이 연달아 발생했다. 동서로 관통하는 지하철이 난 후 상인동 지하철 공사장 가스폭발

사건(1995년 4월 28일, 사망 101명, 부상 202명)과 중앙로역 지하철 열차 화재사건(2003년 2월 18일, 사망 192명, 부상 148명) 등 몇 년 사이에 연이은 대형 화재사고로 수백 명의 생명을 앗아가는 참사가 발생하여 세계 철도사에 유례없는 후진국형 사고로 충격을 던져 주고 있다. 끔찍한 사고에 선진국에서 취재진이 몰려와 우리를 부끄럽게 하고 있다.

NGO 단체들은 지리학상 연귀산(連龜山 : 案山)에 돌거북이 비슬산(火山)을 보고 물을 뿜어 달구벌의 화마를 방지토록 했는데, 일제 때 경상감영 쪽으로 바꿔놓은 것이 화근이라 하여, 다시 원래대로 복귀하는 등 야단법석이다. 또한 남북으로 잇는 지맥을 동서로 관통하는 지하철이 맥을 끊어 버린 탓이니, 관계 당국의 안전 불감증이 낳은 인재 사고의 극치니 등등 시민들의 민심마저 흉흉하다.

나는 아직도 치유되지 않는 몸으로 부악산의 최고봉인 천제단에 간절히 기원해본다.

"격동기 현대사에 헐벗고 굶주린 보릿고개를 없애고, 산업화 시대로 국민소득 3만 달러 시대로 가는 기반을 닦으신 영웅적인 지도자를 배출하고, 그 후로도 4명의 국가지도자를 배출한 부악산의 산신이시여! 대한민국 건국 70년의 역사 중, 40년간을 이 고장 출신 지도자가 격동기를 이끌어왔습니다. 이제는 5백만 대구, 경상도민을 품어 안으시고 안전하고 재난 없는 영남의 물산과 인재의 중심인 웅도로 다시 발전토록 이끌어주시고, 화마와 사고 없는 달구벌에서 태평성대의 격양가(擊壤歌)를 부를 수 있게 시민들을 지켜주소서."

*진산(鎭山) : 나라의 도읍이나 성시(城市) 뒤쪽에 있는 큰 산을 말함.

*점찰법회(占察法會) : 불교에서 점찰선악업보경(占察善惡業報經)에 의한 참회법회의 의식을 말함. 시대에 따라 '과증법회'라고도 하는데, 부처님이 가시고 난 후에 말법시대에는 중생들이 어려운 시기가 오면 숙세(宿世 : 지난 세월)는 잘못을 참회하고 내세(來世, 미래)에는 계율을 지켜 중생을 교화하는 방안으로, 점을 쳐서 선악업보를 가려 중생을 교화하는 제도.

*불골간자(佛骨簡子) : 미륵부처님의 손가락 뼈마디로 만들어졌다는 점치는 도구. 동화사 심지대사가 속리산에 영심법사(永深法師)가 베푸는 과증법회(果證法會)에 참석하였다 돌아오는데, 옷깃에 불골간자가 붙어 따라오는 것을 동화사에 안치하고 사찰을 중창했다고 함.

흥국단심(興國丹心)

며칠 동안 광풍 불고 눈 내리는 변덕스런 날씨도 자연의 순리에는 못 당하는 듯 봄볕에 개나리꽃이 만발하고 수양버들이 실타래처럼 늘어져 푸른빛이 완연하다.

지난 주말에는 지리학회 동호회원과 같이 평소에 흠모하던 박정희 대통령 생가와 선영묘소(先塋墓所)를 참배할 기회가 있었다. 생가 터는 전체 부지 2만여 평에 옥외에는 주차장, 팔각정과 식수대, 화장실, 정원으로 꾸며져 있고 집안으로 들어가기 전 대문 좌측 편에 대통령 내외분 분향소가 있었다. 사립문을 들어서자 행랑채는 초가집으로 대통령이 학창 시절 쓰던 한 평 남짓한 공부방과 책상 그리고 대통령 자당(慈堂)께서 쓰셨던 오동장롱이 보였다. 부엌 옆엔 가마솥과 디딜방앗간이 옛날 모습 그대로 놓여 있어 그 시절에 여느 집처럼 평범한 농가임을 알 수 있었다.

행랑채를 지나서 집안으로 들어가면 50여 평 되는 작은 마당이 있고 사립 정면으로 본채가 있었다. 새로 지은 단층 양옥집이 있는데 생전에 고향에 내려오면 이곳에서 고향 사람들과 환담을 하며 휴식을 취했다고 한다. 그리고 우측은 관리사무소가 있고 집 뒤란엔 대나무 숲이 무성하게 집 뒤를 둘러싸고 있었다. 실바람이 불어오자 대숲에서 푸른 댓잎이 사각거리며 일렁이어 맑고 신선한 공기를 방문객에게 제공하고 있었다. 대지 위에 새로 세워진 본채 건축물도 나지막하여 여염집이나 다름없었다. 그러나 집안에 들어서니 포근하고 주위의 산세와 잘 어울리고 밝고 생기가 감도는 것을 온몸에 느낄 수 있었다.

민족의 영도자가 배출된 집터이니 신비롭고 호기심이 발동되지 않을 수 없어 참배를 마치고 학회 회원과 함께 집 주위를 맴돌며 전후, 좌우를 유심히 지리학적 측면에서 고찰을 하여 나갔다.

금오산(金烏山)을 조종산(祖宗山)으로 남동쪽으로 일 지맥이 뻗어 기복이 반복되다 구미시 상모동 뒷산(일명 솥뚜껑 산)으로 좌우 청룡 백호 등이 두 겹으로 감싸 안은 동리인데 대통령 생가 터는 청룡 등이 마치 도포 자락이 드리워져 안으로 감싸 안은 듯한 곳에 위치하고 있었다. 산 아래 앞면은 넓은 구미 시가지가 보이고 낙동강 물이 유유히 '弓' 자로 흘러 득파수(得破水)가 생왕(生旺) 방향으로 예사롭지 않았다. 특히 전면에 보이는 안산(案山)은 지리학을 연구하는 이들로부터 감탄을 연발케 했다. 천생산(天生山)이 오행(五行) 상 토체형(土體形) 산인데 일자문성(一字文星)이 연이어 두 군데나 뚜렷하게 보이고 터를 중심으로 주변 천산만봉(千山萬峰)이

읍(揖)하고 있는 듯 머리를 조아리고 있는 형국이었다. 지리학엔 일자문성이 안산이면 왕후장상이 배출될 터로 최고 길상이라고 한다.

분향소에 걸린 영정 앞에 경건한 마음으로 분향 배례하면서 생전에 이룩한 업적을 잠시나마 생각을 해보았다. 내외분의 영정은 지금은 빛바랜 사진이지만 분향소를 찾는 수많은 방문객으로 하여금 비명횡사로 가신 영정 앞에 눈시울을 적시게 하는데, 생전에 국리민복을 위하여 혼신을 바친 분이시다. 특히 오천년의 가난을 물리친 지도자였기에 정치적 이념과 통치방법이 옳고 그름을 떠나, 나라와 국민을 위한 홍국단심과 업적은 절대적 추앙을 받아야 하지 않을까?

분향을 마치고 돌아나가는 마당엔 한 그루 산수유 꽃이 노랗게 피어있는데 벌들이 꽃을 찾아 윙윙거려 옛사람은 가고 없는 정적만이 흐르는 옛집에 세월의 무상함을 알리고 있었다.

이곳에 유난히도 나의 눈길을 끄는 곳이 한 군데 있었다. 그것은 대리석 시비였다. 고인이 대통령이 되기 전 1961년 5월에 제2군 부사령관 재직 시 두 차례의 혁명 거사가 뜻을 이루지 못하고 마지막으로 세 번째 헬리콥터를 타고 거사를 위하여 상경 시, 고향 구미 시가지 상공을 지나면서 당시 혼란에 빠진 국가와 국민을 구하기 위한 비장한 결의에 찬 시를 지었던 그 글이 뜰 앞에 있었다.

<국민에게>
황파(荒波)에 시달리는 3천만 우리 동포
언제나 구름 개이고 태양 빛나리.
천추의 한이 되는 조국 질서 못 잡으면
내 민족 앞 선혈(鮮血) 바쳐
충혈원혼(忠血冤魂) 되겠노라!

<향토선배에게>
영남에 솟은 영봉 금오산(金烏山)아 잘 있거라 !
3차 걸쳐 성공 못 한 흥국일념(興國一念) 박정희는
일편단심 굳은 결의 소원 성취 못 하면
쾌도할복 맹세(快刀割腹 盟誓)하고 일거 귀향 못 하리라!

요즘 밖으로는 독도 영유권 분쟁과 6자회담의 성사 여부로 주변 정세 소용돌이가 그칠 날이 없고, 안으로는 청년 실업자가 백만 명이 늘어나고 자살률이 세계 최고라는 기사에, 위정자들은 민생문제로 책임 소재를 떠넘기기에 바쁘다. 민족의 지도자는 작금의 시국에 표표히 떠드는 소리가 들리는지, 말이 없이 굽어만 보고 계신다. 국론이 사분오열 무주공산에 백가쟁명처럼 분분하니 날씨마저 때늦은 춘설이 내려 을씨년스럽다. 봄은 와도 봄 같지 않는 춘래불사춘(春來不似春)이라!

선영과 분향소 참배를 마치고 돌아 나오는 귓전에는 자꾸만 귀에 익은 소리가 들리는 것 같다. "새벽종이 울렸네. 새아침이 밝았네." 새벽이면 방방곡곡 메아리쳐 울려 퍼져 잘살아 보자던 희망에 찬 확성기 소리, 아! 잘살아 보자는 그 옛날의 함성이여-

그리하여 생전에 허리띠 졸라매고, 자립, 근면, 협동으로 국민을 깨우치게 한 지도자가 아니었던가. 봄이면 부황에 시달리는 보릿고개를 없애고 가난을 숙명처럼 생각하고 잘사는 나라들의 먹다 남은 밀가루와 우유를 구걸하던 국민을 조국 근대화 바람을 일으켜 가난은 나라님도 구제 못 한다는 불가능을 사라지게 하고, '하면 된다'는 신화를 창조하여 꿈을 위해 진력한 분이시다.

아! 임은 시비와 같이 꿈을 위해 신명을 바치고 가셨다. 황파에 시달린 3천만 동포에게 녹색혁명으로 빈곤을 물리치고 황금들판에 통일벼를 선물로 곳간을 채워주었고, 불모의 갯벌 땅을 일구어 산업혁명을 이룩하여 국민에게 부를 축적할 수 있는 공업단지를 물려주고 가셨다.

"이젠 잘살아 보자는 국민정신운동인 '새마을운동'이 중국과 동남아를 거쳐 산을 넘고 바다 건너 만리타국 동티모르, 월남, 아프리카 검은 대륙까지 수십 개 국 지구촌으로 확산 수출되고 있습니다. 영정 앞에 향 피우고 나라 위해 기원하나니 임이시여, 굽어 살펴 주시옵소서."

부국강병을 목전에 두고 급서(急逝)한 원혼이여!
홍국단심 정신은 온 국민의 가슴에 길이 남으리.
우리의 바람은 통일과 부국강병입니다.
우리를 둘러싼 강대국이 침략의 발톱을
드러내고 있나이다. 생전에 자주국방과 자립 경제를
외치던 임이 그립습니다. 이젠 충혈원혼이 호국 영령이 되셔서
문무대왕이 용이 되어 동해를 지키듯, 이 나라를 지켜주소서.

역학(易學)과 인간생활

역학이란 무엇인가, 우주만물이 변화하는 원리를 '음양'이라는 부호(괘 : 卦)로 나타내어 물질의 변화(작용)와 인간과의 교감관계를 연구하는 학문을 말한다. 주역은 크게 상경(上經)과 하경(下經)으로 구분하고, '십익(十翼)'이라 해서 상, 하경을 보충 설명하는 것으로 구성되어 있다. 십익은 단전(彖傳) 상, 단전 하, 상전(象傳) 상, 상전 하, 계사전(繫辭傳) 상, 계사전 하, 문언전(文言傳), 설괘전(說卦傳), 서괘전(序卦傳), 잡괘전(雜卦傳) 등 10편으로 구성되어 있다. 이러한 학문을 연구하는 서적을 역학이라 하여 오늘날 동양의 사상과 철학, 문화의 중심 자리를 지키고 있는 학문이다.

현대 학자들은 역경을 크게 세 가지 뜻으로 구분하는데, 첫째 이간(易簡)은 하늘과 땅이 서로 영향을 미쳐 만물을 생성케 하는 이법(理法)으로 단순하고 알기 쉽고 따르기 쉽다는 뜻이고, 둘째 변역(變易)이란 천지간의 현상, 인간사회의 사행(事行)은 끊임없이 변화한다는 뜻이며, 셋째 불역(不易)이란 이런 와중에도 결코 바뀌지 않는 줄기가 있으니, 하늘은 높고 땅은 낮으며 해와 달이 갈마들어 밝히고, 부모는 자애를 베풀고 자식은 부모를 받드는 불변의 진리가 있다는 것이다.

세상 사람들은 역학에 대해 관념적이며 현실적이지 못하고 내용의 모호성으로 인하여 미신으로 보는 사람도 많다. 그러나 주역은 수천 년을 내려오면서 인간생활과 밀접한 상관관계로 이어졌고 동양은 물론 서양의 아인슈타인 같은 물리학자도 "역경은 우주원리를 표현하는 대 수학책"이라 했듯이 서양 여러 나라까지 확대 연구하는 철학이자 과학이며 실용학문으로 더욱 확산 발전되고 있다. 태극기도 주역에서 인용하여 만들어진 국기이다.

역경에서 파생된 학문을 보면 정치와 윤리에 적용되는 부분은 성리학으로 발전되고, 길흉화복을 알아내는 점성술은 추명학, 지리환경에 적용되는 것을 풍수지리학, 인체의 치료에 적용하는 분야는 한의학, 음악은 율려로 발전되었다. 이와 같이 역학은 백성을 다스리는 통치행위, 환자를 치료하는 의술, 정서를 순화하는 음악 등 하루도 없어서는 안 될 인간생활과 밀접한 관계를 맺고 있다.

역경을 이해하고 통달하려면 신의 경지에 도달한 사람만이 미래의 현상을 예측할 수 있다고 하는데, 범부들은 이 분야만 30여 년을 정진하면 겨우 윤곽을 맛볼 수 있다고 한다. 도인이 되려면 이론과 실천, 영적인 힘까지 겸비하여 일람첩기(一覽輒記)의 자질을 타고나야 하고, 우주에 혼재한 시간, 공간, 존재(인간)라는 각기 다른 3차원으로 연결된 물상에 어떠한 변화의 현상이 일어나는지를 미세한 조짐을 격물치지(格物致知 : 과학)로 포착 응용할 줄 알아야 비로소 도인이 되는 것이다. 이것을 동양에서는 '상응(相應)의 원리'라 하고 서양의 물리학에서는 '카오스이론'이라 한다. 예컨대 북경 상공에서 나비의 날갯짓하는 파장이 캘리포니아 상공에 가서는 폭풍우로 변할 수 있다는 이론으로 혼돈의 현상 같으면서 이면에는 정교한 질서가 작동하고 있다는 것이다.

역학에 대한 몇 권의 책을 흥미롭게 보았는데, 문헌 속에 나오는 기인과 달인들이 예지능력에 매혹되었고, 그들이 근현대사에 관여한 야화들이 너무 재미있어 몇 가지 열거코자 한다.

관상학의 대가인 백운학은 구한말 경상도 운문사에서 '일허선사'를 만나 관상학을 사사했다. 스승이 백운학을 보고 "너는 애꾸가 돼야 관상을 정확히 본다."고 하여, 한쪽 눈을 담뱃대로 지져서 애꾸를 만들고 깊은 경지에 든 후 서울에 왔다. 어느 날 운현궁을 찾아가 마당에 13세 소년 '명복(후일 고종 황제가 됨)' 도련님이 팽이를 치고 있는데 가서 "상감마마 절 받으세요." 하고 큰절을 하였다. 이를 본 대원군이 황당하여 자초지종을 물으니 백운학은 운현궁에 왕기가 서려 있어 보건대 팽이 치는 저 소년이 제왕 상을 갖춘 분이라 고두배(叩頭拜)를 올렸다고 했다. 그리고 난 후 복채를 주려 하자 거절하고 4년 후 고종이 즉위 후 운현궁에 나귀 네 마리를 몰고 와서 복채를 찾아갔다. 백운학은 3

만 냥을 나귀에 실은 후 내가 죽으면 현고학생(顯考學生)밖에 안 되니 청도현감을 요구하여 현감벼슬까지 받아 갔다는 일화이다.

근현대 정치인들은 어떠한가? DJ 대통령도 재야 시절 경북 봉화 현불사 '설송 스님'의 정치 자문을 받았다고 한다. 특히 P대통령은 월남 파병 여부를 놓고 고뇌에 차 있을 때 단양에 구인사 상월조사를 찾아갔다. 파병 후에 한반도의 변화와 국익 문제 등을 물었는데, 스님은 파병 수용과 국가 발전을 예언했다는데, 예언대로 파병 후 국군장비현대화로 전력증강과 국가동맥인 고속도로와 산업공단 설립으로 국가의 부를 성장시킬 토대를 마련하였다는 일화이다.

또 경제인들의 일화이다. S그룹 L회장은 생전에 기업육성에도 비범하지만 역학에도 상당한 관심을 가졌다고 한다. 주역의 달인 박재산 도인을 지리산에서 만나 인연을 맺게 된다. 그 이후로 S그룹은 회사의 중역급 간부사원 채용 시에는 능력보다는 품성을 중요시하고 인재를 채용했다고 한다. 기업에 해 끼칠 인재인지를 보고 관여했다는데, 그 결과로 다른 재벌에 비해 S그룹을 배신하는 중역인사나 노사분규가 적었다는 일화들이다.

역학인들의 예지능력도 배터리처럼 일정량을 초과하면 적중률이 떨어진다고 한다. <음부경(陰符經)>에 이런 말이 있다. '은생어해 해생어은(恩生於害 害生於恩)' 즉 은인이 원수가 되고 원수가 은인이 될 수가 있다는 것이다. 도인들은 되도록 토설(吐說)을 기피한다. 발설한 예언에 길흉이 혼재하기 때문에 자칫하면 신상에 화를 입기 때문이다. 특히 국가의 전란이나 재앙을 미칠 예언은 누설하면 국가와 집권자에게 심대한 영향이 미치기 때문이다.

P대통령은 10월 유신을 감행한 후 야당 반대가 들끓을 때 비서관을 시켜 JS 도인을 찾아가 10월 유신 가부(可否)를 물었는데, JS는 만약 유신을 하게 되면 대통령은 유신(幽神=저승귀신)이 된다는 예언을 했다. 흉한 점괘를 사실대로 토설 후 JS는 크게 후회했다. 큰 실수를 한 것이다. 며칠 뒤 기관원이 JS를 남산 지하실로 연행하여 고초를 당하게 했고, 국가는 10.26이란 엄청난 재앙에 직면했었다. 신안(神眼)을 가진 역학자도 제 몸을 명철보신(明哲保身)하는 데는 어두운 소경이나 다름없었다.

이처럼 역학은 국운의 성쇠와 기업의 흥망에 대하여 막후에서 깊은 관계를 맺어 인간생활에 심대한 영향을 미쳤고, 금기사항을 사실대로 발설한 역술인은 은인이 원수로 변하는 과오를 범했다. 입은 재앙의 문(口是禍門)이 되어 버렸고 혀는 제 몸을 베는 칼날(舌是斬身刀)로 변하였던 것이다. 침묵이 황금보다 중요한 것을 잊었던 것일까. 요즘 정가에서도 거침없는 토설로 곤욕을 치르는 정치인이 한두 사람이 아니다. 삼사일언(三思一言)을 잊은 모양이다.

영산 지리산(靈山 智異山)

장마가 끝나자 산악 동아리에서 산행을 가는 데 동참했다. 목적지 산은 지리산이었다. 아침 일찍이 회원을 태운 버스는 잔뜩 찌푸린 날씨임에도 계획대로 회원을 태우고 88고속도로를 달리고 있었다. 게릴라성 집중 폭우로 도처에 수해를 입은 수재민이 발생했다고 하는데, 도로 옆에 들녘은 피해가 없는 듯 그래도 다행스러울 뿐, 짙은 녹색이 들녘을 메우고 있어 나의 마음과 눈을 싱그럽게 했다.

들녘을 지나면서 차창 밖을 보니 아낙네들이 복숭아밭과 포도밭에서 영글어가는 과일에 덧씌운 봉지를 벗긴다. 멀지 않아 수확에 기쁨을 누릴 수 있음에 즐거운 듯 손을 흔드는 모습이 저마다 행복감이 넘쳐 보였다.

서너 시간 달리던 차량은 섬진강물이 유유히 흐르는 다리를 지나 경상남도 하동군 화개면 대성리 마을, 속칭 '의성리' 자연부락 주차장에 도착하여 등반대장으로부터 산행에 필요한 설명을 듣고 등반길에 올랐다. 우리가 가는 산봉우리는 대성골 6.25사변 후 빨치산 부대와 국군 토벌군의 최후 격전지인, 계곡을 지나서 해발 1,600미터 고지가 넘는 세석평전과 촛대봉이라고 한다. 쉬어가면서 오르는 등반길은 얼마 후 계곡 간수(澗水)가 경사진 계곡을 따라 급류가 흐르는 곳을 지나는데 산더미 같은 바윗돌에 부딪쳐 물보라를 일으키고 굉음을 내며 흐르고 있어 가히 경천동지(驚天動地)하리만큼 웅장히 흐르고 있었다. 깊고 긴 계곡에서 흐르는 물줄기는 소용돌이치다가 바윗돌에 부딪쳐 큰 웅덩이와 소(沼)를 만들고 물빛이 맑다 못해 푸른 에메랄드빛으로 흘러가고 있었다.

이렇게도 아름다운 계곡에서 1948년 여수・순천 반란사건을 시작으로, 1950년 6.25 전후 토벌군 부대와 빨치산(게릴라 부대) 부대가 좌우익으로 갈라져 동족상잔의 전투가 있었다고 하니 믿어지지가 않는다. 관공서가 습격당하고 토벌 과정이 15년 동안 계속되다, 1963년에 최후의 마지막 싸움이 끝났다고 지리산 역사박물관은 방문객에게 당시의 아픈 흔적을 설명하고 있었다. 그뿐만 아니라, 1989년 하계 피서철에 이곳을 찾아온 피서객 중 밤사이 내린 폭우로 90여 명의 사망자와 수백 가구의 수재민을 낳기도 한 슬픈 역사를 간직하고 있다니 지리산의 변화무쌍한 자연의 위대한 힘을 가벼이 볼 수 없음을 짐작할 수 있다.

3시간을 훨씬 넘게 오르는 산행은 마침내 '세석평전'이란 산속의 돌부리가 군데군데 산재해 있는 분지에 도착하였다. 가쁜 숨을 몰아쉬면서 올라 정상에서 내려다보는 지리산의 위용은 과연 한마디로 장관이었다. 3개 도(전라남・북도, 경상남도)와 5개 군(하동, 산청, 함양, 구례, 남원)에 둘러싸인 440평방킬로미터 면적과 해발 1천 미터 이상의 봉우리만도 20여 개가 되고 만학천봉이 중첩되어 겹겹이 쌓인 웅장하고 거대한 지세에 경탄을 금치 못했다.

중국의 사마천의 <사기> '열자' 편에는 한반도를 두고 "발해의 동쪽에 오신산(五神山)이 있는데, 금과 옥으로 지은 누각이 있고, 주옥으로 된 나무에서 열매가 열리는데 먹으면 불로(不老) 불사(不死)한다."라고 적은 기록이 전하고 있다. 또한 "오신산에 살고 있는 사람은 모두가 신선으로 거북이 등에 업혀 있는데, 2개의 산은 이미 흘러가 버리고 3신산(一蓬萊 : 금강산, 二方丈 : 지리산, 三瀛洲 : 한라산)만 남아있다."고 하니 내가 오른 지리산이 바로 발해 동쪽 바다에 푸른 청구 언덕에 우뚝 솟은 민족의 영산이요, 신선이 놀았던 도인(道人)의 산이요, 350여 개의 사찰 암자가 산재하여 있는 산이니 또한 불계의 도솔천 산이다. 또 다른 별칭의 산 이름이 방장산(方丈山)이다. 백두대간이 남쪽으로 천리행룡으로 힘차게 뻗어 내려오다가 마지막으로 멈춰서 영기 서린 산하엔 국내 최대의 재벌인 S그룹과 L그룹을 배출하고 민주화의 효시로 추앙받는 정치 지도자를 낳은 영산이기도 하다. 조선 시대 <택리지(擇理地)>를 저술한 이중환은 조선십승지(朝鮮十勝地)의 하나로

운봉의 두류산(頭流山=지리산)을 난세의 피난처로 꼽았다.

이러한 영산 위에 올라서 욕계(欲界)의 삼욕을 버리고 발아래를 굽어본다. 장마 뒤에 비가 그친 산허리엔 구름과 안개가 계곡을 따라 폭포수처럼 띠를 이루는가 하면, 어느 사이 바람을 타고 파도처럼 망망대해를 이루다가, 내가 서 있는 발아래 솜털같이 깔린다. 나는 운해 속의 천상의 별천지에서 들어와 무아지경에 이른 듯하다. 그래서 청학동 사람들은 현대문명을 거부하고 도인촌(道人村)에서 갱정유도(更正儒導 : 다시 바른 유가의 길을 걷는다)를 하기 위해 지금도 상투와 댕기머리로 민족 고유의 전통문화를 유지하면서 유학을 숭상하며 신선처럼 이상세계를 지향하는가 보다. 각박한 세속을 떠나 수도자로 생활하고 있으니 그 모습이 세속 사람들에게는 이채롭다.

원래 지리산은 불교와 깊은 관련이 있는 지명이다. '대지문수사리보살(大智文殊師利菩薩)'이라고 하여, 중생을 계도하기 위하여 문수보살이 갖가지 다른 몸으로 나타나서 지혜롭게 중생을 제도하기 때문에 붙여진 이름인데 줄여서 '지리산'이라고 한다. 지금도 지리산 속에는 이인(異人)이 많이 있으며, 기거하면서 혹은 수도(得道)하여 대오각성(大悟覺成)하는 사람이 있다고 한다.

오늘 웅혼(雄渾)하고 변화무상한 영산(靈山) 지리산에서 이순(耳順)의 나이에 가까우면서도 우둔한 나는 산이 가르쳐주는 근대역사와 자연의 위대한 일부라도 볼 수 있어 다행스럽다. 앞으로 운이 좋아 산수(傘壽)까지 산다고 보아도 벌써 인생의 4분의 3이 지나가고 남은 세월이 서산에 걸린 해와 같아 황혼에 서 있다. 지난날을 관조해보니 물욕, 애욕, 명예욕 등 온갖 탐욕으로 생존경쟁에 뒤질세라 앞만 보고 달음박질친 세월이었다.

이제 지리산의 별칭인 '대지문수사리보살'이 민족의 시대적 불행스런 아픔을 지혜롭게 제도하여 좌우 치우침 없이 함께 보듬어 안고 분열된 사부대중을 통합하고 구원의 자비를 베풀어 주시길 머리 숙여 빌어 마지않는다. 세파 속에 실타래처럼 엉켜진 이념의 갈등을 공(空)으로 비우고 이데올로기로 얽혀 펼쳐놓은 무거운 탐욕의 굴레를 벗어나서 지난날 남북의 정치세력의 제물로 희생되어 한을 품고 떠난 원귀들에게 '아미타경'을 독송하면서 왕생극락을 빌어본다.

오늘날 말없이 침묵으로 신의와 진실을 추구하는 인간의 본성을 가진 사람들보다 화려한 화술과 교활한 간계로 본말이 전도되는 간사스런 사람들이 득실거리는 세상을 보면서 인간이 정복할 수 없는 자연의 위대함과 문수보살이 온갖 형태로 현세에 나타나서 중생을 지혜롭게 제도한다는 종교적인 위력에 젖어보는 하루였다. 잠시라도 세속을 떠나 절간 감로수에 목을 축이고 오염된 눈과 귀를 씻고, 계곡 석간수에 발을 담그고 저녁 예불 종소리를 들으니 비로소 마음의 평정을 얻을 수 있고 인간의 본성이 되돌아오는 듯하다. 산행을 마치고 돌아서는 나의 발길엔 무심히 흐르는 섬진강 저녁놀이 마냥 아름답다. 무거웠던 내 마음 또한 가볍기만 하다.

천성산(千聖山) 답사기

경남 양산시 하북면에 있는 천성산은 한때 산을 가로지르는 터널을 뚫어 경부고속전철이 통과토록 하는 정부계획이 발표되었다. 많은 환경 단체들이 산을 중심으로 주변 늪지대에 서식하는 도롱뇽과 사시사철 흐르는 계곡 간수(澗水)까지 메말라 자연 생태계는 물론 인간 생활에도 파괴 현상을 초래한다 하여 거센 반대운동이 일어나, 세인의 이목을 집중시켰다.

특히 이 산자락에 깊숙이 위치하고 있는 천년 고찰 내원사(內院寺)의 비구니 승려가 2개월이 넘도록 터널공사를 반대하는 단식투쟁을 벌여서 천성산의 터널공사를 저지하는 극한투쟁을 벌였던 산이기도 하다.

이러한 산에 유적지 탐방모임에서 8월에 답사가 있다 하여 매우 흥미를 가지고 출발했다. 바로 전날까지만 하여도 경남 지방에 게릴라성 집중호우로 도처에서 홍수로 인한 피해가 잇따르고 수마로 인한 사망자가 8명이나 발생했다고 한다. 혹여 유적답사 도중 갑작스런 기상이변으로 불의의 사고라도 날까 봐 우려했으나, 우리가 가는 날엔 다행히 하늘은 개고 강렬한 햇빛마저 구름이 가리어 우리를 도와주기까지 하였다.

주차장에 도착하여 관리사무소장을 만나 사찰과 산 높이 등 알아야 할 경사도와 미끄러운 산길의 안전도를 문의하였다. 전문 산악인은 해발 900m 고지의 정상까지 가능하나, 노약자와 부녀자는 가급적 피하는 것이 좋다는 설명을 듣고 아쉽지만 내원사 사찰까지 4킬로까지 평탄한 길만 걸으며 유적지 답사를 하기로 했다.

사찰 입구에 들어서자 찬성산 골짜기에서 흐르는 물살이 비교적 빠르게 여울져 흐르고 있었다. 곳곳은 수심이 깊고 물이 소용돌이쳐 흘러내리고 있어 어린아이들은 보호자 동반 시에만 물놀이가 가능했다. 이곳에 흐르는 물은 가뭄 때나 비가 올 때도 수량이 별 변화 없이 일정하게 흐르고 있다고 한다. 계곡이 8킬로나 되고 석천에 바윗돌과 자갈만이 깔려있어 쪽빛 물이 '제2의 소금강'이라는 별칭도 있다고 한다.

40분 가까이 걸어가니 내원사 절이 보였다. 산 계곡 우측 양지바르고 도도록한 곳에 사찰이 있는데, 풍수 지리학상 유돌형(乳突形)이라고 할까? 터는 이 대웅전 맞은편 안산 쪽엔 부드럽고 아름다운 금체형의 삼태봉(三台峰)이 사찰을 향해 머리를 조아리고 읍(揖)을 하는 듯 예사롭지 않아 보였다.

내원사 사적비문을 읽어 보니 1300년 전 신라 선덕여왕 때 원효대사가 창건했는데, 당나라에서 온 1,000명의 승려가 원효대사의 화엄경(華嚴經) 교화 설법을 듣고 모두 대오각성하여 성인이 되었다는 전설에서 '천성산(千聖山)'이라는 이름이 붙여졌다고 한다. 지금까지 4차례에 걸쳐 화재(마지막 화재는 6.25 때)로 다시 복원했는데 승려들의 집요한 불타에의 신념에 존경심마저 들었다. 이곳에는 창건 시와는 달리 비구니 승려만이 사찰에 거주하고 있는데 한국불교의 대표적인 비구니 사찰이다.

그런데 이곳 사찰은 다른 사찰과는 달리 가람 배치도(건물의 일정한 배치 규칙)가 특이하다. 대다수 사찰은 절의 중심부에 대웅전이 위치하고 대웅전 바로 위쪽 기가 뭉쳐진 곳에 산신각(山神閣)이 위치하고 있는데, 이곳은 산영각(山靈覺)이 사찰에서 4킬로미터나 떨어진 사찰 입구 백호(白虎) 등 끝자락에 위치하고 있어 특별한 가람 배치도를 볼 수 있었다.

사찰의 재정능력도 다른 절의 규모보다는 상당한 부를 축적하고 있는 듯하다. 안내문에 기록된 사찰의 임야는 240여 정보(72만 평)에 전답이 3만 평을 소유하고 있다고 하니 사찰 운영에 일반 신도와 불교 총무원에 의존을 하지 않아도 자립운영이 충분한 사찰인 듯하다.

아무튼 유구한 1300년의 역사를 가진 사찰이기는 하나 오랜 역사와 잦은 병란(兵亂) 시 화재로 국보급 문화재가 소실되어 현존하는 유적이 없어 아쉬울 뿐.

오늘 유적 답사를 통하여 보니, 이곳은 수려한 산과 물 그리고 계곡이 있어 수많은 피서객과 등산객이 주차장이 비좁도록 자연을 만끽하고, 찌든 세파에 병든 심신을 자연치유하는 곳이다. 이러한 곳에 터널이 뚫려서 계곡물이 메마르고 산림이 고사되면 결국 사찰의 스님들과 산속에서 얻어지는 부산물인 송이도 사라질 위기라 하니, 사찰에서 터널 공사를 반대하는 입장이 이해할 만하다.

예부터 '인걸지령(人傑地靈)'이라 하여 산자수려하고 지세가 인간이 살기 좋은 조건을 갖춘 곳에 정기를 타고 영웅호걸이 배출된다는 말이 있다. 그러고 보니 환경의 중요성은 예나 지금이나 별다름이 없어 보인다. '아름다운 자연환경 속에서 자란 사람은 마음도 신체도 아름답고 건강하다'는 즉 건강한 신체에 건강한 정신이 깃들어 국가 미래를 책임질 수 있는 동량지재(棟樑之材)가 많이 배출될 수 있게 좋은 환경이 금수강산에 가득하기를 생각해 본다.

왕밀(王密)의 회금(懷金) 열 냥

요즘 신문 사회면과 방송사 헤드라인 뉴스를 보면 한국은 부정과 부패로 얼룩져 청렴사회와는 거리가 먼 나라로 비쳐진다. 국가안보와 직결되는 막대한 방위산업의 납품관련 비리, 국민안전과 연관된 원자력 발전소의 불량부품 공급 묵인, 국고보조금이 감독 소홀로 부정 지출되는 등 헤아릴 수 없을 만큼 불법의 종류와 수법이 다양하다.

국제투명성기구(TI)는 국가별 청렴도 순위를 수년마다 발표하는데, 2014년도 기준으로 한국은 175개국 중 43위이고 OECD회원국 34개국 중 27위라 하니 부패지수가 경제력에 비해 불명예스런 순위에 올라 국가적으로 수치스런 일이다.

묘하게도 부정과 부패 중심인물은 저소득 저학력자의 생계형 비리보다는 고학력과 고위층의 고소득 재력가들의 치부형 비리가 월등히 규모가 크고 많다고 한다.

우리 사회 최고의 엘리트층인 판사가 도박 사건을 청탁받고 피고인에게 금품을 수수하는가 하면 지방검찰청 검사장이 친구가 경영하는 회사 주식을 직위를 이용하여 무상 증여받아 백억이 넘는 이익을 취득하였다. 스폰서검사, 벤츠검사, 별별 이름이 붙은 엘리트층의 비리가 연달아 신문 방송에 머리기사로 세상이 시끌벅적하다.

정계에는 국회의원이 특정단체에 유리한 법률안을 발의 가결해주고 뇌물을 받고, 선거법을 위반하여 삼십여 명이 재판에 계류 중이거나 형사처분을 받았다. 또 음파탐지 함정에 장착되어야 할 40억짜리 첨단 탐지기를 2억짜리 어군 탐지기로 대체하여 납품받는 군의 비리, 병사의 생명과 직결되는 방탄복을 총알이 통과되는 불량품으로 받아 주는 등 어이가 없다.

재계는 해외에 유령회사를 만들어 국내 자산을 도피시켜 세금을 포탈하고, 하청업체를 쥐어짜서 저가로 납품받고 계열회사에 일감을 몰아주는 등 부정비리가 다양하다.

국민혈세로 조성된 국고보조금이 대학연구소, 농어민 발전 지원, 생활보호대상자에게 바르게 지급되어야 하는데 부정으로 줄줄이 새어 나가도 감독 소홀로 통제가 되지 않으니 부정부패 백화점을 본 듯한 느낌이다.

한때 관공서에 부패를 조장하는 우화(寓話)가 유행하던 시기가 있었다. 따뜻한 어느 봄날에 노래 못하는 따오기가 목청 좋은 꾀꼬리에게 노래자랑을 제의했다. 심사는 황새가 맡기로 하고 3일

후에 경연을 하는데, 황새 심사관은 의외로 고운 목소리로 노래한 꾀꼬리를 제치고 음치 따오기에게 개구리 3마리를 상납 받고 일등을 줘버렸다는 우화다. 옛날에도 인사권자가 승진대상자 선별 기준을 뇌물로 가름한 사실을 빗대는 우화인 듯하다.

그런가 하면 혼탁한 세속에서도 물들지 않고 진흙 속에 피는 연꽃처럼 듣기만 하여도 기분 좋은 청량한 이야기가 있다. 후한 시대 양진(楊震)이라는 사람이 동래태수로 부임하러 가는 도중 날이 저물어 창읍이라는 곳에 유숙하게 되었다. 마침 창읍 수령 왕밀(王密)은 자기가 수령으로 나갈 때 추천해준 양진스승이 이곳에 유숙한다는 소문을 듣고 반가이 찾아갔다. 왕밀은 양진스승에게 문안 후 지난날 은공을 잊지 못하여 황금 열 근을 내밀며 밤중이라 아무도 모르니 받으시라 했다. 양진은 그 말끝에 유명한 말을 남겼다. "천지신지 아지자지 하위무지(天地神知 我知子知 何謂無知)이니라! 하늘이 알고 땅이 알고/ 귀신이 알고 내가 알고/ 그대가 아는데/ 어찌 모른다 하는가?"라고 하며 거절하였다는 <양진열전>에 나오는 고사이다.

황희 정승은 고려가 망하자 두문동(杜門洞)에 은거타가 이성계의 부름을 받고 조정에 복귀하여 세종을 비롯한 5대 임금을 모시고 90세까지 영의정 등 숱한 관직에 머물며 정사를 태평성대로 이끌어온 명재상이다. 그러나 사생활이 청렴하여 담장이 없고 비가 새는 초가삼간에 살았는데 세종대왕이 공조판서를 시켜 집을 고치고 담장축조 공사를 하려했다. 이에 황희는 백성들은 담장 없이 사는 이가 많은데 정승이라고 편하게 살 수 없다, 하며 거절했다. 또 딸을 시집보낼 때 혼비가 없는 것을 왕이 알고 대신들과 상의하여 공주나 옹주의 혼비에 준하여 물자를 지원해줘서 시집보냈다는 정도의 청백리(淸白吏) 재상이었다.

박정희 대통령이 미국으로부터 월남 파병을 조건으로 노후한 M1소총을 M16 자동소총으로 교체할 때였다. 미국의 무기회사에서 온 에이전트 '심슨'이 청와대를 방문하여 소총 구입 사례로 수표 100만 달러가 든 봉투를 사례비로 내밀었다. 대통령은 봉투를 받아들고 "이 돈은 나에게 왔으니 내 돈입니다. 이 돈을 다시 당신에게 줄 테니 이 돈만큼 소총을 더 많이 주시오." 하면서 "지금 내 형제 내 자식들이 만리타국 월남 땅에서 피를 흘리며 싸우고 있는데 한 나라 국부로서 자식을 판 돈으로 내 뱃속을 어찌 채우겠소."라고 거절하고 병사의 손에 총 한 정이라도 더 쥐어주고 싶다고 했다. 대통령의 멸사봉공의 인품에 에이전트는 감동을 받아 소총을 더 지원받게 해줬다는 일화다.

조선 시대 관리들은 청렴하고 부지런하며 검소하고 인내를 갖고 신중하게 원만히 직무를 처리하는 사람을 선발하여 청백리라는 최고의 반열에 오르게 하여 나라에서 예우를 해줬다.

다행히 현 정부도 부패의 심각성을 깨닫고 금년 9월부터(2016년 9월 28일) 공직자는 물론 오염이 예상되는 일반사회까지도 정화하여 맑고 깨끗한 투명사회를 만들려고 '부정청탁 및 금품수수에 관한 금지법(김영란 법)'을 제정하여 시행단계에 접어들어 기대가 크다. 사회경제학자들은 이 법이 제대로 시행된다면 국가 경제가 연간 1.4% 더 성장하는 엄청난 효과를 가져 오고 청렴사회가 된다고 하니 고무적이다.

나는 공직에 입문할 때 선고(先考)로부터 관리로서 세 가지 덕목(曰淸, 曰勤, 曰愼)을 반드시 지키라는 가르침을 받고 실행에 옮겼기 때문에 30여 년을 봉직하고 무사히 정년을 마칠 수 있었다. 선고가 그랬듯이 나 역시 공직에 있는 자녀에게 당관지법 유유삼사(當官之法 唯有三事)를 지켜서 자기 몸가짐과 앞가림을 할 수 있게 (知此三者知所以持身矣) 하고 청렴사회로 가는 길에 첨병이 되기를 기대해 본다.

탈속(脫俗)

석양이 되자 낙조가 용전천(龍纒川)을 붉게 물들이더니, 저녁엔 주왕산 월명봉에 백중을 갓 지난 기망(旣望)달이 솟아 산자락에 있는 근월정(近月亭)을 훤히 비추고 있었다.

섭씨 37도나 되는 염천을 피해 송림이 우거진 근월정에서 청량한 솔바람을 쐬며 복중(伏中) 음풍농월을 즐기는 자칭 "산림거사" 아홉 명이 하나둘씩 정례모임에 모여들고 있었다. 꾀꼬리 색깔보다 더 고운 안동포 바지 적삼을 입은 거사와 백설 같은 모시 치마와 적삼으로 단장을 한 여류시인 등 모두들 향토색이 넘치는 복식이다. 합죽선을 든 산림거사까지 근월정 정원에서 쏟아지는 달빛을 받으며 복중 한담과 근황을 물으며 교례가 끝나고 산상의 문학토론과 시 낭송 모임이 시작됐다.

시회가 시작되기 전에 저녁 식사를 천연 약수로 토종닭에 녹두, 찹쌀, 인삼, 대추, 밤을 넣어 삶은 백숙이 반상에 나와 삼복더

위에 산림거사들의 입맛을 돋웠다.

예부터 소인묵객들의 풍류가 있는 곳엔 반드시 주안상이 따르는 법이니, '죽림의 칠현'을 흉내 내듯 송림의 아홉 거사들의 시회(詩會)에도 여염집에서 빚은 술이 애주가의 취흥을 돋웠다. 자주색을 띤 산딸기로 담근 복분자 술로 한 차례 돌고 난 후, 솔밭에서 채취한 송이버섯으로 담근 송이주, 산더덕 · 도라지 · 오미자를 넣어 찹쌀로 빚은 동동주와 찹쌀에 오가피를 넣어 삭힌 단술이 연달아 돌고 돌았다.

드디어 산림거사 중에 '벽헌(碧軒) 선생'께서 취기를 띤 채 달빛 아래 옥골선풍의 모습으로 좌상에서 일어났다. 평소 산수를 좋아하며 자연 속에 도취하여 애송하던 '산중문답(山中問答)'이라는 칠언절구 시 한 수가 터져 나왔다. 성당시대 시선(詩仙)이라는 별칭의 이백(李白) 시인이 지은 시로 번잡한 풍진세상의 벼슬길을 버리고, 이상세계의 선경과도 같은 산속에서 한가롭게 살아가는 자문자답 시를 읊기 시작했다. 평측(平仄)과 장단(長短)이 조화를 이루면서 목소리는 달빛과 함께 근월정 뜰 안을 가득 메웠다.

<산중문답(山中問答)>

問余何事 棲碧山 : 무엇 때문에 푸른 산에 사느냐면
笑而不答 心自閑 : 웃으며 대답 못 해도 마음만은 한가롭네.
桃花流水 杳然去 : 복사꽃 물길 따라 아득히 흘러가는
別有天地 非人間 : 여기는 별천지 인간 세상 아니라네.

이어서 향토 여류시인들이 '주왕산 하계 산상시인학교' 세미나에 참석한 소재로 엮은 자작시 '주왕산'과 '주산지'란 시제로 시를 낭송하는 선율이 교교(皎皎)한 월광을 타고 밤하늘에 울려 퍼졌다. 눈빛 나는 모시 한복을 입은 여류시인의 시 낭송 모습은 선녀가 월광을 타고 옆에 있는 폭포 속의 선녀탕으로 하강하는 듯한 느낌이었다. 산골 깊은 계곡 아래 산림거사 시회에서는 마이크 하나 없이 현대문명의 시설이라고는 전혀 갖추지 않는 송림이 우거진 근월정 정원에서 백중 달빛 아래 육성으로 풍월이 시간에 제약 없이 이어져 갔다. 시 한 수가 낭송이 끝나면 표주박에 술잔이 돌아가고, 다시 시작되는 시조, 시, 한시로 이어져 갔다. 깊은 계곡에서 불어오는 솔바람과 폭포에서 떨어지는 폭포성을 들으니 에어컨 앞에서도 도심의 가마솥더위에 열섬현상을 못 견뎌 아우성치는 도시인에 비하면 청량한 맛이 별유천지인가 보다.

그렇다. 가진 것이 없으니 재물 감출 일이 없어 좋고, 벼슬이 없으니 자리 뺏길 근심이 없어 좋고, 축첩이 없으니 갈등 없어 가정이 태평하여 좋다. 또한 도심을 빠져나와 청량한 바람 쐬니 정신이 맑고 마음에 여유가 있어 좋지 않는가?

재벌들이 끝없는 물욕 때문에 목숨을 잃거나 영어의 몸이 되고, 고급 관료들이 도가 넘는 명예욕으로 부귀공명을 노리다 나락으로 추락하고, 신분을 망각한 위정자가 분별없는 여색을 즐기다가 색욕 때문에 패가망신하는 것을 보니 가상스러울 뿐이다.

버리고, 비우고 산다는 것이 그렇게도 힘이 드는가 보다. 아집과 욕망이 도사리고 있는 속세의 굴레를 잠시라도 탈출해보자.

오늘 밤처럼 사방이 천옥(天獄)*으로 둘러쳐진 송림 속에서 안빈을 낙으로 삼으면서 욕심 없이 염아(恬雅)*한 마음으로 살아가는 것이 좋지 않은가? 허욕으로 인생행로에 나쁜 흔적을 남기고 굵게 사는 것보다 작은 것에 만족하는 소욕지족(少慾之足)*으로 부끄럼 없이 살아가는 것이 좋으련만.

심곡에 흐르는 벽계수에 목욕하고, 모옥(茅屋) 삼간집 뜰 앞에서서 청량한 솔바람을 쐬면 그까짓 것 세상 속진(俗塵)의 탐욕일랑 나와는 오불관언 같아 보인 하루였다.

*천옥(天獄) : 사방이 막힌 험악한 지형.

*염아(恬雅) : 욕심 없이 마음이 늘 편안하고 바르다.

*소욕지족(少慾之足) : 작은 것에 만족한 삶.

제5부 목화꽃 추억

목화꽃 추억

늦은 봄에 고향의 지기지우(知己之友)* 로부터 화분 두 개를 선물 받았다. 한 개의 화분은 목화 네 그루가 심어진 화분이고 또 하나는 천궁(川芎 : 궁궁이) 약초를 심은 화분이었다. 선물 받은 식물들은 도시에서는 볼 수 없는 희귀한 식물들로, 소년 시절 나와 친구의 집 밭, 사질 땅에 심어졌던 작물이다.

목화는 일년생 쌍떡잎식물로 봄에 씨를 뿌려 가을에 솜을 따서 무명옷과 솜이불을 만드는 식물로서 의식주 중, 체온을 보호해주는 중요한 식물이다. 천궁도 일년생 약초로 잎은 빗살무늬 같고, 뿌리로 번식하는 한약 재료로 어혈을 풀어주고 혈압 강하 작용과 혈액순환을 돕고, 여성들의 생리통에도 효능이 있는 약초식물이다. 천궁약초는 진한 향기를 발산하는데, 몸에 지니면 땀 냄새를 제거하고 방 안에 달아두어도 잡냄새가 없어진다. 단오엔 여인들의 머리에도 잎을 꽂아 다니면 잡귀를 예방한다는 전설이 있다.

선물 받은 화분을 현관에 비치하여 두고 출입 시마다 물을 주고 거름을 보충하여 정성 들여 보살폈다. 한 달이 지난 어느 날 아침에 화분을 보는 순간 목화 가지에서 청순한 꽃봉오리가 활짝 피어 함박웃음을 머금고 있었다. 그 후부터 꽃잎은 연두색, 흰색 꽃이 피고 지기를 반복하는데, 깨끗하고 청순한 꽃잎이 나를 황홀경에 젖게 했다.

관심을 가지고 살펴보니, 처음 필 땐 순백색의 꽃잎이 하루가 지나면 꽃잎은 연한 분홍색으로 변하고, 그다음 날엔 꽃잎이 떨어지는 자리엔 메밀 모형의 콩알만 한 목화 다래가 맺히곤 했다. 그리고 한 달이 지나니 다래는 갓난아기 주먹만 하게 커지더니 입추가 지난 어느 날, 먼저 맺힌 다래 배꼽 부분이 네 쪽으로 벌어지기 시작했다. 보름 사이에 십여 개의 다래가 모두 피어난 목화송이는 가을하늘의 뭉게구름처럼 하얀 솜털이 순백을 뽐내고 있었다.

화분을 준 친구는 나와 60년 지기이다. 같은 해에 태어나고 앞뒷집에 살다 보니 걸어 다닐 때부터 자연스럽게 친구가 되었다. 목화 천으로 만든 무명 바지저고리를 입고 검정고무신을 신고 자랐다. 6.25전란을 거치며 천연두와 홍역병 속에서 용하게도 살아남아 깨어진 기왓장으로 비석치기를 하고, 말타기와 자치기 놀이를 하며 자란 친구다. 먹는 것이 귀한 시절 봄이면 나물갱죽과 여름엔 꽁보리밥에 감자를 먹고, 가을 겨울이면 조밥과 도토

리묵으로 연명하면서 초등학교에 입학을 하였다. 전란에 불타버린 학교 은행나무 밑에서 가마니떼기를 깔고 공부를 하고, 유엔한국재건단(UNKRA)으로부터 무상 원조받은 분유를 받아먹고 설사를 하며 살아왔기에, 눈빛만 보아도 친구의 속마음을 알 수 있는 그야말로 가난할 때 생사고락을 같이한 잊을 수 없는 고향 친구(貧賤之交不可忘)이다. 내가 항수병에 젖어있는 것을 알고서 고향에서 가져온 목화와 천궁을 재배 증식시켜 나에게 준 것이다.

중국의 전국시대 때 초(楚)나라에 백아(伯牙)와 종자기(鍾子器)라는 절친한 고향 친구가 있었다. 백아는 거문고의 달인이고, 종자기는 백아가 연주하는 거문고 소리만 듣고도 친구의 속마음이 어디에 있다는 것을 알아낼 정도로 절친한 친구다. 백아가 거문고를 탈 때, 그 뜻이 높은 산에 있으면 종자기는 "훌륭하다. 우뚝 솟은 그 느낌이 태산과 같구나."라고 했고, 그 뜻이 흐르는 물에 있으면 "멋있다. 넘칠 듯이 흘러가는 느낌은 마치 강과 같구나."라고 했다. 백아는 종자기가 죽자 "세상에 더 이상 나를 알아줄 사람이 없구나."라고 한탄하고 거문고 줄을 끊어버리고[伯牙絶絃]* 더 이상 거문고를 연주하지 않았다고 한다.

이제 가을바람이 불어오고 찬 서리가 내리면 나는 목화와 천궁약초를 추수하여 씨를 받아 명년에는 화단에 더 많이 심을 생각이다. 수확한 목화는 솜털 사이에 천궁약초를 듬성듬성 넣고 방석을 만들어 서재에서 따뜻하고 향기 나는 방석으로 사용코자 한다.

화분에 담긴 작물들은 어릴 때 친구와 같이 목화밭에서 따온 다래 맹아리를 씹으며 단맛을 즐겼고, 천궁뿌리를 깎아 만든 구슬로 구슬치기를 즐겼던 추억과 애환이 담겨있는 작물이다. 그러나 화분에 심은 목화와 천궁도 내가 후일에 세상을 뜨고 나면 재배할 사람이 없을 것이고, 나의 추억과 애환이 서린 의미를 알아줄 사람이 없을 것을 생각하니 갑자기 마음이 울적하여 인생무상 제행무상을 느끼게 한다.

*지기지우(知己之友) : 자기의 가치나 처지를 잘 알아주는 참다운 벗.
*백아절현(伯牙絶絃) : 백아가 거문고 줄을 끊다. 자기의 진정한 벗을 잃은 것을 비유하여 이르는 말.

피아골의 삼홍(三紅)

세상이 말세, 말법(末世. 末法)*이라! 기상관측 후 처음이라는 뜨겁던 폭염과 지축을 뒤흔드는 경주의 지진과 광화문의 탄핵 시위도 민심을 소란스럽게 하더니 지나가고 있다. 다윗왕의 반지에 새겨진 명언처럼 “기쁨도 슬픔도 이 또한 지나가리다.”

어느덧 강상에 기러기는 추월색 달빛 타고 높이 날아 짝을 찾아 애잔하게 울어대니 가을도 벌써 만추지절이다. 요즘 조석으로 때 맞춰 무서리 내리니 서리 맞은 단풍잎이 이월매화보다 더 고운 계절이다. 나도 세파에 오염된 심신을 치유코자 지리산 가을 풍악을 관산(觀山)하러 떠난다.

지리산은 삼신산 중 하나인 ‘방장산(方丈山)’이라 하여 지역이 방대하고 심산유곡이 중첩된 큰 산이라 매번 산행을 가도 늘 새롭고 웅장하고 수려한 산세에 감탄할 뿐이다. 오늘은 전세버스를 타고 산중턱인 성산재에서 하차하여 피아골 대피소를 경유,

해발 1,500미터인 노고단을 지나 하산길인 명경지수가 흐르는 피아골 계곡을 따라 직전마을과 연곡사를 거쳐 주차장까지 장장 16킬로의 좋은 산행길을 7시간 걷는 만만치 않는 코스이다.

산행은 그리 험난한 길은 아니지만 높은 산과 깊은 계곡, 돌밭길이라 60-70대 나이로 그리 만만하게 볼 산행이 아니다. 처음부터 서둘지 않고 내 몸에 맞는 페이스를 유지하며 3킬로마다 5분씩 휴식하며 흐르는 땀을 닦고 물을 마시며 가는데, 첫 번째로 피아골 대피소에서 쉬었다. 역시 소문난 산이라 팔도에서 모여든 사람들의 말씨들이 마치 각 지방사투리 경연장 같았다. 심지가 굳고 악센트가 강한 태산교악(太山喬嶽) 같은 경상도사투리, 느리면서 양반풍이 묻어나는 청풍명월(淸風明月) 충청도사투리, 말씨가 다정다감한 사교적인 풍전세류(風前細柳) 전라도사투리, 의지적이고 말씨가 군더더기 없고 깔끔하니 거울 속 미인 같아 경중미인(鏡中美人) 서울 경기도 말씨 등등 <택리지>에 나오는 8도 민심과 사투리를 잘도 표현한 듯하다.

쉬어가고 또 쉬어가는 대장정 길을 세 시간 만에 해발 1500미터 노고단에 도착했다. 바람이 세고 기온이 낮은 지대라 소나무 같은 키 큰 교목은 보이지 않고 철쭉, 사스래나무, 자장나무 같은 키 작은 관목이 서식하고 있었다. 돌탑 앞에서 내려다보는 지리산은 노을빛 고운 섬진강과 운무에 쌓인 계곡과 중첩된 산들이 가을단풍에 그야말로 천자만홍이 불타는 듯하다. 산허리를 휘감아 싸는 안개의 계곡을 따라 오르다가 정상 봉우리에서 금세 하늘로 솜털 같은 구름으로 변하는 자연조화에 감탄할 뿐이다. 기왕 가을 풍악 구경을 왔으니 옛 시인 묵객들이 단풍을 두고 음풍농월(吟諷弄月)하던 시를 나도 신선이 된 듯 흉내 내며 시 한 수를 흥얼거려본다.

멀리 차가운 산 돌밭길이 비스듬히 나 있는데(遠山寒山石徑斜)
흰 구름 피어나는 곳에 인가(신선)가 있구나(白雲生處有人間)
수레를 멈추고 앉아서 늦가을 단풍을 즐기는데(停車坐愛楓林晩)
서리 맞은 단풍잎이 이월 매화보다 더 곱구나(霜葉紅於二月花)

노고단 정상에서 피아골 계곡으로 하산하는 길은 험난한 돌밭길이었다. 피아골 삼거리 갈림길에서 늦게 점심을 먹는데, 시장기가 들 때 먹는 밥이라 꿀맛이었다. 얼마나 많은 땀을 흘렸는지 준비한 생수가 모자랐다. 벌써 해는 일락서산에 기우는데 갈 길은 구만리 장천같이 멀기만 하니 아득하다!

점심 먹은 후에 식곤증이 전신을 엄습하여 노곤한데 무릎과 허벅지는 알이 배어 통증이 와서 일어서기가 싫다. 이러다가 기온이 뚝 떨어지면 저녁이라 큰일 날 것 같아 천근이나 되는 다리를 겨우 일으켜 세워 하산하기로 했다, 내리막길 장장 10여 킬로 돌밭 길을 걷는데, 동료 한 사람은 발이 아파 더 이상 걷기를 포기하여 동행 회원이 119를 불러 응급구조를 하니 법석이었다. 참으로 길고도 지난한 여정이었다. 계곡에 흐르는 물은 명경지수이고, 붉은 단풍잎은 내 눈을 황홀케 했다. 예부터 피아골 단풍은 삼홍(三紅)이라 해서 산홍(山紅), 수홍(水紅), 인홍(人紅)이라 했는데 산도 붉고, 단풍이 물에 비쳐 물도 붉고 사람도 단풍에 붉게 비치니 가을 풍악에 어찌 매료되지 않겠는가? 다리에 힘이 빠지고 땀이 비 오듯 하여 백옥처럼 흰 포말을 일으키며 흐르는 맑은 물에 잠시 손과 얼굴을 식히고 세파에 찌든 심신을 씻어 내고 나니 허유와 소부(許由巢父)가 된 느낌이다. 마지막으로 사력을 다해 직전마을과 연곡사를 거쳐 주차장에 도착하니 해는 서산에 뉘엿뉘엿 기울고 있었다.

왜 이렇게 힘든 산행을 우리는 하고 있을까? 인생은 끊임없이 도전과 열정 정신을 가지고 진취적으로 살아가야 한다는 것이다. 늙었다고 두문불출하고 도심 속에 갇혀있는 것은 스스로 삶을 포기하는 것이나 다름없다. 산행을 통하여 고난과 역경을 극복하는 인내심을 기르고 자연을 바라보며 정서를 함양하고 심신을 단련하여 여생을 건강하게 살기 위함이다.

<택리지>를 저술한 이중환은 산수가 좋은 곳은 생리가 박한 곳이 많고 생리가 좋은 곳은 산수가 박하다고 했다. 생리가 좋은 기름진 땅과 넓은 들에 지세가 아름다운 곳을 가려 집을 지어 사는 것이 좋다고 했다. 그러면서 십 리 밖이나 반나절 되는 거리에 경치가 아름다운 산수가 있어 생각날 때마다 가서 시름을 풀고 유숙한 다음 돌아올 수 있는 곳을 마련해둔다면 자손대대로 이어갈 만한 방법이라 했다. 산수는 정신을 즐겁게 하고 감정을 화창하게 하기 때문이라 한다. 나는 도심 속에 살면서 좋은 산수

는 가질 수 없어도 편리하고 빠른 대중교통편을 이용하여 산수가 수려한 산하를 가끔 즐겨 찾아 나서 세파에 지친 몸과 마음속의 때를 털어내고 활기를 되찾으며 여생을 살아보련다.

*말세, 말법(末世, 末法) : 성경과 불경에 나오는 용어로서 예수 부활 2000년 부처 탄생 3000년이 되면 세상은 말세가 되어 한 집 건너 한 군데씩 무당과 점술사가 생기고 양심과 정의사회는 사라지고 사욕과 요행수에 의지하려는 난세가 온다고 함.

한비자의 형명참동설(形名參同說)과 법치주의

한비자는 2,300여 년 전에 나라를 통치하는 데는 강력한 법치주의(法治主義)를 시행해야 된다는 군주의 통치론인 한비자 이론서를 저술한 사상가였다. 덕치주의와 인의주의를 주장한 공자의 정치사상과는 반대이론이다. 전국시대 한비자의 정치이론 서적을 본 진시황제(秦始皇帝)가 한비자를 평생 동안 흠모하고 만나기를 원했다고 한다.

그러나 진시황제 밑에는 이미 간계와 지략이 뛰어난 변설가인 이사(李斯)라는 사람이 객경(客卿, 정승) 벼슬에 올라 있어 봉건체제를 폐지하고 강력한 군현제로 개혁하여 유학자를 생매장하고, 수많은 이론 서적을 불태워 버리는 등 이른바 '분서갱유(焚書坑儒)' 정책을 시행하고 있었다.

이사와 한비자는 젊을 때 성악설을 주장한 순자 밑에서 동문수학한 친구 사이였다. 진시황이 한비자의 조국인 한나라를 공격하자 한비자는 왕명을 받아 한나라의 화평의 사신 자격으로 진나라에 갔다. 이사는 한비자를 보는 순간 두뇌가 명석하고 박학다식한 그를 능가할 수 없음을 느끼고, 진시황제에게 한비자를 적국의 정탐꾼으로 몰아붙여 사형을 시키도록 권유하고 감옥에 하옥시켰다. 그러나 진시황제는 뛰어난 정치 사상가를 사형만은 면하게 하고 석방하여 보내려는 내심이 있었다.

황제의 뜻을 알아챈 이사는 그날 밤 감옥에 찾아가서 한비자에게 사약 봉지를 건네면서 진시황제의 명령이라 속이고 한비자를 자결케 한다. 한비자가 시황제를 만나서 법치주의 사상을 논리정연하게 설명하고 능력을 발휘하면 이사는 제 위치가 위태롭기 때문에 죽여 버린 것이다. 이렇게 정치라는 것은 예나 지금이나 친구도 의리도 염치도 인정도 없는 권모술수와 중상모략으로 유, 불리를 따져 경쟁자를 제거하고 나라와 백성의 장래는 생각 않고 편당과 이익, 권력투쟁 정쟁만 일삼았다는 게 백성의 눈에 보인다.

한비자의 통치철학 중에 가장 중심을 이루는 이론이 '형명참동설(形名參同說)'이다. 약설하면 신하들이 하는 말[名]과 실제로 행동[形]하는 공로를 비교하여 서로 부합하면 상을 주고, 말과 행동하는 공로가 같지 않으면 가차 없이 벌을 주어 신하들의 악행이나 망언을 방지하고 그 책임을 분명히 하는 신상필벌(信賞必罰)로 다스리는 이론이다.

옛날 한나라의 소후(昭侯)가 술에 취하여 잠자고 있을 때 임금의 관모(冠帽)를 담당하고 있는 전관(典冠 : 임금의 관모 담당관리)이 임금이 추워하는 것을 보고 몸에 옷을 덮어 주었다. 임금이 잠을 자고 일어나 좋아하면서 곁에 있는 신하들에게 누가 옷을 덮었느냐 물었다. 신하들이 "전관이 덮었습니다."라 하였다. 그 일로 인하여 전의(典依 : 임금 의복 담당관리)에게는 직무유기죄로 벌을 내리고 전관에게는 월권행위 죄로 무거운 사형에 처해버렸다. 잠을 잘 자게 도와주는 온정보다 남의 직무를 월권하여 법질서를 문란케 한 죄가 더 크다고 생각했기 때문이다. 남의 소관업무를 월권하면 다툼과 알력이 생기는 시초가 되며 그것이 법체계를 무너뜨리고 크게는 나라가 붕괴되는 요인이 된다고 여겼기 때문이다. 정치는 인정에 이끌려서는 안 된다는 본보기라 할 수 있다.

법치주의 사상은 한마디로 법(法)과 술(術)로 요약된다. 첫째, 법은 만인에게 바르고 엄하고 평등하게 적용해야 한다는 것이다. 사람은 자기 이익만을 추구하는 존재로 보고, 어떤 사람이든 간에 속마음을 파헤쳐 보면 자기 이익이 도사리고 있으며 군주의 이익과 신하의 이익, 백성의 이익이 서로 다르다는 것이다. 군주와 신하, 백성은 힘에 의한 지배와 피지배관계이기 때문에 끝없는 충성심만을 바라는 것은 있을 수 없으며 덕치주의, 인의, 은애정치란 어리석다고 했다. 신하와 백성을 다스리는 것은 오직 법을 바르고 형벌을 엄하게 세워야 백성이 두렵게 여기니 추호도 사(私)를 두지 말고 관용이나 온정을 차단하여 신상필벌로 다스려야 한다는 것이다.

둘째, 술(術)이라는 것은 통치자가 신하를 부리는 방법(정보력)인데 군주가 속마음을 드러내어 표현해서는 안 되고 살펴서 신하의 의중을 알아내어 움직이게 하는 것이라 한다. 군주는 좋아하는 것, 싫어하는 것, 미워하는 것, 바라는 것을 드러내지 말며, 알아도 모른 척 좋아도 무심한 듯해야만 신하들이 선악을 파악할 수 있다고 했다. 신하들의 역량과 심리를 살펴 역모자와 간신은 물리치고 충신은 기용하되 능력에 따라 직무를 배분 운용하고, 철저한 법치주의와 신상필벌로 편애와 온정을 배격하고 멸사봉공으로 다스려야 파벌과 사욕이 없어지고 국법질서를 유지하고 나라를 통치할 수 있다는 이론이다.

신라 말에 경애왕은 나라에 법령이 무너지고 정보력마저 깜깜하여 후백제 견훤이 궁궐 내에 입성하는 것도 모르고 포석정에서 죽음을 당하고 천년사직이 무너졌다. 고려 말에 공민왕은 신하인 요승 신돈에게 권력을 위임하고 노국공주를 편애하다 정보망도 끊겨 자제위(子弟衛) 청년과 환관들의 손에 피살되고 나라는 망했다.

조선 초기 세종대왕은 성군이면서도 왕권에 도전하는 세력은 가차 없이 엄한 형벌로 다스렸다. 세종은 충신이고 개국공신인 장인 영의정 심온(深溫) 대감을 병권업무와 중요 국사를 보고하지 않는다는 이유를 들어 읍참마속(泣斬馬謖)의 심정으로 처형시켜 버린다. 물론 세종은 아버지 태종의 성화에 못 이겨 사약을 내리지만 그 일은 왕비가문의 권력 확대를 미리 예방하는 수단이기도 했다. 그러면서도 세종은 신하들의 동태를 살피고 미복으로 호위무사를 대동하여 궁궐 밖으로 야행하며 민정을 몰래 살피고 강력한 정보력으로 대내외 신상필벌의 법치주의를 펼쳤기 때문에 신하들이 군주를 두려워하고 국운이 융성하였다.

'신하가 세력이 강하면 군주가 죽는다.'는 말은 한비자의 애신편(愛臣編)에 나오는 정치이론이다. '애신'이란 '임금이 총애하는 신하나 혹은 좌우에서 아첨하여 임금의 신임을 받고 있는 사람'이란 뜻이다. 윗사람이 자신의 권력을 총애하는 아랫사람에게 넘겨주면 군주는 권력이 축소되고 아랫사람은 권력을 백 배 천 배나 확대하여 휘둘러 조직체계가 무너져 위태롭게 된다는 뜻이다. 특정한 사람을 편애하는 것을 경계해야 한다는 뜻일 것이다.

우리나라 근현대사를 보면 명성황후가 궁궐 내에서 일본의 무사들에게 시해(弑害)당했고 제3공화국 대통령도 총애하던 정보부장에게 시해당한 것은 모두가 통치자의 정보력 부재에서 온 것이며 이로 인해 국가적으로 엄청난 혼란과 시련기를 겪은 것이다.

지도자가 법과 시스템(공조직)에 의하여 정치를 하지 않고 특정한 사람의 온정에 이끌려 편애하고 공조직을 등한시하면 종말에는 법치주의 시스템과 위계질서가 무너지고 통치자의 권위마저 무너져 나라가 혼란에 빠진다. 이 이론을 읽으면서 우리나라 제3공화국 시기 때 대통령의 애신(愛臣)인 경호실장과 정보부장의 월권행위가 극에 달한 나머지 지도자를 시해한 역사적 비극이 문득 생각난다. 한비자의 2,300년 전 '형명참동설'이 오늘의 우리나라 정치 상황을 두고 말하는 듯하여 놀라지 않을 수 없다. '형명참동설'이 현대의 통치자도 간과해서는 안 될 통치자의 요체이론이라는 것을 생각하니 감탄을 금치 못할 뿐이다.

회한(悔恨)

시간은 잠시도 멈춤이 없이 원형이정(元亨利貞), 천도에 따라 순환하며 물처럼 흐르고 변하는 게 세월인가 보다. 지난 한 해 동안 촛불과 태극기 집회로 온 나라가 들썩이고 시끄러운 시국도 지나가는가 싶더니 북녘 땅에서는 가공할 핵무기가 우리의 생존을 위협하니 6.25 이후 최대의 절박한 시국이라고 온 나라가 시끌벅적하다.

다윗왕의 반지에 새겨진 명언처럼 "영광도 절망도 이 또한 지나가리라" 절박한 시국도 순조로이 지나가기를 기대해본다. 숨쉴 틈 없는 순간에도 세월은 흘러 어느덧 창천에 기러기 높이 날고 추월색 달빛 타고 백충(白蟲)의 풀벌레가 다투듯 구슬피 우는 초가을이 어느새 가 버렸다. 만산홍엽이 불타는 듯 늦가을 마지막 잎새를 보면서 서정과 낭만을 느끼기보다는 귀밑에 백발이 나를 숙연케 한다.

깊어만 가는 가을날 추풍에 물물이 떨어지는 낙엽을 보면서 살아온 궤적을 뒤돌아보니 왠지 초라한 느낌을 감출 수 없다. 대장부로 세상에 태어나서 나라에 공훈 없고 가문에 영광 없이 늙어가니 처량하기 그지없다. 젊음과 시간이 마냥 있을 줄 알고 생업과 학문을 게을리한 것이 후회스럽기만 하다. 동양 고전에 인생을 올바르게 살아 부단한 노력으로 후세에 이름을 떨치어 낳아주고 길러주신 부모님의 이름을 드러나게 하는 것이 효도의 마지막(立身行道揚名於後世以顯父母孝之終也)이라 했는데, 살아온 큰 족적을 남기지 못하고 무명지초가 되어 늙어가니 부끄러울 뿐이다. 옛 성현들이 젊을 때 천금 같은 시간을 낭비 말고 부단히 노력하라는 진리가 담긴 명언들이 이제 와서 옳은 말씀인 줄 깨달아 보지만 때늦은 후회가 나를 슬프게 한다.

백발이 성성한 요즘 와서 주문공(字 : 朱熹)이 말한 '주자십회훈(朱子十悔訓)'을 즐겨 읽는다. 사람들이 세상을 살아가면서 가장 후회하기 쉬운 열 가지 명언을 모아서 후세 사람들에게 경계하며 가르치는 글귀인데, 흔히 줄여서 '주자십회'라 하는 글이다.

십회훈의 내용을 보면 대부분이 적시(適時)에 때를 놓치고 난 뒤에 후회하는 내용들인바, 인생을 살아가면서 중요한 시기에 때가 오면 기회를 잡아야 하고, 학업과 맡은 직분에 정진할 것을 암시하고 있다. 나는 이 글을 읽고 난 뒤 지나간 내 인생을 크게 뉘우치며 한탄을 해본다. 젊던 시절 학업과 직분에 정진하지 않고 때를 놓치고 난 후에 뒤늦게 뉘우치고 후회해봤자 이미 엎질러진 항아리 물(覆水不返盆)처럼 다시 퍼 담을 수가 없는 일이 돼 버렸으니 후회와 안타까움뿐이다. 십회훈 중에 가장 나에게 뉘우침과 잘못을 한탄하게 하는 두 가지 회훈이 있다. "젊을 때 부지런히 배우지 않으면 늙어서 후회하고(少不勤學 老後悔), 봄에 씨앗을 뿌려 경작하지 않으면 가을이 된 후에 후회하게 된다(春不耕作 秋後悔)."는 글귀를 왜 젊은 날에는 우이독경으로 흘려들었던가 한탄한다.

<명심보감> 권학편에도 있는 주자와 도연명의 '젊을 때 시기를 놓치지 말고 학업과 직분에 정진하여 꿈을 실현해야 된다.'는 글귀가 너무도 가슴에 와닿아 자꾸만 되뇌어 본다.

> 소년은 늙기가 쉽고/ 학문은 이루기 어려우니/ 일 분 일 초도 가볍게 보내지 말라(少年易老 學難成一寸光陰 不可輕)/ 지당(연못)에 봄 풀잎은 아직 봄 꿈속에서 깨어나지도 않는 듯한데/ 벌써 뜰 앞에 오동 나뭇잎 떨어지는 소리가 가을을 재촉하는구나!(未覺池塘春草夢 階前梧葉已秋聲)/ 젊음은 인생에 두 번 다시 오지 않고,/ 하루에 새벽은 두 번 오기가 어려워라(云盛人不重來 一日難再晨)/ 수시로 학문과 직분에 힘을 쏟아 매진하라/ 세월은 사람을 기다리지 않는다(及時當勉勵 歲月不待人)

아아! 인생무상 제행무상이라. 삼단 같은 검은 머리가 어느새 백발삼천장(白髮三千丈)으로 변하고 앵두 같은 홍안이 윤기가 없고 푸석한 잔주름이 깊어만 가는구나. 세월도 만물도 천도의 순환의 법칙 따라 나를 기다리지 않고 쉼 없이 지나가 버린다. 푸르던 잎 단풍 들고 낙엽 되어 조락으로 떨어져 한 줌의 흙으로 돌아가는 것을 하염없이 바라보며 젊던 시절을 회상해본다. 역발산의 기개세가 태산을 뽑고 충천된 사기가 하늘을 찌를 듯 에너지가 넘치던 시기에 나는 왜 학업과 직분에 정진하여 나라에 공훈을 세우고 가문에 영광을 남기어 부모를 드러나게 하지 못하였던가? 이제 와서 생각하니 가는 세월은 천금을 주어도 못 사는 것이고 못 사는 세월을 허송세월로 보내온 내 인생을 크게 뉘우쳐 한탄하며 잘못된 내 인생의 궤적을 회고해 보니 회한만이 가득할 뿐이다.

인삼회면살인(忍三會免殺人)

당나라 때 장공예(張公藝)라는 사람의 집안은 9대를 이어서 한 집안에 살았는데, 북제(北齊)와 수나라 당나라에서 모두 그의 집에 정문(旌門)*을 세워 표창했다. 당나라에 고종황제가 인덕 연간에 태산(泰山)에 봉선(封禪)*을 마치고 오는 길에 장공예라는 사람이 한 집안에 여러 대를 내려오도록 산다는 소문을 듣고 그의 집에 들렀다.

황제가 그를 불러서 어떻게 치가(治家)를 잘하여 9대가 한 집안에 살면서 친척들이 화목하게 지내는지 그 방법을 물었다. 그러자 장공예는 말로 대답하지 않고 붓과 종이로 대답하겠다고 청하고는 붓으로 종이에 참을 인 자를 백여 번 써서 바쳤는데 그 의미는 다음과 같다.

"대개의 집안에서 종족(친척)들이 화목하지 못한 까닭은 집안을 다스리는 어른이 의복이나 음식을 고르게 분배하지 못하거나 항렬이 낮고 나이가 적은 사람들이 예의를 갖추지 못하기 때문입니다. 그러면 서로 원망하고 비난하게 되어 마침내 다투게 됩니다. 만일 참을 수가 있다면 집안은 화목하게 됩니다."라고 말했다. 그러고는 종족 중에 "서로가 다투거나 분노가 차오를 때는 참는 방법은 참을 인 자를 종이에 써서 빈 항아리에 넣는 방식을 택하고 있습니다."라며 분노조절 방법도 덧붙여 말씀을 올리자 황제가 감탄했다는 일화다.

보편적으로 한 세대를 30년으로 치면 9대면 270년이란 긴 세월이 되는데 수백 년 세월 동안 종족이 적게는 수백 명에서 많게는 수천 명이 될 수도 있는 대가족 집단을 의식주를 해결하고 상호간 다툼 없이 다스려 나간다는 것은 대단한 치가 수단이다. 치가 방법을 장공예는 세 가지 가훈을 두고 그 원칙을 철저히 대물림하면서 지켜왔기 때문에 대가족 생활이 가능했다.

첫째, 공평한 분배제도를 실행한 것이다. 살아가는 데 가장 중요한 먹고 입고 잠잘 수 있는 의식주를 공평하게 분배를 함으로써 분쟁의 요인을 해소했다. 오늘날 노사 간에도 고르지 못한 분배로 인하여 노사분쟁이 세상을 시끄럽게 하고, 재벌가문에서 공평하지 못한 재산분배 때문에 피를 나눈 형제간에도 법정분쟁이 일어나는 것을 보면 모두가 불공평한 분배에서 일어나는 다툼들이다. 개인 간, 사회 구성원 간, 나라 간에 다툼들도 사익과 공익 국익 모두의 경제적인 이익과 재산의 다툼이 원인이다.

둘째, 상하 간, 노소 간 예절규범을 지켰다. 대가족을 통솔하려면 일정한 규범을 설정하여 따르게 해야만 했다. 즉 상하(行列) 간 아들이 아버지를 섬기고 손자가 아버지와 할아버지를 윗사람으로 섬기게 하고, 나이 적은 사람은 나이 많은 사람을 예우함으로써 상하 간 노소 간에 질서를 지키는 예절규범을 갖추게 했다. <논어(論語)>에도 충효사상을 어릴 적부터 교육을 바르게 받은 사람은 도덕규범을 거스르거나 국법을 어기고 흉악범죄를 범하는 일이 없다고 했다.

마지막으로 인내(忍耐)로 분노를 조절하였다. 가족 간에 간혹 분기탱천(憤氣撑天)할 때는 분노를 삭이는 방편으로 '참을 인' 자를 써서 비치되어 있는 빈 항아리에 넣게 함으로써 순간적으로 차오르는 분노를 잠시 삭이게 하여 가족 간에 골육상쟁을 막고 화평을 유지케 했다.

이렇게 하여 한 집안에 9대가 살 수 있도록 재물의 균등분배와 상하 간에 위계질서 확립, 상호 간 인내하는 관습의 가훈을 철저히 지켜 왔기 때문에 긴 세월 동안 대가족 집단으로 삶을 가능케 했다.

공자의 3천 제자 중에 말 잘하는 자장(子張)이 공자에게 하직인사를 하면서 "몸을 닦는 데 가장 좋은 길을 말씀해 주시길 원합니다." 간청하자 공자가 말하기를 "모든 행실의 근원은 참는 것이 으뜸이 된다." 했다. "천자(天子)가 참으면 나라에 해가 없고, 제후가 참으면 큰 나라를 이룩하고, 벼슬아치가 참으면 지위가 올라가고, 형제가 참으면 집안이 부귀하고, 부부가 참으면 일생을 같이 해로할 수 있고, 친구끼리 참으면 이름이 깎이지 않고, 자신이 참으면 재앙이 없다."고 했으니 이 모두가 인내를 두고 하는 명언들이다.

요즘 사소한 교통사고와 아파트 층간소음 문제로 순간적인 분노를 참지 못하고 극단적인 살인극을 벌이는 걸 보면 두렵고 안타깝다. 잠시 동안 분한 것을 참으면 백날의 근심을 면할 수 있고(忍一時之憤 免 百日之憂), 참고 또 참으며 경계하고 또 신중하면 살인도 피했을걸. 참지 못하고 경계하지 않으면 작은 일이 크게 벌어진다. 분노가 충천할수록 심호흡을 하여 숨을 고르고 세 번을 참다 보면 살인도 피할 수 있다는(忍 三會 免 殺人) 명언을 우리 모두 기억했으면 좋겠다.

*정문(旌門) : 나라에서 충신 효자 열녀 집안에 동네 입구나 집 앞에 세워주는 붉은 대문.

*봉선(封禪) : 중국의 황제가 태산(泰山)에서 하늘의 천제(天帝)에 바치는 제사

떡국 단상(斷想)

새해 첫새벽에 어머님께서 등잔불을 밝히고 가신인 성주신에게 소반에 한 상을 차려놓고 치성을 드린다. 갓 끓여 나온 떡국과 고등어 산적 꼬지, 삼색과일 등을 진설한 상 앞에 초석자리를 펴놓고 단정히 정좌하고 합장한 손바닥을 비비며 일 년 동안 가정의 무병장수와 복을 기원하는 축원기도를 드린다. 기도가 끝나면 우리 두 형제를 단잠을 깨워 세수를 시키고, 성주신 제상 앞에 재배를 하고 나면 철상(撤床)한 떡국과 고기 과일을 나눠 먹였다. 유년 시절 전란이 끝나고 먹는 것이 귀한 그때, 추운 겨울에 따뜻하고 쫄깃한 쌀 떡국에 짭짤한 고등어 산적이 숟가락에 떠 넣기가 바쁘게 목구멍에 잘 넘어가곤 했다.

자동화된 방앗간이 없던 시기에 떡국을 만들려면 수공으로 긴 시간 여러 공정을 거쳐야 떡국이 밥상에 오를 수 있었다. 우선 쌀을 물에 불리어 건져낸 떡쌀을 돌확에 넣고 디딜방아 절굿공

이로 방아를 찧어 쌀가루가 되면 채로 곱게 걸러 솥에 증기로 익혀낸다. 익혀낸 떡덩이를 손으로 가늘게 비벼 가래를 만들어 굳게 한 다음, 식칼로 일정한 두께로 엇비슷하게 썰어내는 아낙네들의 힘든 수공과정을 거쳐야만 떡국이 된다.

그렇게 귀한 쌀로 정성 들여 만들어진 떡국은 새해 설날 아침에 정갈한 마음을 담은 음식으로 조상들의 제사상과 성주신에도 오르며 손나그네 접대 등 요긴한 음식으로 쓰인다. 떡국을 먹으면 일 년 동안 양(陽)의 기운을 받아들이고 질병을 막아준다는 의미도 있다. 또 긴 가래떡에는 장수의 상징적인 뜻도 담겨있어 친인척과 이웃 간에 나눠 먹으면 한 해 동안 가정에 장수와 평안을 누릴 수 있다고 믿었다.

나의 가친(家親)께서는 위로 누님 둘을 낳고 뒤늦게 나와 동생 형제를 낳아 우리들은 부모님의 총애를 받고 자랐다. 초등학교 입학 전에 삼동(三冬)이면 새벽에 일어나서 경서를 강독하고 난 후에, 종일 구슬치기와 팽이치기에 피곤한 나를 깨워 하기 싫은 천자문을 하루에 반 페이지씩 따라 읽고 암송토록 했다. 암송을 잘하는 날에는 화롯불에 가래떡을 석쇠에 얹어 노릿하게 구운 후, 놋 양푼에 담아둔 수수조청에 찍어서 내게 주셨다. 철없던 시절 천자문 암송보다는 조청과 가래떡에 관심을 두고 천자문 암송은 주마간산 격이었다.

나는 호적이 한 해 늦어 휴전이 되던 그 이듬해(1954년) 아홉 살에 초등학교에 입학을 했다. 입학 전에 준비물로 고무신과 내복을 사러 아버지 따라 삼십 리 길 장에 갔다. 고추를 판 돈으로 독을 사고 나의 고무신과 내복을 사 가지고 점심은 내가 좋아하는 떡국집에 갔다. 장작불이 활활 타는 솥에는 희뿌연 떡국 물이 솥뚜껑 사이로 김과 같이 새어 나오는데, 구수한 냄새만 맡아도 군침이 돌았다. 아버지는 떡국을 한 그릇만 시켜서 나를 주고, 본인은 아침을 많이 먹어 괜찮다 했다. 지금 와서 생각하니 돈이 모자랐던 모양이다. 삼십 리를 걸어서 점심때가 늦은 시간에 쇠고기 계란 김 고명을 넣은 떡국 맛은 졸깃하며, 따끈한 국물이 목구멍에 넘어가기 바빴다. 끼를 거르고 있는 아버지의 사정도 모르고 허기진 배를 채우고 나니, 아버님이 나를 보고 웃으면서 "잘 먹었냐? 어둡기 전에 가야 한다."고 갈 길을 재촉했다. 강을 건너 재를 넘을 때마다 독을 짊어진 지게를 내려놓고 긴 한숨을 내뿜으며 곰방대에 부싯돌*로 불을 붙여 담배를 피우시며 식은 땀을 옷소매로 닦는 모습이 무척 힘들어 보였다.

세월이 흘러 어느덧 나도 이맛살에 백발이 늘어나는 나이에 접어들었다. 새해 아침에 봉제사(奉祭祀)를 마치고 하얀 쌀떡에 맛있는 고명을 얹은 떡국을 먹고 있지만, 그때 아버님이 나에게 사 먹인 떡국을 생각하면 가슴이 울컥하고 목이 멘다.

인민군이 점령한 우리 마을에 B-29폭격기가 양민, 적군 구분 없이 폭탄과 기관총 사격을 퍼부었다. 바위 더미 밑에 피신하면서 당신은 나를 등 뒤에 숨기고 이불 보퉁이로 앞을 가려 쏟아지는 총탄과 바윗돌을 막으며 목숨을 걸고 나를 지켜냈다. 전란 속에서 끼니를 굶으면서도 수백 리 되는 대구 약전골목에서 사물탕 보약을 지어서 허약체질인 나를 먹이곤 하였다.

내 아버지는 그렇게 희생적인 부성애(父性愛)로 마치 수컷 가시고기가 암컷 가시고기의 산란한 알을 지키듯, 자식을 위해 목숨을 초개같이 버리는 삶을 살다가 가셨다.

부정모혈(父精母血)로 태어나서 부모님의 자정을 듬뿍 받으며 자란 내가 생업 따라 타관객지에서 처자권솔을 건사하다 보니, 부모님 은혜에 만분에 일도 효도 한 번 제대로 못 하고 천국으로 떠나보내니 가슴이 아려온다. '부모에 불효한 자식은 부모가 죽은 뒤에 뉘우친다(父母不孝事後懷)'는 고사가 꼭 나를 두고 하는 명언 같아 산소에 성묘를 갈 때마다 고개를 들 수가 없다. 올해도 새해 아침에 떡국 상을 받으면서 유년 시절 그해 겨울에 아버님이 사주신 떡국을 회상하니 목이 메 떡국이 목구멍에 잘 넘어가질 않는다.

*부싯돌(燧石) : 석영 돌멩이로 부딪쳐서(마찰) 불을 일으키는 데 사용하는 돌.

급변하는 제례풍속(祭禮風俗)

우리나라는 지정학적으로 대륙과 인접하여 일찍이 중국에서 받아들인 예절문화가 관습화되어 사회적인 생활의 질서 규범으로 전해져 왔다. 나라를 통치하는 것은 법령이라는 강제력에 의하여 다스려지지만, 일반 백성들의 사생활은 예를 중심에 두고 공경과 양보, 절제와 격식으로 사욕을 버리고 예의법도를 따르는 본래의 마음으로 돌아가는 것(克己復禮)이 사람들의 도리라 생각하고 지켜왔다.

"예가 아니면 보지도 말고 듣지도 말고 말하지도 말고 행동하지도 말라."는 예절규범 속에서 일생을 마감하고, 후손들이 사후에도 사당을 지어 망자의 신주를 모시고 조상을 공경하고 효를 다하며 살아온 민족이다.

가례 예절은 송나라 주자가 저술한 <주자가례(朱子家禮)> 예학서적이 우리나라에 전래되어 조선 500여 년간에는 전성기였다.

그때는 학파별, 지역별, 문중별로 수십 종류의 예학서적이 편찬되고 저자마다 조금씩은 달랐으나 대동소이했다. 조선 시대 현종 때에는 효종의 상(喪)에 효종의 양어머니이자 인조의 둘째 왕비인 자의대비(慈懿大妃)가 입을 복제를 두고 서인의 1년 설과 남인의 3년 설의 다툼이 예송사건(禮訟事件)으로 비화되어 서인세력이 몰락할 정도로 예학을 중요시했다.

사대 예절 중 제례에 치중하여 약술해본다.

첫째, 사당제(祠堂祭) : 사당제는 집안 동쪽에 사당을 짓고 조상의 위패를 모시고 집안 대소사를 고유하는 제례로 다섯 가지가 있다. 신알례(晨謁禮) : 제주가 매일 새벽에 세수 단장 후 참배하는 의식, 출입례(出入禮) : 먼 길, 바깥출입 시 고유하는 의식, 참례(參禮) : 정조 초하루 보름 동지에 시식을 올리는 제사, 천신례(薦新禮) : 청명 한식 단오 중양절에 올리는 제사, 고사례(告祀禮) : 집안에 큰일이 있을 때 알리는 제사로 구분한다. 둘째, 시사제(時四祭) : 2월, 5월, 8월, 11월 丁日. 亥日 새벽에 지내는 제사이다. 셋째, 기일제(忌日祭) : 4대조까지 기일에 지내는 제사. 넷째, 묘제(墓祭) : 조상 묘소에서 청명 한식 단오 중양에 묘소에서 지내는 제사. 다섯째, 차례 : 예서에는 없는 제례이나 사당제와 절충 례로 설 한식 단오 추석 중양 동지 납일(연말)에 지내는 제사이다. 여섯째, 불천위(不遷位) : 4대 봉사가 넘어도 매혼(埋魂)하지 않고 나라에 허락을 받아 사당에 영구히 모시는 제사. 유림단체에서 추대를 받아 지내는 사불천위(私不遷位)가 있다.

'효는 백행지본(百行之本)'이라 해서 효의 실행이 곧 예를 실행하는 근본으로 여기고 사후에도 이어졌다. 가세 빈약한 소문중의 종갓집이나 여염집에서는 끼니를 굶주리면서도 봉제사에 극진하다 보니 "없는 집에 제사 다가오는 듯하다."라는 속담이 생길 정도로 제례 비용 지출이 가정 경제에 미치는 영향이 심대했다.

봉제사는 형식과 비용 일손도 중요하지만 봉사자의 마음가짐을 더욱 중요하게 여겼다. 제사라는 것은 부부가 직접 지내야 하고, 부부가 합심하여 제물이 두루 갖춰지면 완성됐다 할 수 있다(예기. 제통).

제사를 모시는 집안에서 가족이 심신을 깨끗이 하고 집안에 청결을 유지하고 부정한 일을 멀리하고 조심하는 것을 재계(齋戒)라 한다. 재계는 산재(散齋)와 치재(致齋)로 구분하는데, 산재는 제사 10일 전부터 7일간 몸가짐과 행동을 삼가고 술과 고기, 가무와 상문을 자제한다. 치재는 입제 전일부터 파제 일까지 3일간을 마음을 가라앉히고 탐욕을 금하고 부부간 각방을 사용한다.

재계 기간에는 부모가 거처하던 모습을 생각하며 말씀과 뜻을 생각하며 좋아하던 것을 생각한다. 공경한 마음으로 정성을 다하면 재계한 지 3일이 지나면 모시는 대상(부모)을 보게 된다. 제삿날 사당에 들어가면 신위에서 희미하게 부모의 모습이 보일 것이다. 사당 문을 나오거나 제례행사를 할 때는 숙연히 움직이며 소리가 들릴 것이다. 극진애모하면 신령이 존재하고 공경하면 모습이 나타난다.(예기. 제의)

군자와 효자는 아무리 빈한해도 제기(祭器)는 팔지 않으며 추위에 떨어도 제복(祭服)을 입지 않으며 조상의 무덤가에 심은 나무(도래솔)를 베어 팔거나 집을 짓지 않는다.

이렇게 형식과 절차 시간과 비용이 소요되는 제례규범도 산업사회로 접어들자 1969년에 '가정의례준칙'이라는 관혼상제 법령이 제정 공포 시행되면서 대폭 간소화되어 제례의 봉사 대상과 횟수 규모 시간도 혁신적인 변화가 왔다. 제례는 기제와 차례제만 지내게 하되 기제는 2대 봉사로, 차례 제는 설 추석 절에 간소하게 지내게 하였고, 심야에 행사하던 기제사도 일몰 후에 행사가 가능토록 개정됐다. 그 후로 건전가정의례 준칙이 다시 개정되는 급변하는 시대에 이르렀다.

최근에는 가례예문에 구애되지 않고 부부간 사망 일자를 기준으로 단설(單設)*로 따로(두 번) 지내는 기제사를 합제(合祭)*하여 행사하는 집안, 고·증·조, 부모(4代) 기제사를 모두 합제하여 한 번 지내버리는 집안과 사찰에 제례를 위탁해 지내는 집안도 있다. 또 부모상례 경우에는 100일 탈상 규범을 3일 만에 탈상하는 사람, 장례 당일에 탈상해버리는 사람 등 구구각색이고 어느 것이 옳다 그르다고 할 수 없는 가가예문 시대이다.

그러나 혼례는 간소화 취지에 오히려 역행하는 듯하다. 아파트 구입비와 예식 임대료와 신혼여행비 피로연비 살림살이 구입비용 등이 가정의례준칙을 비웃을 정도로 고급화된 시대이다. 규범에 강제규제 조항이 없어서일까?

예나 지금이나 제사를 모시는 자손들은 마음가짐이 중요하다. 단 한 번을 지내더라도 나를 있게 한 조상을 공경한 마음으로, 정갈하고 형편에 맞게 정성 들여 제물을 장만하여 성의껏 받들어 봉사하는 것이 제주(祭主)의 도리요 자손들의 예의가 아닐까? 명절을 앞두고 잠시 생각해본다.

*단설(單設) : 기일 제사에 한 분의 신위(神位)만 모시고 제물도 한 분의 분량으로 진설하는 제수.

*합제(合祭) : 부부지간의 기제사나, 4代(고조, 증조, 부모) 봉사 기제사를 한데 묶어 한 번 지내는 제사.

선덕여왕의 예지능력(豫知能力)

선덕여왕은 성은 김 씨이고 휘(諱)는 덕만(德曼)이고 시호는 선덕여대왕(善德女大王)이다. 진평왕과 마야부인 사이 첫째 딸로 태어났는데, 진평왕이 후사가 없이 죽음을 맞이하자 화백회의에서 덕만 공주를 27대 신라의 새 여왕으로 추대해 왕위에 올랐다. 신라의 3대 여왕(선덕, 진덕, 진성) 중 최초의 여왕으로, 이는 중국의 유일한 여황제인 측천무후보다 50년이나 앞선 여왕이다.

재위 기간(632~647년)에 고구려, 백제의 집요한 침공으로 전쟁이 그칠 날이 없었고, 민심마저 내란 등으로 안정되지 못하고, 해안 지대에는 왜국의 약탈과 살인 등 범죄가 끊이지 않았으니, 한시도 편한 날이 없었던 시기였다.

여왕은 성품이 너그럽고 어질며 총명하고 후덕하여, 대내적으로는 전국에 관원을 보내어 내란 등 이반된 민심을 진휼(賑恤)케 하고, 조세를 면제해 주는 등 일연의 시책을 펼쳐 민심을 수습하였다. 대외적으로는 고구려 백제의 침공으로 나라의 존립이 위협받자, 당나라에 사신을 파견하여 나당동맹을 맺어 외교적 방위망을 구축하기도 하였다. 농업을 육성키 위해 첨성대를 축조하여 천문과 기상을 살폈고, 불교를 숭상하여 영묘사(靈廟寺), 황룡사구층목탑(黃龍寺九層木塔 : 높이 80m) 등을 건립하여 호국의 구심점을 삼았고, 주변의 구적(仇敵)을 견제하는 상징물로 삼았다. 구층탑이 축조되고 20년 만에 삼국 중 가장 국력이 쇠약한 신라는 외세의 도움으로 삼국을 통일하게 된다.

재위 16년 중 '선덕여왕 삼사지기(三事知幾)'라 해서 나라를 다스리는데, 세 가지의 일들이 일어날 것을 미리 알아내어 국사에 대처하는 예지능력(豫知能力)을 발휘한 것으로 유명하다.

첫째, 당나라 태종 황제가 3색(청 · 홍 · 백)의 물감으로 그린 모란꽃 그림과 그 씨앗을 3되 보내왔는데, 여왕이 그림의 꽃을 보고 "이 꽃은 반드시 향기가 없을 것이다."라고 말하였다. 종자를 뜰에 심고 그 꽃이 피었다가 떨어지기를 기다려보니, 과연 여왕의 말과 같았다.

둘째는, 영묘사 옥문지(玉門池)에 겨울철인데도 많은 개구리가 모여들어 3~4일간 울어댔다. 백성들이 괴이하게 여기고 왕에게 물었더니 왕이 급히 각간(角干 : 1등급 벼슬) 알천(閼川), 필탄(弼呑) 등에게 명하여 정예병 2,000명을 거느리고 속히 서교(西郊 : 경주의 서쪽 건천 지역)에 가서 여근곡(女根谷)을 물으면 적병이 반드시 있을 것이니 덮쳐 죽여라 하였다. 두 각간은 군사를 1,000명씩 분산하여 서교를 물어서 가니 부산 아래 여근곡이 있었고, 백제군사 500명이 숨어 있는 것을 모두 죽였다. 백제 장군 우소(于召)가 바위틈에 숨어있는 것을 포위하여 쏘아죽이고, 후원병 1,300명이 오는 것을 한 명도 남김없이 죽였다.

셋째는 여왕이 무양(無恙 : 건강함)할 때 군신들에게 말하기를 "짐이 어느 해 어느 달 어느 일에 죽을 것이니, 나를 도리천(忉利天) 가운데 장사 지내라." 하였다. 군신들이 도리천이 어딘지를 아뢰니, 왕은 "낭산(狼山) 아래 남쪽이다." 하였다. 왕이 예언대로 그달 그날이 오자 왕이 죽으니 군신들이 낭산 남쪽에 장사지냈다. 그 후 10년이 지나 문무대왕이 여왕의 무덤 아래 사천왕사(四天王寺)를 창건하였다. 불경에 말하기를 "사천왕천(四天王天) 위에 도리천*이 있다."고 하였으니 이에 여왕께서는 예지능력이 뛰어나고, 영성(靈聖)하심을 알게 되었다.

그 당시 군신들이 왕에게 아뢰기를 "어떻게 모란꽃과 개구리의 일을 아셨습니까?" 하니 왕이 말하기를 "꽃그림에 나비가 없어서 향기가 없음을 알았는데, 이는 당나라 황제가 배필이 없는 나를 두고 놀린 것이다. 개구리는 두 눈이 튀어나와 성낸 모양 같아 군사의 형상이요, 옥문이란 여인의 음부(陰部)이고 여자는 음이니 색깔이 백색이다. 백색의 방위는 서쪽 방향을 의미하니, 서쪽에 적이 있음을 알았다. 또 남근이 여근에 들어가면 반드시 죽기 때문에 쉽게 잡을 수 있을 것을 안 것이다."라고 하니 모든 군신들이 왕이 사상(事象)을 꿰뚫어보는 예리한 통찰력으로 앞날을 예견하는 성지(聖智)에 감탄하였다.

당 태종도 3색의 꽃을 보낸 것은 신라에는 3명의 여왕(선덕, 진덕, 진성)이 있을 것을 예견하고 보낸 것이니, 당 황제도 선견지명이 있는 것이고, 여왕이 영묘사 절을 세우고 옥문지 못을 만든 것도 후일에 백제 침공을 예측하여 대비한 선견지명이 있는 것이니, 두 나라 황제와 여왕 모두가 비범성이 있는 예지능력에 놀랍기만 하다.

우리나라 현대사에도 앞을 내다보는 지도자가 혜성처럼 나타나 야당 지도자들이 결사반대하는 고속도로를 닦고, 국가산업단지를 조성하여 소득을 증대하였으며, 녹색혁명으로 쌀 삼천만 석을 생산하여 오천년 시달린 보릿고개를 타파하여 세계 10대 경제대국 초석을 마련한 지도자가 있었다.

일국의 지도자는 범부(凡夫)와는 달리 당리당략에 연연치 말고 비범성을 갖추고, 국가 장래에 대하여 사상(事相)을 바라보는 깊은 통찰력과 예지능력을 발휘하여 선정을 베푼다면, 백성들에게 영세불망(永世不忘)의 추앙받는 지도자로 기억될 것이다.

* 도리천(忉利天) : 불교의 우주관에 서보는 천(天)의 하나로 세계의 중심이 되는 곳에 수미산(須彌山)이 있고, 수미산 꼭대기에 도리천이 있다고 한다. 모양은 사각형을 이루고, 네 모서리에는 각 봉우리가 있는데, 중앙에는 선견천(善見天)이라는 궁전이 있다. 선견천 안에는 제석천(帝釋天) 신이 머무르면서 사방에 32성(城)의 신을 지배한다. 사방 32성과 중앙 선견천을 합하여 33천(天)을 합하여 도리천이라 한다.

비운의 왕 단종(端宗)

단종(李弘暐)은 1441년 경복궁에서 아버지 문종과 어머니 현덕왕후 사이에 외아들로 태어났다. 태어난 지 3일 만에 어머니는 산후병으로 죽게 되니, 서조모 혜빈 양씨(세종의 후궁)의 젖동냥으로 자라게 된다. 할아버지(세종)도 1,450년에 붕어(崩御 : 임금의 죽음)하고, 아버지마저 병약하여 임종 직전에 김종서, 황보인 등 충신들에게 세자의 장래를 부탁하는 고명(顧命 : 임금의 유언)을 남기고 붕어한다.

단종은 12세 어린 나이에 조선 6대 왕으로 보위에 오른다. 왕실의 관습상 20세 미만 왕이 등극하면 후궁 또는 대비가 수렴청정(垂簾聽政)하는 것이 관례인데, 주위에 보필할 사람이 하나 없는 사고무친(四顧無親)의 외로운 왕이 돼버렸다.

세종은 생전에 영특한 단종을 무척 총애했다고 한다. 일찍이(8세) 세손으로 책봉하고, 집현전 소장학사 성삼문, 박팽년 등을 은

밀히 불러 세자의 장래를 부탁했다. 어린 단종주 위에 야심이 크고 호기심 많은 수양대군(후일 세조) 등 17명의 숙부들이 왕권에 관심을 두니 염려가 됐을 것이다.

보위에 오른 단종은 정사를 의정부와 육조에 의지했다. 백관을 발탁하는 인사도 황표정사(黃標政事)라 하여 대신들이 먼저 채용 대상자 이름 위에 누런 점을 표시한 곳에 왕이 따라서 결재하는 요식행위였다. 하늘에는 두 개의 태양이 있을 수 없고, 백성은 두 사람의 임금을 섬길 수 없음(天無二日 民無二王)에도, 왕권이 양분되는 조짐이 보였다.

세종과 문종이 생전에 그렇게 염려하던 계유정란(1453년 10월)이 터졌다. 주동이 된 수양은 동복형제이자 정적인 안평대군을 유배 후 사사(賜死)하고, 김종서와 황보인 등 대신을 참살한 후 스스로 영의정에 오르고 요직에 심복을 배치하여 왕권을 장악한다. 1454년 1월에는 송현수의 딸(정순왕후)을 단종의 왕비로 맞이한다.

실권을 장악한 수양은 이듬해(1455년 6월) 왕의 측근인 금성대군을 경상도 순흥으로 유배시키고 종친과 신하 궁인들도 유배를 보낸다. 신변의 위협을 느낀 단종은 왕위를 내놓고 상왕으로 물러나니, 재위 간은 3년 2개월이었다.

억울하게 단종이 퇴위되자 집현전 학사 성삼문 박팽년 등 사·생육신 등이 단종복위 거사(1456년 6월)를 도모했으나, 발각되어 관련자들이 집단 처형되거나 유배를 갔다. 또 유배된 금성대군과 순흥 부사 이보험 등의 복위 거사(1457년 9월)가 발각되니 단종은 서인(庶人)으로 강봉되고, 한 달 뒤 10월 24일에 17세 꽃다운 나이에 형장의 이슬로 사사되는 비운의 왕이 되었다. 왕비(정순왕후)는 관노로 강봉되어 평생 단종을 그리다 후사 없이 82세에 타계했다.

단종의 죽음에는 여러 설이 분분하다. 사약을 전하기 전에 스스로 자진하였다는 실록의 설과 금부도사 왕방연이 관풍헌(觀風軒) 뜰 앞에서 형 집행을 머뭇거리자, 단종의 공생(관아 잡부)이 방 안에서 시위 활줄로 단종 목을 매어 돌아앉게 한 후 노끈을 연결하여 창밖에서 당겨 교살했다는 야사의 설도 있다.

금부도사 왕방연이 사형을 집행하고 한양으로 돌아갈 때 청령포구에 앉아서 단종을 그리는 애절히 읊은 시조 한 수가 지금도 포구에 남아있다.

천만 리 머나먼 길에 고운 님 여의옵고
이 마음 둘 데 없어 냇가에 앉았으니
저 물도 내 안 같아야 울어 밤길 예놋다

단종의 시신 수습을 엄금하는 어명이 내려졌는데도, 엄흥도 호장은(1457년) 옳은 일을 하다가 죽더라도 여한이 없다는 비장한 결심을 하고 단종 시신을 수습하여 지게에 지고 엄 씨 가문 선산인 동을지산에 오른다. 사방 백설이 가득한데, 사슴 한 마리가 앉아 있는 자리(단종 능)는 눈이 녹아있어, 그곳에 하관하여 분봉 없이 평장으로 매장하고, 후한이 두려워 강릉으로 피신했다고 한다.

왕이 되기 위해 안평대군 등 5명의 동복형제를 처형하고, 어린 조카 단종을 사사시키고 생·사육신과 수많은 종친과 조정 문무 대신을 살해 또는 유배를 보내는 것도 모자라, 맏형수(현덕왕후)의 무덤과 대신들의 무덤을 파헤쳐 부관참시(剖棺斬屍)를 즐기는 인면수심의 세조, 그는 과연 등극 후 태평성대를 보냈을까?

어느 날 밤 야삼경 꿈속에서 현덕왕후(단종 생모)가 나타나 세조에게 하는 말이 "네가 내 자식(단종)을 잡아갔으니, 나도 네 자식을 잡아간다."라고 한 후 분기탱천하여 세조의 얼굴에 침을 세 번 뱉고 가버렸다. 잠에서 깬 세조는 불안해하던 그 순간에 동궁(장남 의경세자 20세)이 갑자기 위독하다는 급보를 받고, 세조가 갔을 때는 동궁은 벌써 낙명했다. 둘째 아들 예종도 등극 후 1년 2개월 만에 또 20세에 요절한다. 세조의 책사 한명회도 권력에 편승하여 2명의 딸을 예종과 성종의 왕비로 보내 부귀공명을 바랐으나, 모두 17세만 되면 죽게 된다. "한 여인이 원한을 품고 독기 서린 말을 내뱉는 말은 오뉴월에 내리는 서릿발보다 더 무섭다(一婦含怨 五月飛霜)."라는 고사를 생각하게 한다. 그 후부터 세조는 얼굴과 전신에 부스럼과 종기가 돋아나 오랜 고생을 했다고 한다. <잡아함경(雜阿含經)>에 "자신이 저지른 일에 대한 대가는 반드시 되돌려 받는다."라고 했으니 이 또한 인과응보일까?

이렇게 조선 왕조사는 골육상쟁과 내부 분열로 점철된 역사이다. 왕실에서는 혈족 간에 왕권싸움에서(왕자의 난, 계유정난) 패배한 혈족은 멸문지화로 소멸되고, 나라는 분당 편당으로 분열되어 권력과 이권 싸움으로 국력이 약화되니 외부 침략을 받아(임진왜란, 병자호란, 한일합방) 국권이 상실됐다.

독일의 철혈제상 비스마르크는 "한 나라의 국력은 내부분열로 약화될 때 반드시 외부로부터 침략을 받게 된다."라는 명언을 남겼다. 우리는 역사 감각을 잃어버린 국민이 되지 말고 이 명언을 타산지석으로 삼아 불행한 역사를 반복하지 말아야 할 것이다.

상사병

남녀 간 마음속에 둔 사람을 몹시 그리워한 나머지 생기는 마음의 병을 상사병이라고 한다. 그 유래를 찾아보면 춘추전국 시대 때 송나라 강왕(康王)은 한빙(韓憑)의 처인 하씨 부인이 절세미인임을 알고, 권력을 앞세워 부인을 빼앗아 애첩을 삼고 남편은 변방으로 쫓아내 낮에는 도둑을 지키고 밤에는 성곽을 쌓는 형벌을 내렸다.

한빙은 사랑하는 아내를 잃어버리자 자살을 하고 말았다. 그러자 강왕에게 끌려간 하씨 부인도 남편의 자살 소문을 듣고, 어느 날 절벽 위에 누대에 올라 자연풍광을 즐길 때 절벽 아래로 몸을 던져 자살을 하고 말았다.

추락사한 하씨 부인의 치마끈에서 나온 "본남편과 같이 합장해 달라"는 유서를 본 강왕은 화가 나서 서로가 마주 보게 묻었다. 그날 밤부터 두 무덤 끝에 개오동나무가 한 그루씩 나더니 열흘이 안 되어 거목으로 자라 몸체가 서로를 향해 구부러져 두 나뭇가지가 하나 되게 붙고, 뿌리도 서로 맞닿아 한 뿌리가 되어 버리니, 후세 사람들은 한데 붙은 나뭇가지를 연리지(連理枝)라 하고, 한데 붙은 뿌리를 연리목이라 하여 남녀 간의 지극한 애정을 비유할 때 쓰는 말이 되었다.

백거이가 지은 장한가(長恨歌)라는 악부의 시 중에 현종이 양귀비에 빠지는 대목 중 '비익조(比翼鳥)'라는 용어가 나온다.

> 칠월칠석 장생전 앞 깊은 밤중에/ 남몰래 임금님은 속삭였지요/ 하늘에서는 비익조가 되어 지이다/ 지상에서는 연리지가 되어 지이다/ 장구한 천지는 다할 날 있겠지마는/ 이루지 못한 사랑의 한 그칠 날 없으리라(「장한가」 발췌)

비익조 새는 암컷, 수컷 각각 하나의 날개와 외눈박이라서, 혼자서는 날지 못하여 암수가 합칠 때 비로소 하늘을 날 수 있는 상상의 새로 금실 좋은 부부지간을 비유하기도 한다.

세계사에서 상사병에 빠진 제왕들은 동서양을 막론하고 국정을 소홀히 하다 미색 때문에 나라가 기울고(傾國之色) 당사자들도 자결을 하거나 피살되는 비극의 역사가 허다하다.

당나라 현종은 절세미인 양귀비와 사랑에 빠져 국정이 소홀해지니 안녹산이 반란을 일으켜 제왕은 감금되고, 양귀비는 자결한다. 로마제국의 최고의 행정관인 카이사르(시저)는 이집트 여왕 클레오파트라와 사랑에 빠져 제국은 쇠락해갔고, 여왕은 독사에게 물려 죽게 되며, 카이사르는 정적에 피살되어 생을 마감했다.

천년왕국 신라의 경애왕도 국정을 소홀히 하고 미색을 즐기다가 포석정에서 적장 견훤에게 피살되고, 천년사직이 무너졌으니, 상사병이란 제왕과 한 나라를 멸망케 하는 병 가운데에서도 가장 무서운 병인 듯하다.

요즘 우리나라에도 '미 투(me too)'라는 원치 않는 상사병 바람이 불어와 정계, 법조계, 관계, 문화 예술계 등 온 나라가 사랑병 몸살을 앓고 있다. '미 투'의 당사자는 자살과 소송, 직위를 도중하차하는 비극을 초래했고, 사회적으로는 불신과 갈등을 가져오게 했다.

불교에서는 상사병도 근원은 욕망이나 분노(貪嗔痴)로부터 벗어나지 못하고, 마음속에 둔 사람을 몹시 그리워하는 시달림이나 괴로운 상태로 빠져드는 번뇌 때문이라고 한다. 범부들도 상사병의 굴레에서 벗어나려면 사랑이라는 집착의 끈을 과감히 끊어버리고 마음이 자유로울 때 비로소 벗어났다(解脫)고 할 것이다.

이신일체(二身一體)와 일심동체(一心同體)로 희생적인 사랑과 심오한 신뢰로 맺어진 숭고한 부부간의 사랑을 벗어나, 남녀 간의 일방적인 사랑과 바르지 못한 욕정으로, 사회적인 상규(常規)를 넘어선 상사병은 크게는 나라를 기울게 하고, 사회를 병들게 하며, 적게는 한 가정을 패가망신케 하는 무서운 비수가 되어, 상호 간에 되돌아오는 종말이 대다수이니 조심하고 깊이 경계해야 할 문제인 것 같다.

제 6 부

경주 남산 탐방기

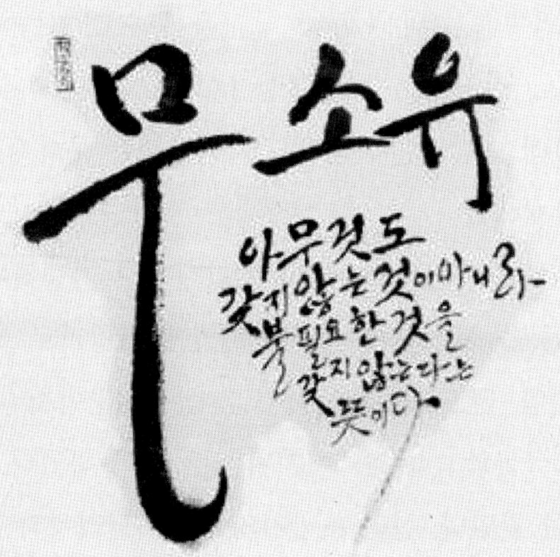

경주 남산 탐방기

옛 직장 단체에서 경주 남산 문화유적 탐방에 동참을 했다. 이곳은 유네스코 세계문화유산에 등록된 귀중한 문화재들이 산록에 즐비하여 노천박물관이라는 별칭을 갖고 있다.

남산은 경주의 남쪽에 위치한 산으로 서남쪽에는 금오봉(金鰲峰, 468m)과 정남쪽에 고위봉(高位峰, 494m)을 축으로 기슭에 왕릉 13기, 산성 4개소, 절터 150개소, 불상 130구, 석탑 100여 개소, 석등 22기, 연화대 19점 등 약 700여 점에 달하는 문화재들이 계곡과 능선에 산재해있다.

이렇게 많은 유적을 하루에 모두 답사가 불가능하여 오늘은 가보지 않은 곳을 선정하여 일정에 알맞게 탐방키로 했다. 코스는 삼릉, 약선암, 금오봉 정상, 약수골, 월성대군단소(月城大君壇所) 순서로 하고 골굴암(骨窟庵)을 마지막 답사토록 하였다.

먼저 삼릉을 찾았다. 신라 초창기의 8대 아달라왕과 말엽 53대신덕왕, 54대 경명왕 삼릉을 차례로 참배하고, 왕들의 업적을 살펴보고 다시 등반을 하는데, 목이 없는 석조여래좌상 2기가 슬픈 듯 반석 위에 앉아있었다. 일반 불상과는 다른 몸에 두른 법의가 마치 도포 자락에 손을 넣어 팔짱을 낀 듯한 석불이 있었는데 당시의 복식을 연구할 수 있는 불상이란다.

그 밖에도 금오봉 탐방로 주변에는 크고 작은 마애불들이 긴 세월 동안 지수화풍에 부식 마모되고 머리와 수족이 유실되어 형체조차 알아볼 수 없을 정도로 훼손되어 있어 인고의 천년 세월의 흔적을 느낄 수 있었다.

쉬엄쉬엄 두 시간이 다 되어 금오봉 정상에 올랐다. 표지석에 각인된 봉우리 이름이 특이하다. 우리말로 번역하면 금자라 봉우리인데, 어째서 금오봉이라 할까? 해설사도 없는데, 문득 '금오신화(金鰲新話)'를 본 기억이 떠오른다. 생육신 김시습이 남산 기슭 용장사 사찰에서 기거하면서 저술한 한국 최초의 한문소설이 '금오신화'다.

신화의 일부인 '용궁부연록(龍宮赴宴錄)' 대목을 보면 시문에 능한 한생(韓生)이 용왕이 보낸 사자를 따라 용궁에 들어간다. 청의 동자의 길 안내를 받아 수정궁에 도착했다. 용왕이 시집가는 딸의 화촉동방 신방을 꾸밀 새집인 가회각(佳會閣) 건물의 상량문(上樑文)을 요청하자, 한생이 수락하고 상량문을 지어 올렸다. 용왕이 사례로 선남선녀 수십 명을 동원하여 춤과 노래를 부르고, 악사들이 풍악을 울리며, 나인들을 시켜 산해진미로 음식을 차려

연회를 베풀었다. 한생이 대접을 받고 경주로 돌아오는데, 용왕이 명주(明珠) 2알과 빙초 두 필과 진주 보물을 하사하여, 가져온 재물로 행복하게 잘 살았다는 신화 내용으로 보아, 금오신화와 금오봉과 연관 관계가 있지 않을까 추정해본다.

정상에서 하산할 때는 약수골로 내려와 월성박씨 시조인 월성대군 단소를 경유, 마지막으로 골굴암을 찾았다.

골굴암은 1,500년 전 인도에서 온 광유라는 스님이 함월산에 정착 후 기림사와 함께 창건한 암자로서, 인도에 석굴사원이 많은 것을 본떠서 이곳 석회암지대에 12개의 천연석굴 암자를 조성했다고 한다. 지금은 한국의 선무도(禪武道)의 중심 사찰로 연간 템플스테이 방문객 3만여 명 중 30%가 외국인 수련생이란다. 수련생들의 무술 동작과 복식이 중국의 소림사 무술(쿵후)과 흡사함을 느꼈다.

골굴사는 원효대사와 관련 있는 암자라고도 한다. 원효는 신라 최고의 고승이요 요석공주와 아름다운 로맨스의 연문을 후세에 남긴 파계승이다. 이승의 최후를 혈사(穴寺)에서 임종했다는 기록(<삼국유사>)과 화장한 골분으로 아들인 설총이 실물 크기의 조상을 만들었다는 기록(기림사 사적기)으로 봐서 골굴암과 인연이 있는 듯하다.

골굴암 뒷산 낭떠러지 벽면에 4m 높이의 마애여래좌상(磨崖如來坐像 : 보물581호 지정)이 조각되어 동해의 대왕암을 굽어보고 있다. 통견(通肩 : 어깨를 덮은 옷) 속에 두두룩한 가슴의 곡선미와 법의를 두른 어깨에서 무릎으로 흘러내리는 섬세한 실선에서 여래불의 높은 예술성을 느껴본다.

마애불의 정수리에 볼록 튀어나온 육계(肉髻 : 상투)와 얼굴에는 천리안을 가진 두 눈, 미간 사이에 반짝이는 백호공(白毫孔 : 미간 사이 박힌 寶珠)에서, 만물을 꿰뚫어 볼 수 있는 지혜와 자비 광명을 상징하는 모습이 해넘이 석양빛에 반사되어 마치 살아 움직이는 듯하여 나를 황홀경에 빠져들게 했다.

이렇듯 경주의 산하는 불국토의 천년 고도답게 불교문화 유산들이 가는 곳마다 시가지 전역을 차고 넘친다.

문화유적 탐방은 단순히 옛것을 관람하는 데 만족해서는 안 될 듯하다. 한 시대의 사람들이 남기고 간 훌륭한 문화유산을 통하여 그 시대의 생활상과 종교, 사상, 문화와 예술을 알 수 있고, 그것을 통하여 오늘의 새로운 것을 발견하고 미래를 창조하니, 헤아릴 수 없는 큰 자산이다. 과거는 현재와 항상 연결된 것임을 알아야 한다. 어제가 없는 오늘이 있을 수 없고, 오늘이 없는 내일이 있을 수 없다.

선조들이 남긴 문화유산을 소중하게 보존하여 후세 사람들에게 물려줌으로써, 그것을 통하여 현실을 판단케 하고, 다가오는 미래를 창조하는 지식이 되고, 지식이 스승 역할을 하게 된다. "옛것을 익혀 새것을 알면 아는 것이 스승이 될 수 있다(溫故而知新 可以爲師矣)."라는 명언을 잠시라도 생각해보는 하루였다.

무릉도원의 하루

봄은 자연의 법칙에 순응하여 또다시 천자만홍 꽃을 피우고 있다. 따뜻한 봄날 도심지를 걷다 꽃향기를 맡으면 가던 길을 멈추게 된다. “무슨 꽃향기가 이렇게 기분을 상쾌하게 할까?” 하고 두리번거리다 보면 담장 위로 뻗은 라일락이 작은 꽃술에서 천연의 향기를 뿜어내며 행인들의 발걸음을 멈추게 한다.

값비싼 수입 향수가 여성들의 옷깃에서 풍겨 나와 후각을 자극하는 향료도 잠시일 뿐, 천연으로 발산하는 봄의 꽃향기와는 비교가 되지 않는다. 겨울 내내 새봄을 맞이하기 위해 모질게도 북풍한설을 견디면서 제 몸을 추스르고 땅속 깊이 자양분을 받아들여 새봄과 함께 꽃향기를 발산하는 야생의 꽃향기는 불어오는 춘풍을 타고 지속적으로 향기를 발산하니, 가공한 향수와는 비교가 안 될 정도로 황홀하다.

봄의 전령사인 매화는 지난겨울 20여 일간 계속되는 혹한에 나무 그루터기에 껍질이 터져 속살이 드러나도 죽지 않고 새봄이 되니 가지에는 꽃을 피워 그 향기가 나의 코끝을 매료시킨다. "일평생 추위에 살아도 향기를 팔지 않는다(梅一生 寒不買香)."는 옛 시인들의 매화예찬 시구가 나를 다시금 경탄케 한다. 시인묵객들은 모란을 화중왕(花中王)으로, 해당화를 화중신선(花中神仙)으로, 연꽃을 화중군자(花中君子)로 보고 풍류를 즐겼다고 한다. 찔레꽃, 아카시아, 송화는 그윽한 향기가 오래도록 향기를 발산하는가 하면 눈이 부실 정도로 현란한 장미와 모란은 아름답지만 그다지 향기가 없고, 향기 있는 꽃은 잎이 아름답지 않으니, 조물주가 천지창조 시 조화를 이루게 함이 경이로울 뿐이다.

도연명의 도화원기(桃花源記)에 보면 이런 이야기가 있다. 동진시대 무릉(지금의 호남성 무릉현)에 사는 한 어부가 강을 거슬러 올라가던 중, 복사꽃이 피어있는 숲으로 잘못 들어갔는데, 숲의 끝에 이르니 동굴이 있었다. 동굴을 지나니 그곳에는 평화롭고 아름다운 별천지가 있었다. 그곳에 살고 있던 사람들이 진시황시대 때 전란을 피해 이곳에 숨어들어 수백 년 동안 평화롭고 안락하게 살고 있다고 하며, 어부에게 융숭한 환대를 했다 한다. 어부는 다시 환속하게 되는데, 무릉도원의 사람들은 떠나는 어부에게 이곳을 세상에 알리지 말라고 했다. 어부는 세속으로 돌아와 그 사실을 관청현감에게 보고하여 다시 찾아갔으나, 찾지 못했다는 내용이다.

내가 사는 대구에도 팔공산 자락에 무릉도원 같은 곳이 있다.

이곳이 바로 봉무동(鳳舞洞)이다. 봉황이 춤을 추며 노닐다가 오동나무숲이 있는 동화사로 날아갔다 하여 봉무동 지명을 붙였다고 한다. 나는 해마다 이른 봄과 늦은 봄 두 차례 이곳을 찾아서 산책을 떠난다. 고려 태조 왕건과 후백제 견훤이 혈전을 벌인 공산전투 격전지가 바로 옆 지묘동이고, 동쪽으로 인접하여 달구벌 부족국가 시대 때 부족장의 고분(사적 262호) 200여 기가 있는 불로동이 있다. 봉무동 산자락 밑 단산호수(丹山湖水)에서 선유객들이 부르는 뱃노래 소리가 귀를 즐겁게 한다. 해 질 무렵 호수 동쪽 언덕에서 서쪽을 바라보면 복사꽃, 산벚꽃, 두견화 꽃그림자가 호수에 투영되어 낙조와 함께 아롱지는 연파(漣波)가 어우러져 무릉도원을 방불케 한다.

별유천지비인간(別有天地非人間)의 선경 속에서 꽃향기 넘치는 하루는 혼탁한 세속에서 몇 달을 사는 것보다 더 마음이 젊어져서 자신이 속세의 범부임을 잊게 한다.

속세는 너무나 힘이 드는 세상이다. 실직자가 급증하고 이혼과 자살이 지구상 최고라는 불명예스런 기록을 떼어내지 못하고 있다. 생산이 저하되고 수출과 증시가 급락하는데, 설상가상 주변 경제 강대국들이 주요 핵심물자 수입을 규제하여 또다시 경제 환란이 오지 않을까 온 나라가 시끌벅적하다.

절망 속에 해매는 인간 세상에 무릉도원 같은 선인들의 삶을 기원해본다. 구린내 나는 세파에는 꽃향기를 넘치게 하고, 근심 깊은 얼굴엔 미소 짓는 얼굴로, 실직자의 손에는 꿀벌 같은 근면 한 일터를, 우울한 가슴속엔 호수와 같은 넓은 여유를 갖게 하는 세상으로 변하기를 바라는 나의 마음은 지나친 환상일까?

무릉도원 속에서 관화(觀花) 구경을 하고 환속하는 길섶에 갑자기 울어대는 뻐꾹새 소리가 나의 단꿈을 깨어나게 한다. 꽃향기 가득한 봄날에 이곳에 오게 되면 하루만이라도 탐욕에서 오는 번뇌를 잊어버리고 물아일체가 되어 신선이 된 듯하니 이곳이 나의 무릉도원인가 보다.

지증왕(智證王)의 개혁정치

신라 22대 지증마립간(智證麻立干 : 지증왕)이 즉위하니 성은 김씨이고 휘는 지대로(智大路)이다. 아버지는 갈문왕* 습보(習寶)이며 어머니는 조생(鳥生)이니 눌지왕의 딸이다.

왕은 체격이 크고 담력이 월등하였는데, 전왕(소지왕)이 돌아가고 아들이 없었기 때문에 왕위를 계승하였는데, 그때 나이가 64세였다. 기골이 장대하여 그 풍채가 한눈에 봐서도 보통사람과 다르게 비범하게 보였다.

<삼국사기>에는 지증왕의 재위 기간 중에, 개혁과 혁신으로 잘못된 제도와 낡은 관습을 새롭게 고쳐나감으로써 나라 발전과 백성들의 생활을 크게 향상시킨 개혁적인 왕으로 전해오고 있다. 또 <삼국유사>에는 왕의 기골이 담대하고 심벌[陰莖]이 너무 커서 그에 걸맞은 왕비를 전국에 공개 모집했다는 해학적인 기담들이 나의 눈을 휘둥그레지게 한다.

신라제국의 초기에 왕은 왕이라 부르지 않고 토속 방언으로 거서간이라 칭하는 이가 1명, 차차웅이 1명, 이사금이 16명, 마립간이 4명인 것을 지증마립간이 시호 제도를 시행케 하여 법흥왕 때부터 왕으로 부르게 했다. 지증왕 3년, 3월 봄에는 순장제도라 하여 지금까지 왕이 죽으면 남녀 각 5명씩 산 사람을 왕의 무덤에 매장하던 관습을 폐지함으로써, 인명을 존귀하게 여겼다. 특히 우경법을 제정하여 전국에 시행 명령하니, 비로소 소를 이용하여 전답을 갈게 되어 농업발전에 획기적인 변화를 가져오게 했다. 지금까지 나라 이름을 사로, 사라, 신라로 부르던 것을 '신(新)'은 왕의 덕업을 일신(日新)하는 뜻이요, '라(羅)'는 "사방을 망라한다."는 뜻으로 신라(新羅)라는 국호를 제정 시행케 했다. 상복법을 제정하여 장례 시에 복식을 별도 착용하게 했고, 아슬라 주 군주 이사부(異斯夫)를 시켜 우산국(울릉도)을 함락하는데, 사람들이 사납고, 미련하여 쉬이 항복하지 않아 나무를 깎아 사자우상을 만들어 전선에 싣고, 해안가에 이르러 "항복하지 않으면 맹수를 놓아 밟아 죽도록 하겠다." 하니 두려워하여 항복을 받았다.

<삼국유사>에는 지증왕의 해학적인 기담이 있는데, 왕의 음경(陰莖 : 남성 심벌) 길이가 1자 5치(약 40센티미터)로 크고 길어서 보통 체격으로 생긴 여인으로는 왕비가 될 수 없었다. 왕위 즉위 3년 만에 사신을 3도(전국)에 보내어 왕비를 간택하는데, 사신들이 모량부(牟梁部 : 경주 서편 박곡 금척리 일대) 동로수(冬老樹) 아래에 이르렀을 때, 두 마리의 개가 베 짜는 북만 한 똥덩이 양쪽 끝을 물

고 싸우는 것을 보았다. 사신들이 똥 주인을 찾으려 한 소녀에게 물으니 "이 고장 상공(相公 : 참신한 선비)의 딸이 빨래를 하다가 숲속에서 숨어서 싼 것입니다."라고 했다. 상공의 딸 집을 찾아가 조사해보니 처녀는 키가 7자 5치(2m 25센티) 거인인지라, 그 사실을 왕에게 보고하였다. 왕이 수레를 보내어 궁중으로 맞아들이고 왕후를 삼으니 신하들이 모두 하례했다는 기록을 보아 그 시대 왕들의(진평왕도 심별 야사가 있다) 일반인과는 다른 비범성과 위엄성을 나타내기 위한 사료인 듯 추정해본다.

이처럼 지증왕은 뒤늦게 왕위에 올랐지만 오로지 나라와 백성을 위한 충직한 개혁을 추구하였다. 재위 기간 15년 동안 국가 전체의 체제를 정비하고, 순장제도를 과감히 폐지하여 귀천에 따라 생명의 존귀함을 구분하던 악습을 없애버렸다. 중국의 선진 제도를 받아들여 국호를 신라로 확정하였고, 왕의 칭호도 방언인 마립간, 거서간, 이사금, 차차웅 등을 왕으로 고치고, 통치체제를 중앙집권적인 귀족국가로 바꾸었다. 죽은 후에 왕의 시호를 최초로 사용하여 지증(智證)이라 부르게 했다. 특히 1,500년 전에 우경법은 농업혁명이라 할 정도로 경제발전의 획기적인 개혁이었다. 농업기계화가 이루어진 지 불과 40년밖에 안 됐으니 그 전까지 우경법이 계속되었다.

우리는 현대사에서 통치자의 정략적인 개혁으로 엄청난 환난을 경험한 국민이다. 개혁은 오직 국가와 국민을 위하여 전문성을 갖추고 깊은 통찰로 사심 없는 개혁이 되어야 할 것이다. 잘못된 경제개혁으로 경제가 뒷걸음질을 하거나, 전문성과 통찰력이 없는 안보와 외교정책으로 안보 위기와 국제관계가 고립무원으로 전락한다면, 오히려 개혁은 개악이 되어 후유증이 부메랑으로 돌아올 것이다. 전임정부가 시행한 정책을 무조건 폐기하거나 고치는 것이 개혁이 아니라, 잘못된 개혁은 원인과 대책을 면밀히 검토 후 점진적으로 고쳐나가고, 잘된 개혁은 더욱 발전시켜 나가는 것이 국가와 국민을 위한 개혁이 아닐까 생각해본다.

*갈문왕(葛文王) : 신라 시대 때 왕위에 오르지 못하고 죽은 왕족 및 왕의 근친에게 존호를 올리는 제도.

황룡사 9층탑

황룡사 절은 신라 24대 진흥왕 14년(553년)에 용궁 남쪽에 궁전을 지으려 하는데, 그 땅에서 황룡이 나왔으므로, 이에 궁궐을 사찰로 고쳐서 황룡사라고 하였다 한다. 그 후로 선덕여왕 대에 이르기까지(645년) 네 번의 왕이 바뀌고 중단된 공사가 93년 만에, 신라 3보(三寶) 중 두 가지 보물인 장육존상과 9층 목탑을 비롯한 금당과 삼존불상 대종을 주조하여 신라 최대의 호국 사찰로 위용을 갖추게 되었다고 한다. 특히 솔거가 그린 금당의 소나무 벽화는 실물로 착각하여 새 짐승이 날아들어 벽에 부딪쳐 떨어졌다는 전설이 있다.

9층 목탑이 완성되기까지는 숱한 난관과 역경을 거쳐서 완성을 하였고, 완공 후에도 천재와 외침으로 영구보존이 되지 못한 문화유산에 대하여 사료와 현장답사를 통하여 살펴본다.

27대 선덕여왕 5년에 자장법사가 중국에 유학을 가서 오대산에서 문수보살에 감화되어 불법을 전수받았다. 법사가 오대산 부근 태화지(太和池 : 강 이름)를 지나는데, 신인(神人 : 문수보살)이 나타나서 묻기를 "어찌하여 이곳에 왔으며, 나라에는 무슨 어려움이 있는가?" 하자 법사는 "보리(菩提 : 깨달음. 지혜)를 구하기 위하여 왔으며, 신라는 북으로는 말갈과 닿고 남으로는 왜인이 접하였으며, 고구려 백제가 교대로 국경을 침입하니 이것이 백성들의 고통입니다."라고 대답했다.

신인은 다시 말하기를 "너의 나라 왕이 여자이기 때문에 덕은 있으나 위용이 없어, 주변국이 도모하려는 것이다. 속히 돌아가서 황룡사 절 안에 9층탑을 완성하면 이웃나라 9한(韓)이 항복하고 조공을 바칠 것이며, 영원히 편안할 것이다."라고 했다.

자장법사가 당에서 귀국하여 황룡사에 9층 목탑을 세울 것을 선덕여왕에게 아뢰니, 여왕은 군신과 논의한 바 목탑축조 공장(工匠)*이 신라에는 없어 백제에 보물과 비단으로 청하여, 아비지(阿非知)라는 공장을 데려와서 재목과 돌을 다듬고, 이간(伊干) 용춘(龍春)이 소장(小匠) 200명을 거느리고 주관하였다.

공장 아비지가 처음 탑의 기둥을 세우던 날 밤 꿈에 백제도성이 불에 타고 멸망하는 꿈을 꾸었다. 아비지는 탑 공사에 손을 떼고 귀국하려는데, 갑자기 대지가 흔들리고 컴컴하더니 한 노승과 장사가 나타나 아비지가 세우던 탑의 기둥을 다시 세우고 난 뒤 금당(법당) 안으로 들어가 보이지 않았다. 이에 아비지 장인은 후회하고 탑을 다시 시작하여 완성하였다고 한다.

찰주기(刹柱記 : 탑 상량문)*에 9층 목탑의 규모는 철반(鐵盤)* 이상 높이가 42자, 이하는 183자로 도합 225자(80m, 68m 이설이 있음)로 요즘의 아파트 20층 높이니, 건축기술이 놀랍기만 하다. 자장법사는 오대산에서 받은 사리 100립(粒)*을 세 곳(탑 기둥 속, 양산 통도사 계단, 울주군 대화사)에 나누어 안치하여 지룡(地龍)의 청에 부응하니, 탑을 세운 후 23년 만에 삼한이 통일되고, 천지가 태평하였으니 어찌 탑의 영음(靈蔭)이 아니겠는가? 했다.

후일에 고구려왕이 말하기를 신라는 세 가지 보물이 있어 범할 수 없다 하였으니, 황룡사의 9층탑과 장육존상, 진평왕의 천사옥대(天賜玉帶)라 하였다.

9층 목탑은 신라제국의 주변 9개국을 진압할 수 있다는 의미로, 1층은 일본, 2층은 중화, 3층은 오월(吳越), 4층은 탁라(托羅 : 탐라), 5층은 응유(鷹遊 : 백제), 6층은 말갈(靺鞨), 7층은 단국(丹國 : 거란), 8층은 여적(女狄 : 여진), 9층은 예맥(穢貊)이라 하였다.

목탑이 완성된 후로 신라 효소왕과 경문왕 때 두 번의 벼락으로 중건을 하였고, 고려 시대 광종, 정종, 현종 때 세 번의 벼락으로 마지막 여섯 번째 중건을 하였다. 그러나 고려 고종 16년 겨울에 몽고의 침입(1238년)으로 9층탑과 사찰, 장육존상, 금당 등 모두가 병화로 소실돼 버렸다(사적 제6호로 지정).

황룡사 대종은 높이가 3m 9cm이고 무게가 구리 497,581근으로 봉덕사 성덕대왕 신종(에밀레종)보다 5배 정도 더 큰 대종이다. 몽고군이 자국으로 가져가려고 감포 앞바다까지 뗏목에 신고 강 하구에 이르렀을 때 갑작스런 폭풍으로 바다에 침몰 수장됐다는 전설이 지금도 경상도 지방에 전해오고 있다.

선덕여왕이 9층탑을 세우게 된 연유는 여왕이기 때문에 대내적으로는 역신(비담, 염종)들이 반란으로 국력이 분산되고, 대외로는 주변국(백제, 고구려)의 침공으로 국토의 서쪽 40여 개 성이 함락되는 위기를 타개하기 위함이었다. 9층 목탑을 조성하여 국가의 위상과 여왕의 권위를 수호하고, 불력에 의한 국태민안을 바라는 뜻에서 조성했다고 추정된다.

황룡사지 역사문화관 관계자에 의하면 신라왕경 복원사업 특별법(3조원 예산)이 국회 승인을 눈앞에 두고 있다고 한다. 특별법 예산안에 9층탑 복원 공사비가 들어있다니 다행스럽다. 그러나 80m나 되는 높은 목조탑을 철근 하나, 콘크리트 한 포대도 사용하지 않고, 1,300여 년 전 아비지가 축조하던 그대로 못 하나 쓰지 않고 짓는 데는 난관이 예상되고, 도편수(都邊首)의 섬세한 축조기술이 성패의 분수령이 될 듯하다.

지구촌에 현존하는 오래된 탑은 이집트 카이로 교외에 있는 태양신을 숭배하는 사원의 오벨리스크 탑(obelisk, 方尖塔 : BC 1971년~)이며, 두 번째는 로마 교황청 조반나 광장에 방첨탑(BC 1,500년)이 있다. 가장 높은 탑은 미국의 워싱턴 D.C에 세워진 워싱턴기념탑으로, 높이가 169m이다.

동서양 탑의 차이점은 동양의 탑은 1, 3, 5, 7, 9 홀수로 축조하고, 탑 층(塔層 : 옥개석)이 있으며 상륜부는 원형의 찰주(刹柱)*와 보주(寶珠 : 구슬)* 로 마무리되었다. 반면, 서양의 오벨리스크(방첨탑)는 탑 층이 없고, 사각형의 밑바닥은 둘레가 크면서 올라갈수록 좁아지고, 맨 꼭대기는 피라미드 모양으로 마무리한 차이점이 있다.

탑을 세우는 목적은 동서고금 모두가 국가와 통치자의 권위를 상징하고, 업적을 기리며 신(神, 宗教)을 통하여 국태민안을 기원하는 의미에 주안점을 두고 조성하지 않았을까 생각해 본다.

*공장(工匠 : 都邊首) : 궁궐이나 사찰을 짓는 공사의 기술책임자. 우두머리.

*찰주기(擦柱記) : 탑을 세우는 기록문.

*철반(鐵盤) : 탑 상륜부에 사리와 불경을 안치하는 쇠 쟁반)

*립(粒) : 작은 알갱이, 작은 미립자(微粒子)

*찰주 : 탑의 최상단에 쇠나 동으로 주조된 원뿔형 기둥.

*보주(寶珠) : 생명의 감로수를 담은 용기(用器)를 상징하는 여의주 구슬.

모정만리(母情萬里)

내 어머니는 구한말에 안동김씨 가문에 셋째 딸로 태어나, 열아홉 살에 안동에서 청송 고을, 김 참봉(시조부) 댁 둘째 손부로 시집왔다. 신랑은 세 살 적은 열여섯 살이었는데, 결혼 전까지는 조부와 같이 사랑방에서 글공부만 하며 자란 철부지 소년이었다.

장가가던 날도 조부가 상객으로 60리 먼 길을 동행했다.

3일 신행을 하는데, 잔치 이튿날 아침에 손자를 불러 "너는 내일 새 손부와 같이 오너라." 하고 떠나려고 하였다. 새신랑은 갑자기 하인이 모는 말고삐를 잡고, "나도 할배하고 같이 간다."며 따라나서니, 이를 본 외할머니가 철없는 사위의 행동에 딸 걱정을 많이 했다고 한다.

이렇게 남편 따라 낯설고 물선 곳에서 시집살이가 시작되는데, 층층시하 시조부모와 식구가 열다섯이라 돌아서면 식사 준비와 손 나그네 접빈에다 빨래 등 온종일 손끝에 물마를 날이 없었다. 밤이면 길쌈 방직에 골몰하여 온 밤을 지새우는 고된 나날이 10년간 이어졌다.

시조부의 명성은 후덕하고 인자하여 인근 지역까지 소문이 나, 손 나그네는 그칠 날이 없었다. 어떤 때는 저녁 밥상을 차리고 난 후에 과객이 들이닥쳐, 안식구가 먹을 밥을 다시 과객에 내놓자니 내당에는 저녁 끼니를 굶을 때가 빈번했다. 살을 에는 겨울밤에 얇은 바지를 입은 과객이 대문 앞에 쓰러져 있는 것을 미음과 꿀물로 구휼한 후, 이튿날 보낼 때는 입고 있던 새 핫바지 저고리를 입혀 보내고, 본인은 농 속에 헌 바지 옷을 입으니 시조모님은 지나친 적선이라고 불평이 많았다.

남편은 결혼 후에도 서당과 보통학교를 22살까지 다녔고, 10년 만에 분가하여 새집에서 행복감에 젖어 있을 때, 갑자기 남편이 일본에 강제징용이라는 청천벽력이 떨어졌다. 태평양전쟁이 막바지에 접어든 어느 날, 면사무소 직원이 집에 와서 예고도 없이 남편을 일본으로 징발해 가버렸다. 어린 딸 둘과 세 식구가 기약 없는 날짜에 희망 없이 살아가는 삶은 눈물과 한숨뿐이었다. 징용 후 6개월 만에 남편이 보낸 서찰이 왔는데, 규슈지방 장야 현 댐 공사장에서 살아 있다는 소식에 안도의 눈물짓고, 가장 없는 삶은 시부모의 도움이 3년간 이어졌다.

꿈에도 그리던 해방과 더불어 남편이 귀국하니, 질곡의 시련기를 벗어 버리고 파산된 가정을 되찾았고 딸 둘인 집안에 대를 이을 아들까지 낳았으니 기쁨은 배로 늘어났다. 불면 날세라 쥐면 꺼질세라, 둘째 아들이 태어날 때까지 끝없는 사랑으로 모유를 먹이며 키웠다. 6.25전쟁으로 B-29 폭격기가 마을을 폭격할 때 방공호 속에서 당신께서는 나를 솜이불로 감싸 안고, 아버지께서는 무너지는 바윗돌을 온몸으로 막아냈다. 전란이 스치고 간 마을에는 천연두와 홍역 등 돌림병이 지날 때마다 아동들이 죽어가자, 사립문에 금줄을 치고 출입을 금지시키며 아들을 지켜 주신 당신이 아니었던가?

전쟁이 끝나고 먹는 것이 귀하던 시절 이웃집 어른 생신날 고등어 굽는 냄새가 등천을 하여 먹고 싶다고 졸랐더니, 당신께서는 내일 장날에 사준다고 약속하고는 이튿날 삼십 리 장에 가서 사 온 고기를 구워서 살코기는 나를 먹이고 머리와 꽁지가 더 맛있다고 하시던 당신, 한없는 그 모정을 생각하면 목이 멥니다.

동지섣달 긴긴밤이면 가물거리는 호롱불 밑에서 권선징악을 의제로 된 홍길동전, 계녀가, 옹고집전 등 내방가사 책을 초성 좋게 읽으면서 착한 사람으로 성장하기를 교육시킨 당신이여!

장성하여 군문에 입대하여 적군을 마주 보는 초병 근무에 잠시만 졸아도 목숨이 위험했던 전선에서도 무사했던 것은, 당신께서 매일 저녁 야삼경에 정화수를 받아놓고 자식의 무운장구(武運長久)를 빌었던 지극정성 덕분이리라.

아들 형제가 생활 따라 품안을 떠나 타관객지에 떠나보낼 때 "험난한 세상을 어떻게 살아가려나." 노심초사하시며, 부디 청렴(曰淸)하고, 매사에 신중(曰愼)하며 게으름 피우지 말고 부지런

(曰勤)해야 한다고 관리의 덕목(當官之法 唯有三事)을 당부하던 당신이시여!

맹자가 이웃집에 왜 돼지를 잡는지 묻자 맹모는 너 주려고 잡는단다, 한 농담을 맹자는 진담으로 믿고 고기 달라 조르자 사다 먹여 약속을 지켜 불세출의 성인으로 키웠다. 당신께서도 나와 약속을 지키기 위해 삼십 리 먼 길까지 가서 고기를 사 와 먹이고 키웠으나, 귀한 참쑥이 되지 못하고 흔하디흔한 사철쑥이 되어버렸다. 몸가짐과 행동을 바르게 하여 후세에 이름을 떨치어 어버이를 드러나게 하지 못한 불효자가 되었으니, 이제야 뉘우치고 면목이 없다.

이렇게 내 어머니는 부부간 66년을 해로하시고, 85세에 이승을 마감했다. 유언으로 시집올 때 외할머니가 만들어주신 녹의홍상(綠衣紅裳) 명주옷을 속옷으로 입혀 줄 것과 겉옷도 준비해둔 수의(안동포)로 입히되, 장지는 동네 어귀 농사일하던 밭머리 양지바른 언덕에 매장을 원했다.

죽어서도 우리 둘 형제가 고향에 왕래하는 것을 지켜보기 위한 어머님의 사려 깊은 모정은 구만리 장천 천국에서도 이어질 것으로 나는 믿는다.

사물잠(四勿箴)

공자의 제자 안연(顔淵)이 공자에게 인(仁 : 德)에 대하여 묻자, 몸속에서 솟구치는 욕망을 이겨내고[私慾] 예(禮 : 天理)로 돌아가는 것이 인이라 했다. 안연이 그 조목을 묻습니다, 하니 예가 아니면 보지 말고(非禮勿視), 예가 아니면 듣지 말고(非禮勿聽), 예가 아니면 말하지 말고(非禮勿言), 예가 아니면 행동하지 말라(非禮勿動)고 하였다.

보고 듣고 말하고 행동하는 이 네 가지는 모두가 마음 밖 외부와 접촉하여 마음속에 반응하여 일어나는 작용이다. 그런 고로 바르지 못한 외물과의 접촉을 제약하는 것이 마음을 바르게 하는 방법이다. 안연은 이 네 가지 말을 실천했기 때문에 성인의 경지로 나갈 수 있었고, 후세 성인을 배우는 사람들도 사물잠 경구를 잊지 않고 간직하여 자신을 경계하는 지표로 삼았다.

첫째, '보는 것을 경계하라(視箴)'는 것은 사람의 마음이란 것은 외부로 드러나지 않는 빈 것이라 사물과 반응해도 흔적이 없다. 그러나 마음을 잡는 요점이 있으니, 눈으로 보는 것이 법칙이 된다. 물욕으로 눈앞을 가려지면 마음도 그쪽으로 옮겨가니, 밖에서 제재하여 마음을 편안하게 해야 한다. 사욕을 이겨 예로 돌아가면 저절로 마음이 편안해진다. 그러므로 옳지 않는 일은 보지 않는다.

둘째, '듣는 것을 경계하라(聽箴)'는 것은 사람이 떳떳한 도리를 지키고 있는 것은 천성에 바탕을 둔 때문이다. 그러나 예가 아닌 말을 들으면 지혜가 외물에 유혹되고 올바른 도리를 잃게 된다. 선각자들은 그칠 줄 알았으므로 뜻을 정할 수 있었다. 사악한 것이 마음에 들어오는 것을 막고 성실한 마음을 보존하여 예가 아니면 듣지 않는다.

셋째, '말하는 것을 경계하라(言箴)'는 것은 사람 마음의 움직임은 말을 통해 밖으로 움직이므로 말을 할 때는 조급하고 경망함을 금하여야 안정되고 전일해진다. 말이라는 것은 일상사의 가장 중요한(樞機) 것으로 한마디 말로 전쟁을 일으키기도 하고 우호적인 관계로 이룰 수도 있으니 길함과 흉함, 영광과 치욕도 말로 불러오는 것이다. 말은 너무 쉽게 하면 믿을 수 없고, 번거롭게 하면 따분해진다. 또 방자하면 남의 말도 내 뜻을 거스르고, 가는 말이 도리에 어긋나면 오는 말도 도리에 위배된다. 그런즉 법도에 맞는 말이 아니면 말하지 말고 옛사람의 훈계 말을 공경해야 한다.

넷째, '행동을 경계하라(動箴)'인데, 명철한 사람은 마음이 움직이는 기미를 알아 생각을 성실히 하고, 뜻있는 선비는 행실에 힘써 도리에 어긋나지 않게 행동한다. 이치를 따르면 여유가 있고, 사욕을 따르면 위태롭다. 잠시라도 생각하고 두려워하고 조심하는 마음으로 자신을 지켜야 한다. 이 같은 성품이 함께 이루어지면 능히 성현의 경지에 도달할 것이다.

사물잠 경구는 공자와 그의 수제자인 안연이 인(仁)에 대한 문답식으로 이루어진 경전의 경계하는 글 구절이다. 한마디로 '인'이라는 것은 자신의 이기적인 욕심을 극복하고 천리의 예로 돌아가는 것(克己復禮)을 인이라 하고, 세부적인 실천 조목을 네 가지(勿施, 勿聽, 勿言, 物動)를 따라 실행에 옮기면 누구나 성현에 나아갈 수 있다는 것이고, 일상생활에서 잠시라도 사물잠을 떠나서 생활할 수 없으므로 항상 마음속에 새기며 경계하라는 것이다.

2,500년 전에 한 말씀이 현대사회에서도 변질되거나 쓸모없는 경전의 한 구절이 아니라, 오히려 현대사회에서도 별처럼 빛나는 철학과 진리가 담긴 명언으로 회자되고 있다는 사실에 감탄할 정도이다.

요즘 우리 사회를 사물잠 경구로 비교해 본다면 너무도 예가 아닌 일들이 벌어지고 있어 안타깝기만 하다. 짧은 헌정사에 지도자가 비명횡사하거나 구속 탄핵되는 정치 풍토가 반복되는 예가 아닌 것을 보게 되고(非禮勿視), 타고난 천성을 바탕으로 도리를 지키지 못하고 사악한 외물에 귀가 유혹되어 보이스 피싱이나 사기꾼의 감언이설을 듣게 되니 예가 아닌 것을 듣게 되어(非禮勿聽) 낭패를 본다. 또 말이란 것은 집을 짓는 데 지도리와 같고 총포에서는 방아쇠 같은 중요한(樞機) 역할을 하는 것으로, 한마디 말이 전쟁을 유발하기도 하고 국교가 단절되고 거래가 중단되기도 하며 우호적인 관계로 발전하기도 한다. 법도에 맞지 않는 예가 아닌 말을 하여(非禮勿言) 무고죄와 명예훼손죄가 많은 국민으로 전락되었고, 국가와 국민을 위해 국정을 펴야 할 국회는 당리당략으로 이전투구로 고소, 고발을 당한 의원이 전체 의원의 1/3이 넘는다. 재벌의 오너들은 재산 지분 문제로 피를 나눈 형제간에 소송을 벌이는 행동으로 분명 천리를 벗어나거나 예가 아닌 행동(非禮勿動)이 문제다.

오늘날 우리 사회는 곳곳에 예가 아니면 보지도 말고, 듣지도 말고, 말하지도 말고, 행동하지도 말아야 할 곳이 너무 많아서 문제이다. 사물잠(四勿箴)을 실천하여 자신의 이기적인 욕심을 극복하고 천리의 예로 돌아가는(克己復禮) 사회가 되기를 기대해본다.

3차 왜란

일본은 한반도와 인접한 해양국가로, 삼국시대 때부터 끊임없이 삼남지방을 침범하여 식량과 필요한 물자를 약탈하고, 여의치 않으면 살인과 방화를 서슴지 않았다는 기록이 전해지고 있다.

16세기 일본 내부에서는 무사(다이묘)들이 지역별로 난립하여 토지쟁탈 전쟁이 백여 년간(戰國時代) 이어졌다. 도요토미 히데요시는 오사카를 중심으로 전국의 막부*를 통일하여 지금까지 한 지역에 우두머리 무사에게 영지를 주어 그 지방을 통솔하는 다이묘들의 권력을 축소시키고(領地轉封) 철저한 검지(檢知)*정책을 펼쳐나갔다.

내전을 평정한 도요토미 히데요시는 훈련된 군사력을 조선 침략에 눈을 돌렸다. 현소(玄素)라는 첩자를 승려로 위장하여 국내정세를 밀탐한 바, 국론은 사색당파로 사분오열되고 군졸은 훈련되지 않는 오합지졸이며 성벽은 허물어져 수리가 절박했다. 충신들의 전쟁 대비론인 10만양병설을 반대파들은 백성을 불안케 하고, 국가재정만 낭비한다는 이유로 조소 거리로 변질시켜버렸다.

이를 틈타 1592년(임진년)에 일본은 현대식 조총과 훈련된 군사력(15만 명)으로 조선을 침략하니, 관군은 도주하기 급급하고 동래포구에서 한양도성까지 20일 만에 무혈입성하게 된다. 무능한 선조 임금은 백성들이 만류하는데도 뿌리치고 몽진(蒙塵)*하여 의주로 떠나버리니, 강토는 7년간 왜적에 유린당하는데 이 전란이 임진왜란으로 1차 왜란이다.

전란의 참상이 얼마나 참혹한지 아사자의 시체가 길거리에 나뒹굴고 아들이 아버지의 인육을 먹어버리는 이성을 잃은 아비규환의 생지옥이 벌어졌다고 <징비록(懲毖錄)*>에 전해오고 있다.

조선에 지원 나온 명나라 군은 왜병과 접전을 기피하고, 조선 백성들을 잡아 머리를 깎은 후 목을 베어 왜병으로 둔갑시켜 전쟁의 성과물로 명나라 황제에게 바쳤다. 왜병은 관군과 백성들의 코와 귀를 베어 본국에 보내 귀 무덤을 만들 정도였다. 전쟁을 경험하고 살아남은 백성들 입에서는 "명군은 참빗이요, 왜군은 얼레빗이다."라 빗대는 말이 나왔으니 왜병보다 명나라 청원병의 살인 약탈이 극심함을 알 수 있다. 힘없는 나라와 백성은 그들의 희생양으로만 보였던 것이다.

2차 왜란은 1910년 8월 22일에 대한제국과 일본제국 간에 체결된 강제조약이다. 내각총리대신 이완용과 3대 통감인 데라우치 마사타케 간에 체결된 불평등한 한일합병조약으로, 대한제국은 국가의 주권, 외교, 군사 등 모든 국가의 권한을 침탈당하였다. 1945년 해방이 될 때까지 36년간을 나라 없는 식민지 지배를 받게 되는 수치스런 조약으로 '경술국치(庚戌國恥)'라고도 한다.

2차 왜란 때도 정치는 개화파와 척사파로 나뉘어져 국력은 사분오열되고, 주변 열강에 미리 대비하지 못했다. 일본이 조종하는 낭인들이 한밤중에 경복궁에 침입하여 국모(명성왕후)를 시해하는 을미사변(1895년 8월 20일)을 일으키자, 황제(고종)는 신변을 보전키 위해 자국의 궁궐을 버리고 타국(러시아)의 공사관으로 피신하여 1년간 목숨을 구걸하는 이른바 '아관파천(俄館播遷)'으로 수모를 당하는 등 나라가 침몰해가는 조짐이 일어났다. 그로부터 15년 후에 한일합병(1910년 8월 22일)으로 대한제국은 지구상에 없어지고 주권 없는 식민지가 되어 버렸다.

우리는 해방과 동시에 대한민국을 건국하여(1948년 8월 15일) 일본의 식민지 재배를 벗어나, 6.25 내전을 견디며 고난과 역경을 극복하고 국민소득 3만 불을 달성하여 '한강의 기적'을 일궈낸 민족이다. 세계 역사상 가장 짧은 기간에 풍요를 달성한 국가라고 한다.

그러나 국민들은 지난날의 고난과 시련의 역사를 잊어버린 채 자만에 빠져, 지나친 소비와 사치로 풍요에 도취되어 축배의 잔을 일찍 들어버렸다. 총 인구의 1/3에 해당하는 1,500만 명이 매년 해외여행을 즐기며 외화를 물 쓰듯 낭비하고, 거리에는 수입차량이 홍수를 이루고 있다. 무역수지는 줄어들고 임금과 생산

단가는 올라가니 기업은 수지타산을 맞추기 위해 해외로 떠나는 현상이 일어나고 있다. 기업이 떠나니 청년실업률은 늘어나기 마련이고, 결혼 연령이 늦어지니 출산률은 세계 최저로 떨어지는 나라가 되어버렸다. 청년실업수당 아동보육수당 기초노령연금 무상급식 지원금 등등 무상복지정책이 기하급수로 불어나니 국민의 세금부담도 가중되는 정책이 염려스럽다.

일본은 세계 3위의 경제대국이요, 세계 최고의 4차 산업(정보통신 기술융합) 기술보유국이다. 그러한 일본과 최근 강제징용과 위안부 배상, 사과 문제로 한일 간의 현격한 시각 차이가 한일 간의 갈등으로 비화되었다. 지금까지 한국을 안보 우호국(화이트리스트)으로 지정하여 첨단기술이나 반도체와 전자, 화학, 정밀기계 등을 수출할 때 규제 장벽을 해제하여 자유롭게 수출해왔다. 2019년 8월 2일부터 갑자기 한국을 화이트리스트 배제 국가로 지정하여 한국만 수출을 엄격하게 규제하여 숨통을 조이는 바람에 반도체와 전자산업으로 먹고사는 한국은 치명적인 경제공황에 빠져버린 상태이다.

사실상 한국에 경제 전쟁의 선전포고를 한 것으로 보인다. 나는 이를 두고 3차 왜란으로 부르고 싶고, 총칼 없는 경제 전쟁이 시작된 것으로 본다. 아니 왜란을 넘어서 국가의 명운과 민족의 자존이 걸린 전쟁이라 볼 수 있다.

한 나라가 파산하거나 패망할 때는 외부적인 요인보다는 내부적인 요인으로 망하는 것이 대부분이라고 한다. 1, 2차 왜란도 우리는 역사를 통하여 뒤돌아보면 당쟁으로 국력이 분산되고 침략 조짐을 예견하고도 군사력을 미리 대비하지 못한 것이 침략의 빌미를 준 요인이 된 것이다.

3차 경제 왜란도 일본 위주의 수입선을 탈피하여 수입선을 다변화하고, 주요 핵심부품을 자체 개발하는 치밀하고 중장기적인 산업발전 계획을 갖추지 못한 내부적인 요인이라 볼 수 있다.

백만 명의 유태인을 학살한 폴란드의 아우슈비츠 감옥 입구에는 "역사를 기억하지 못하는 자, 다시 그 역사를 반복할 것이다." 라는 이탈리아계 미국의 시인 '조지 산타야나'의 유명한 명언이 새겨져 있다고 한다. 이 한 줄의 짧은 명언이 나의 가슴에 큰 울림을 준다.

일본을 이기려면 반일감정만 앞세울 것 아니라, 지난날의 역사를 거울삼아 분산된 국력을 하나로 결집하고, 내부 결속을 다져 국력을 신장해야 한다고 본다. 국력이 신장될 때 주변의 강대국들도 우리를 함부로 흔들지 않을 것이다. 편안할 때일수록 어려운 때를 생각하여 대비하지 아니하면 실패한 뒤에 후회하기 때문이다(安不思難敗後悔).

*막부(幕府) : 일본의 가마쿠라 시대 이후 쇼군(將軍)이 정무를 맡아보던 곳.

*검지(檢知) : 검사하여 알아냄.

*몽진(蒙塵) : 임금이 난리를 피하여 다른 곳으로 옮겨가는 것을 말함.

*징비록(懲毖錄) : 임진왜란 때 영의정을 지낸 유성룡이 낙향하여 집필한 서적임. 책의 제목은 시경(詩經)의 소비편(小毖編) 구절을 인용한 것으로 미리 징계하여 후환을 경계한다는 뜻임.

어부사(漁父辭) 감상문

'어부사'를 지은 굴평(屈平 : BC 343-277, 字는 原)은 전국시대 초(楚)나라 사람으로 중국의 고전문학인 초사(楚辭)의 대표적 인물이다. 어부사도 굴원이 쓴 초사의체의 문장이다. '어부사'를 요약하면, 굴평이 초나라에 왕족으로 삼려대부(三閭大夫)* 벼슬에 있었으나, 간신들의 참언(讒言)으로 양왕(襄王)은 굴평을 강상(江湘)으로 추방시켜 버렸다. 굴평은 초췌한 모습으로 강상에서 한 어부를 만났는데, 추방당한 동기와 나라를 다스리는 치세와 세상을 살아가는 처세 방법을 대화 형식으로 서술한 초사체 작품이다. '어부사'를 읽고 난 후 짧은 초사 한 편이 나에게 주는 울림이 밀려오는 파도처럼 길고 넓어 그 감상을 수필로 서술코자 한다.

굴평과 어부의 대화 내용을 보면, 굴평이 궁중에서 쫓겨나 강담(江潭) 강가를 거닐면서 시를 읊조릴 적에 안색이 초췌하고 형용(形容)이 생기가 없었다. 한 어부가 그를 보고 묻기를 "그대는 삼려대부가 아닌가? 어쩌다가 이 지경이 되었는가?" 굴평이 대답하기를, "온 세상이 모두 흐린데 나만이 홀로 깨끗하고, 온 세상이 모두 취하였는데 나만이 홀로 깨어있으니 이 때문에 추방당하였노라." 하였다.

어부가 이렇게 말하였다. "성인은 사물에 막히거나 얽매이지 않고 세상을 따라 변하여 옮겨가니, 세상 사람들이 모두 탁하거든 어찌하여 그 진흙을 휘젓고 그 흙탕물을 일으키지 않으며, 여러 사람이 모두 취하였거든 어찌하여 술지게미를 먹고 박주(薄酒)를 마시지 않고, 무슨 연고로 깊이 생각하고 고상하게 행동하여 스스로 추방을 당하게 한단 말인가?" 이에 굴평이 대답하였다.

"내가 들으니 새로 머리를 감은 자는 반드시 갓을 털어서 쓰고 새로 목욕한 자는 반드시 옷을 털어서 입는다 한다. 어찌 깨끗한 몸으로 남의 더러운 것을 받는단 말인가. 내 차라리 소상강(瀟湘江)* 강물에 달려들어서 강고기의 뱃속에 장사지낼지언정 어찌 희디흰 결백한 몸으로 세속의 먼지를 뒤집어쓴단 말인가?"

이에 어부는 빙그레 웃고는 돛대를 두드리고 떠나가면서 다음과 같이 노래하였다. "창랑의 물이 맑으면 갓끈을 씻고 창랑에 물이 흐리면 내 발을 씻으리라." 그는 마침내 떠나가서 다시는 더불어 말하지 못하였다.

여기서 이름 없는 어부는 정사와 인생살이도 세속에 따라 세풍이 부는 대로 살아가면 무난하다 하였다. 즉 '창랑에 물이 맑으면 내 갓끈을 씻고 창랑에 물이 흐리면 내 발을 씻으리라'는 은 유법으로 시류 풍조 변화에 따라 살아가는 시류변화론(時流變化論)을 따라야 한다고 주장하였다. 굴평은 정반대로 새로 머리를 감은 자는 반드시 갓을 털어서 쓰고 새로 목욕을 한 자는 반드시 옷을 털어서 입는다고 하여 자기의 고결한 지조와 소신을 지키며 풍진 세상을 오염된 먼지에 비유하여 옳지 않는 세속에는 지조와 소신을 굽히며 살지 않겠다는 지사형의 지조론(志操論)을 주장했다. 어부와 굴평이 세상을 바라보는 치세와 살아가는 처세 방법이 극명한 대조를 이룸을 느낄 수 있다.

굴평이 초나라에 좌도(左徒 : 侍從)라는 벼슬에 있을 때는 강대국인 진(秦)나라와 교류하자는 친진파(親秦波)와 굴평을 중심으로 한 제(齊)와 동맹하여 진나라에 대항해야 한다는 반진파(反秦波)로 국력이 양분된 시기였다. 이미 초나라에는 진나라 외교책사인 장의(張儀)와 내통하는 정적에 의해 굴평의 주장은 실패하고, 회왕을 초대하는 진나라 기만전술에 속아, 회왕이 진나라에 입국하자 회왕은 살해되고 말았다. 회왕이 죽은 뒤 큰아들 경양왕(傾襄王)이 즉위하고 막내인 자란(子蘭)이 재상에 올랐다. 굴원은 회왕을 죽게 한 자란을 백성들과 함께 비난하다가 양자강 이남 소택지(沼澤地)로 추방당했는데 '어부사'는 그때 쓴 작품이다.

나는 굴평이 쓴 한 편의 '어부사'를 통하여 큰 울림을 받았다. 수천 년 전의 초나라 정사는 편당으로 국력이 분산되고 극렬한 정쟁이 강대국에 침략의 빌미를 제공하였는데 꼭 우리나라의 임진왜란과 근대사 중에 경술국치(한일합방)를 빼닮은 형상이기 때문이다.

상대방의 생각과 견해를 인정하지 않고 자기 생각과 판단만이 옳다는 끝없는 소모적인 정쟁의 결과는 외침을 받게 되고, 크게는 나라를 기울게 하고 적게는 희생과 재앙이 뒤따른다는 것을 느끼게 한다.

나 자신부터 먼저 편견과 고집을 거둬들이고 눈높이를 낮추어 상대방을 인정하고, 대화의 문을 열고 타협을 한다면 소모적인 대립과 갈등을 피할 수 있을 것이다. 상대방을 바라보는 눈빛을 부드럽게 하며, 자신의 덕과 재능을 겸손으로 감추고, 타협하며 세속에 어울려 살아가는(和光同塵) 것도 난세를 살아가는 방법이 아닐까 생각을 해본다.

*삼려대부(三閭大夫) : 전국시대 초(楚)나라에 왕족집안인 굴(屈)씨 경(景)씨, 소(召)씨 가문의 부정부패 감독하는 벼슬. (현재 청와대 민정비서)

*소상강(瀟湘江) : 중국 호남성 장사현에 있는 강. 굴평이 유배된 곳. 자연경관이 수려하여 시인묵객이 풍류를 읊던 강.

낭만의 도시 파리

프랑스를 가기 위해 제네바 꼬르빈나 역에서 TGV고속열차를 타고 파리 리옹 역에 도착할 때는 밤 12시였다. 캄파레일(campaille) 호텔에 여장을 풀고 관광은 다음 날부터 시작됐다.

센 강을 중심으로 역사와 문화 예술이 산재한 이곳 관광을 효율적으로 보기 위해, 루브르 박물관을 먼저 관람하고 두 번째는 센 강 주변에 산재한 역사와 문화유적지를 보고 난 후, 마지막으로 유람선 관광으로 마무리할 생각이었다.

루브르 박물관은 궁전인 곳을 루이 14세가 베르사유에 새 궁전을 지어 거처를 옮긴 뒤(1793년) 왕실에서 미술전시관으로 사용했다. 나폴레옹이 집권 후부터 원정과 전쟁을 통하여 매입 선물, 약탈하여 가져온 회화, 조각, 문화유물을 소장 전시하기 위해 백여 년간 개축 증축 확장하다 보니 지금에는 세계 3대 박물관 중의 하나인 박물관이 된 것이다.

현재는 1일 평균 관광객 1만 5천 명에 이르고 225개 전시실에 40만 점을 소장 전시하고 있다.

리슐리 외관에는 조각 작품과 메소포타미아문명 유물을 전시하고, 쉴리 관에는 이집트와 페르시아제국의 미술품이 전시되고, 드농 관에는 그리스의 우아한 조각 작품을 구분하여 전시하고 있다.

수많은 회화, 조각 문화유물을 몇 시간 만에 모두 볼 수 없어 우선 루브르 박물관의 3대 대표작품인 비너스 조각상과 니케의 여신상, 모나리자 초상화를 관람키로 했다.

밀로의 비너스상은 1820년 에게 해 밀로스 섬에서 발견된 조각상으로 고대(BC 150년) 그리스의 대표적인 사랑과 미를 관장하는 여신을 묘사한 대리석의 조각상이다. 양팔이 없고 상반신은 나체이며 하반신은 주름 잡힌 옷을 두른 조각상으로 얼마나 아름다운지 2천 년의 시공을 넘어 살아있는 듯한 느낌이었다.

니케의 여신상(BC 180년)도 1863년 프랑스의 한 영사관이 사모트라케 섬에 있는 올림푸스 신전을 발굴하다가 몸통에 날개를 달고 있는 파손된 조각상이 발견되어, 그리스 승리의 여신상이라는 것을 알게 됐다고 한다. 목이 없는 조각상이지만 양어깨에 달린 날개가 새 짐승이 하강할 때 날갯짓하는 절묘한 형상과 여신의 앞가슴이 도두룩이 내민 곡선미, 하반신의 옷 주름이 바람결에 휘날리는 듯한 모양새는 금시 상공에서 내려앉는 모양새이다.

모나리자 초상화는 1516년경 다빈치가 선물한 그림으로 피렌체 거상인 조콘도의 부인 '엘리샤베타'를 그린 초상화라고 한다. 자세히 보면 눈썹이 없는 여인이다. 그 당시 신분 높은 여인은 눈썹을 그리지 않았다고 한다. 500년 된 그림이 지금도 눈에는 살아있는 듯 안광이 빛나고, 그림 한 점이 경제적 유발 가치가 40조 원이라니 입을 다물 수 없었다.

그 밖에도 자크 루이 다비드가 그린 나폴레옹 황제 대관식 그림은 나폴레옹이 아내 조세핀에게 왕관을 씌워주는 장면과 파울로 베로네제가 그린 혼인잔치 그림은 박물관에 소장 회화작품 중 가장 큰 그림이고, 프랑소아와 밀레의 만종, 이삭줍기 등 많은 미술품을 관람 후 박물관을 나왔다.

에펠탑은 프랑스 수학교수 구스타브 에펠의 설계로, 그의 이름을 딴 탑이다. 1889년 프랑스혁명 100주년 기념으로 세계박람회를 개최하는 데 출입관문으로 사용키 위해 지어졌다. 철탑 높이는 320m 1층은 식당 전망대 2층은 기념품상회와 커피숍이다. 모든 관람객들은 보안 검색대를 통과 후에 들어갈 수가 있었다. 1일 관람객 3만 명에 관람 수입이 15억이며, 경제적 유발가치가 6,000조라는 설명에 경탄을 금치 못할 뿐이다.

샹젤리제 거리는 세계에서 가장 아름다운 거리로 콩코드 광장에서 개선문까지 2.2km를 거닐었다. 수백 년 된 가로수 나무들이 단풍으로 곱게 물들고 가지에는 수억 개의 트리 전구 등이 번갈아 반짝이며, 멀리 에펠탑에서 쏘아대는 레이저 불빛이 어우러진 샹젤리제 밤거리는 지상천국이었다. 거리에는 오색 인종의 전시장 같았고 거리에서 알라신에게 엎드려 경배하는 모습 등 민족마다 다른 문화가 나의 눈길을 끌었다. 도로 밖에 청춘남녀가 의자에 앉아 키스와 환담을 하며 커피 잔을 들고 햇볕을 쪼며 자유롭게 담배연기를 내뿜는, 낭만주의자들의 카페문화가 이국적이었다.

노트르담은 12세기 때 지은 고딕식 건물이다. 종탑 높이가 69m이고, 탑 안에 대종(무게 13톤)이 달려있다. 종탑 위에 시내를 관망하는 전망대가 있다. 황제의 대관식과 장례식도 여기서 한다. 성물박물관에는 예수님의 일생을 그린 조각상과 십자가, 가시면류관이 보관되어 있다.

그 밖에도 파리개선문은 프랑스 전쟁영웅들이 잠든 곳이고, 콩코드 광장은 프랑스혁명 때 루이 16세의 왕비, '마리 앙투아네트'를 비롯하여 1,119명의 귀족과 황실 군이 혁명군이 설치한 단두대에 처형당한 슬픈 역사가 있는 곳이다. 광장 중심부에는 오벨리스크(方尖塔 : 3,000년 전) 탑이 지난 역사를 굽어보고 있었다.

바토무슈(bateaux mouches) 유람선을 타고 센 강 주변의 로맨틱한 파리의 야경을 즐겼다. 센 강 야경을 처음 본 느낌은 한마디로 불야성(不夜城) 천국이었다. 밤이지만 현란한 조명 불빛이 대낮같이 밝았다. 강 주변의 유적 건물에서 발산하는 휘황찬란한 조명빛과 교량에 설치된 아름다운 네온사인 불빛, 유람선 선상에서 나이트 쇼 불빛이며, 멀리 에펠탑 꼭대기에서 쏘아대는 레이저

광선이 어우러진 센 강은 천국 같은 불야성이었다. 퐁네프 다리는 센 강의 가장 오래된 교량으로 영화 '퐁네프의 연인들' 촬영지로 남녀 간 사랑을 맹세하는 다리이고, 콩코드 다리는 프랑스혁명 때 바스티유 감옥이 무너진 돌로 축조된 다리이다. 알렉산더 3세 다리는 센 강의 다리 중에서 가장 아름다운 다리이다. 교량 양끝에 20m 높이 청동 조각상이 있는 아치형 다리다.

강 주변의 문화유적은 이미 낮 시간에 보았던 곳으로, 에펠탑, 노트르담, 앵발리드 군사박물관, 콩코드 광장, 개선문, 루브르 박물관 등 파리의 모든 것을 볼 수 있는 유적들이 즐비하다.

이번 여행을 통하여 느낀 것이 너무 많다. 첫째 프랑스는 역사와 문화 예술을 숭상하는 민족임을 알 수 있었다. 사실 센 강은 한강보다 하폭이 좁고 교량 규모도 볼품없지만, 교량에 역사와 전설 스토리를 붙이고, 조각 예술을 입혀서 명품관광지를 만드는 예술 감각이 뛰어난 프랑스 민족이다. 두 번째, 유네스코에 지정된 문화유물은 대부분 나폴레옹 시대 때, 전쟁을 통하여 수집 선물 약탈한 유물이 대부분이다. 비너스 조각상, 모나리자 초상, 니케 여신상, 함무라비법전, 오벨리스크, 황금 파라오가 그러하고 우리나라 외규장각 조선의궤(外奎章閣朝鮮儀軌)도 병인양요(1866년) 때 강화도에 상륙한 프랑스 군이 약탈해간 것을 140년 만에 영구임대로 돌아온 것이 그 사례이다.

귀중한 문화유산도 국력이 강성할 땐 온전히 지킬 수 있지만 국론이 사분오열되고 쇠락되면 강대국에 약탈당한다는 사실을 몸소 체험하는 여행이었다. 우리는 아직도 일본에 약탈당한 많은 문화재가 있다. 되찾으려면 그들과 대등한 국력신장과 반환을 염원하는 결집된 백절불굴의 노력이 있어야 가능하지 않을까 생각을 해본다.

만추 풍류(晩秋 風流)

계절은 원형이정(元亨利貞)*, 쉼 없이 돌고 돌아 내일이 벌써 상강(霜降)이다. 조석으로 찬바람이 불어오고 서릿발이 내리면 청산녹엽도 만산홍엽으로 붉게 물들여지니, 바야흐로 서리 맞은 단풍잎이 이월 매화보다 더 고운 만추의 계절이 성큼 다가왔다.

이 계절이 지나면 불타던 단풍도 조락으로 생을 마감하고 한 줌의 흙이 되어 자연으로 돌아가는 순환의 법칙을 지켜보면서, 황혼의 언덕에 서 있는 자신도 언젠가는 섭리를 따라가야 한다는 것을 생각하니 인생무상 제행무상을 느끼게 한다.

때 좋은 만추절후에 옛 친구가 신성계곡으로 단풍놀이 가자는 연락이 와서 허락했다. 신성계곡은 유네스코 세계자연공원으로 지정된 명소로 국내에서는 제주도 다음이고 육지에는 유일하게 청송군이 첫 번째로 지정된 자연공원이다.

계곡 사이로 흐르는 길안천변에는 방호정 정각과 공룡공원이 계곡 들머리에 있고, 백석탄(白石灘)과 자하산(紫霞山)은 중간 지점에 있다. 백석탄 폭포수에는 물보라가 무지개를 이루며 여울져 흐르고, 자하산은 신선들이 기거했다는 산으로 늦가을 단풍이 불타는 듯 아름답고, 겨울은 눈 덮인 영봉 위로 오색채운이 머물고 있어 알프스의 몽블랑 봉을 방불케 하는 영산이다.

이러한 선경의 가을 풍광 속에서 잠시 속세를 떠나 자연과 내가 일체가 되어 만추의 풍류를 즐기며 하루 동안 신선이 되기 위해 가게 되었다.

조선조 중엽에 사색당파에 환멸을 느낀 다섯 명의 유현들이 자칭 오선동이라 칭하고 이곳에 숨어들어 방호정에 거처를 두고 백석탄을 왕래하며 자연과 함께 풍류를 즐기며 허유와 소부처럼 은거했던 곳이다. 방호정 경내에 오선동의 유허비가 남아있고, 백석탄 암반에는 세심대(洗心臺 : 마음을 씻는 돈대), 탁영대(濯纓臺 : 갓끈을 씻는 돈대), 자하동천(紫霞洞天 : 신선이 사는 동네) 등 신선과 연관된 빛바랜 음각 자구가 옛 사람은 가버리고 흔적만 쓸쓸히 남아있다.

무릉도원 같은 선경의 계곡에서 만추지절에 풍류를 즐기는 데는 반드시 주안상이 따르기 마련이다. 술은 농가에서 빚은 농주로 준비하고, 술안주는 천변 명경지수에 서식하는 물고기를 투망으로 후려내고, 반찬은 바윗돌에 붙어있는 다슬기를 맨손으로 쓸어 담아 물고기 매운탕과 다슬기 장찌개로 즉석에서 요리를 하였다. 백석청천 널리 반석 위에 둘러앉아 매운탕과 장찌개를 음미하는 그 맛은 어떤 산해진미도 따를 수 없었다. 별식 중에

별미를 함포고복(含哺鼓腹)*으로 배를 든든히 채웠다.

허기진 배를 채우고 나니 그제야 주고받는 술잔에는 주흥이 묻어나고 머리에는 시심이 떠오르고, 목 성대에서는 콧노래 소리가 터져 나왔다. 몸동작은 어느새 손뼉과 어깨춤이 덩실대니, 늦가을 풍류는 해가 질 때까지 이어졌다.

동참한 유객들은 유년 시절 한 동네에서 6.25전란을 겪으면서 용하게도 가난과 질병을 극복하고, 고난과 시련을 감내하며 살아남은 잊을 수 없는(貧賤之交 不可忘) 친구들이다. 긴 세월 동안 은빛 모발 아래 주름진 얼굴로 변하였지만 허심탄회하게 마음을 열고 다정한 정담으로 풍류를 즐기는 모습이 바라만 보아도 즐겁다.

자하 산록에 붉은 단풍이 강물에 투영되어 물빛도 붉어지고 풍류객의 얼굴에도 붉어지니, 산도 붉고(山紅), 물도 붉고(水紅), 산수 간에 사람도 붉어지는(人紅) 단풍 꽃물에 물든 하루였다.

주기가 오른 나는 흥겨운 장구소리에 장단 맞춰 옛 시인의 산행 시 한 수를 읊으며 만추절후의 단풍놀이를 마무리했다.

<山行> —杜牧
원상한산 석경사(遠上寒山 石徑斜)
백운생처 유인가(白雲生處 有人家)
정거좌애 풍림만(停車坐愛 楓林晩)
상엽홍어 이월화(霜葉紅於 二月花)

멀리 한산에 오르니 돌밭길이 비껴있고
흰 구름(연기) 나는 곳에 인가가 있구나.
수레를 멈추고 앉아 단풍을 즐기는데
서리 맞은 단풍이 이월 매화보다 더 곱구나.

*원형이정(元亨利貞) : 사물의 근본원리로서 元은 만물이 태생하는 봄. 亨은 자라는 여름, 利는 생을 이루는 가을. 貞은 만물이 완성하는 겨울. 즉, 춘하추동 사계절을 의미함.

*함포고복(含哺鼓腹) : 실컷 먹고 배를 두드림. 먹는 것이 풍족하여 즐거운 상태.

| 발문 |

경계를 품는 선비정신

— 김기부 에세이집 『산도 붉고 물도 붉고』에 부쳐

장 호 병

| 수필가, (사) 한국수필가협회 이사장 |

컴퓨터와 인터넷, 스마트폰 등 미디어 기술이 눈부시게 발전하여 글을 쓰고, 책을 출간하는 일이 쉬워졌다. 하지만 책 한 권을 베껴 쓰는 일도 쉬운 일이 아니거늘 스스로 만든 글쓰기의 고충을 감내하면서 자신을 드러내는 일은 어렵고 어려운 일 중의 하나이다. 오죽하였으면 예나 지금이나 '피를 찍어 쓴다'고 하였을까. 송도(松濤) 김기부 사백의 에세이집 『산도 붉고 물도 붉고』 상재를 마음 모아 축하드린다.

에세이라는 말은 몽테뉴(佛)의 『les Essais(隨想錄)』(1588)와 베이컨(英)의 『The Essays』(1597)라는 책이름에서 기원하였다. 그 어원이 시도, 시험, 계량, 음미 등을 뜻한다. 몽테뉴는 서문에서 '나의 사사로운 일들을 말하고자 터놓고 보여줄 수 있는 범위 내에서 타고난 성품 그대로인 내 모습을 내놓는다'면서 에세이의 윤곽을 보여주었다.

서구의 에세이와 결을 같이 하는 수필(隨筆)이란 말은 남송시대 홍매(洪邁, 1123~1202)의 『용재수필(容齋隨筆)』에서 비롯되었다. 홍매는 남송시대 관리이자 박학다식한 학자로 독서광이었다. 40여 년의 독서와 인간관계에서 나온 이야기들을 메모 형태로 정리하여 『용재수필(容齋隨筆)』, 『속필(續筆)』, 『삼필(三筆)』, 『사필(四筆)』, 『오필(五筆)』 등 총 5집 74권으로 집대성하였다.

700년이나 지난 세월이었지만 모택동은 역사, 문학, 철학, 정치 등 여러 분야의 지식을 고증하고 비평한 이 저술을 애독하였다. 풍부한 자료, 격조 높은 문장, 사건에 대한 다채로운 논의와 확실한 고증에 매료된 그는 죽는 순간까지도 용재수필을 찾았다.

에세이나 수필이 '붓 가는 대로'를 떠올릴 만큼 결코 가벼운 저술활동이 아님을 알 수 있다.

김기부 사백의 에세이집 『산도 붉고 물도 붉고』를 일별하면서 집필 내용이 『les Essais(隨想錄)』 서문과 『용재수필(容齋隨筆)』의 논의와 비평에 닿아 있다고 생각되었다. 용재수필이 위정자의 치세에 도움을 준다면, 김기부 사백의 에세이와 고문헌 독후감은 오늘날 리더들에게 나라와 국민을 생각하게 하는 선비정신을 일깨운다.

쟈크 샤보(佛)는 '진정한 작가란 사물과 언어, 현실과 상상, 이승(신화, 문화)과 저승—이 양자 사이의 바로 경계에 천막을 치는 유랑인으로 남아 있는 자이다. 그의 주된 덕은 이 양자의 어느 쪽에도, 사물에도 언어에도, 현실에도 상상에도, 이승에도 저승에도 자리를 잡지 않으려 하는 데 있다.'고 하였다.

경계란 갑에도 을에도 접하고 있다. 삶에서의 경계는 이 양자 사이에서의 균형추 역할이리라. 세월이 흘러도 변치 않고 지속하는 것은 나라와 민족, 가족일 것이다.

삶은 수많은 관계 속에서 이루어진다. 메비우스의 띠 위를 걷듯이 갑인 줄 알았던 내가 시간이 경과하면서, 또는 상대에 따라 을의 입장에 놓이는 경우가 허다하다. 그럼에도 많은 사람들이 자신이 처한 하나의 경우만 고집하고 세상을 제단하려 하는 데서 문제가 생긴다. 삶은 문학에 투영되고, 문학은 다시 삶에 영향을 주면서 유기적 관계를 맺는다. 격동의 세월을 살아온 송도(松濤) 사백이 어떻게 세상과 관계를 맺고, 경계는 어떻게 품으면서 선비정신의 균형을 잡고 있는지 삶과 문학을 살펴본다.

I

경북 지방에서 공무원들의 인사이동 시 회자되는 말 가운데 BYC가 있다. 서로 인접한 봉화 영양 청송 지방에 발령을 받았다는 뜻이다. 산골 오지에 발령을 받아 서러움의 눈물을 흘렸다가 마침내 청정지역의 빼어난 산세와 넉넉한 인심을 뒤로 하고 임지를 떠날 때 이별이 아쉬워 다시 눈물을 훔친다고 한다.

'인걸은 지령'이라고 했듯이 이 고장 사람들은 평시에는 솔바람 물결에 도포 자락을 휘날리며 유유자적하다가도 나라가 위기에 처하면 오골청송(傲骨青松) 늠름한 기상으로 국난을 극복하는 등, 청송은 충절의 고장이다. 항일의병이 전국에서 가장 많이(赤遠日記 86명) 배출된 연유도 푸른 솔의 기상을 타고난 까닭이리라.

이처럼 송림은 충절의 기상으로 삼재를 막아주고 피로에 젖은 심신을 치유하며 무한용도로 인간에게 이타(利他)를 베푸니 바라만 보아도 청량하고 신선한 느낌을 준다. 나도 솔바람 끝에 퍼져나는 솔향 같은 수필을 쓰고 싶다.

—「우송즉패(遇松卽敗)의 영지(靈地)」 중에서

저자는 보현산 깊은 계곡에서 발원한 냇물 백석탄을 거느린 산자수명한 산촌 오지마을에서 자랄 때 자동차나 기차보다는 비행기를 자주 보면서 꿈을 키웠다. 지령(地靈)과 푸른 솔이 심성이나 기상에 어찌 영향을 주지 않았겠는가.

순후한 사람들이지만 나라가 위기에 처할 때 청송인들은 분연히 일어섰다. 임진란 때 풍신수길이 미리 점괘를 뽑으니 우송즉패(遇松卽敗)였다. 즉 송(松)자가 들어가는 지명이나 사람을 만나면 패한다 하여 노귀재에서 군사를 돌렸으니 그의 출생지 청송은 영지(靈地)라 하겠다. 그의 선친은 '솔숲에 바람이 불어 물결처럼 일렁일 때, 가지 끝에서 솔향기가 퍼져 나오듯 주위에 청량한 감동을 주'는 문장가로 성장하라는 염원으로 아들의 아호를 송도(松濤)로 지었다. 지령(地靈)을 염두에 두었으리라.

불면 날세라 쥐면 꺼질세라, 둘째 아들이 태어날 때까지 끝없는 사랑으로 모유를 먹이며 키웠다. 6.25전쟁으로 B-29 폭격기가 마을을 폭격할 때 당신께서는 방공호 속에서 나를 솜이불로 감싸 안고, 아버지께서는 무너지는 바윗돌을 온몸으로 막아냈다. 전란이 스치고 간 마을에는 천연두와 홍역 등 돌림병이 지날 때마다 아이들이 죽어가자, 사립문에 금줄을 치고 출입을 금지시키며 아들을 지켜 주

신 당신이 아니었던가?　　　　　—「모정만리(母情萬里)」 중에서

나는 공직에 입문할 때 선고(先考)로부터 관리로서 세 가지 덕목(曰淸, 曰勤, 曰愼)을 반드시 지키라는 가르침을 받고 실행에 옮겼기 때문에 30여 년을 봉직하고 무사히 정년을 마칠 수 있었다. 선고가 그랬듯이 나 역시 공직에 있는 자녀에게 당관지법 유유삼사(當官之法唯有三事)를 지켜서 자기 몸가짐과 앞가림을 할 수 있게(知此三者知所以持身矣) 하고 청렴사회로 가는 길에 첨병이 되기를 기대해 본다.

—「왕밀(王密)의 회금(懷金) 열 냥」 중에서

아쉬울 게 없을 만큼 경제적으로 자립을 하고 나면 부모의 은공을 잊어버리기 쉽다. 특히 결핍의 시대를 살다보면 자식은 부모에게서 더 못 받아내서 마음이 편치 않다. 그러다가 부모가 되고 보면 더 주지 못해서 가슴 아파하는 것이 부모 마음이라는 걸 깨닫는다. 누군가의 자식으로 살다가 누군가의 어버이가 되었을 때 우리는 가족관계에서 진정한 경계에 놓인다. 양자의 역할을 품음으로써 진정한 경계인이 된다. 이 세상에서 생명을 부여받았다면 어버이에게서 물려받은 유전자를 대를 이어 전해야 할 것이다. 가족이라는 공동체는 이런 아름다운 관계를 지속시키는 동력이다.

친정에서는 백여 마지기 전답을 경작하며 일꾼을 두고 풍족하게 지냈던 사람이 시집와서 아이에게 우유 한 병 사 먹이지 못하는 형편이었다. 결국 아내는 영양과 칼슘이 부족하여 사십대 중반에 이빨이 반 이상 빠지고 부분 틀니를 하는데 치과의사가 “아이에게 칼슘

을 다 빼앗기고 어른 몸이 망가졌다."고 꾸짖자 서러움에 북받쳐 빗물처럼 흐르는 눈물을 지켜보자니 내 마음도 처연하기만 했다.

—「향기로운 삶」 중에서

넉넉하지 못한 선비 집안에 시집와 시부모와 봉제사를 성심으로 받들고 가족과 친인척 간에 우애의 꽃향기를 피운 아내에 대한 헌신을 글로 표현하는 문사는 그리 흔치 않다. 젊은 시절은 함께 고생하느라, 때론 아옹다옹하느라 부지불식간에 서로에게 상처를 남기기 쉽다. 가장인 남편과 주장인 조강지처는 가정을 일으켜 세우는 일인다역의 기둥임에 틀림없다. 가정이 붕괴되어 가는 시대이다. 행간이 크게 읽혔으면 한다.

우리 사회가 예의 바르고 인정이 넘치는 사회가 되려면 부모에게 효도하고, 형제간에 우애 있게(孝悌) 지내고, 어른을 공경하며(敬長) 자녀를 사랑으로 보육하는(愛育) 효제사상이 사회에 확산되어야 한다. 그래야 무너져가는 윤리도덕이 바로 설 것이다. 미물인 까마귀에게는 반포지효를 배우고 연어에게는 희생으로 애육하는 모성애를 배우고 싶다.

—「천륜(天倫)과 패륜(悖倫)」 중에서

「급변하는 제례풍속(祭禮風俗)」에서는 결혼문화가 고급화와 허례허식으로 치달아 결혼 당사자는 물론 부모들에게 허리조차 펴지 못하게 하면서 정작 제사는 소홀히 하는 세태비평을 보여준다. 동시대를 살아가는 젊은이들은 물론 기성세대들의 공감을 얻기에 충분하다.

II

6.25 한국전쟁으로 폐허가 된 지서(支署) 국기 게양대에서 국기를 내리는 호국경찰관의 독수리 마크에 매료된 소년은 경찰에 투신하여 30여 년 외길 인생을 걸었다.

> 극렬 시위 때마다 소요사태 책임을 치안부서에서 뒤집어쓰고 속죄양이 되는 것이 안타까웠다. 근간에도 쌀과 쇠고기 수입, 용산지역 재개발 보상대책은 농림수산부, 서울시, 이해 당사자 간에 분쟁시위가 있었다. 쌀과 쇠고기를 수입하거나 철거민의 보상을 주는 부서는 아니다. 불을 지른 것도 사람을 죽게 하는 것도 더더욱 아니다. 도심 한가운데 통행 두절과 화염병 투척으로 목전에 벌어지는 급박한 혼란 상황에 대하여 적법하게 대처한 행위일 뿐이다.
>
> …중략… 오늘도 수족이 저려오는 것을 보니 비가 올 모양이다. 이제는 시위대가 아닌 내 몸속에 깊이 자리한 병마와 싸우고 있다.
>
> —「속죄양(贖罪羊)의 원루(寃淚)」 중에서

사명감 하나로 민생치안의 최일선을 지키면서 보람도 적지 않았다. 산업화에 힘입어 굶주림으로 일어났던 범죄가 줄자 도도히 밀려오는 민주화의 물결에서 경찰은 나라의 질서를 지키는 방패가 되어야 했다. 시위대가 적이 아니라 우리가 공들여 양육했던 아들딸이요 국민들이기에 몸을 다치는 일 못지않게 마음이 아팠을 것이다.

군과 경찰은 나라의 안위와 질서가 혼란에 빠졌을 때 명령에 따라 죽음조차 두려워하지 않는 집단이다. 국가와 국민을 위해 목숨조차 초개같이 버리는 충성심은 어디서 나오는가. 명예와 사기일 것이다.

실정법을 위반한 폭력시위도 정권의 입맛에 따라 평가가 달라진다. 실정법을 위반하였음에도 시위대의 희생은 영웅시되고 진압대원의 희생은 아무도 눈여겨보지 않는 부조리의 현장을 지켜온 삶이었다.

민주화를 주장하는 정치적 논리에도 당위성은 있다. 그리고 실정법(實定法)상 법률에 위배되는 폭력시위를 막으려는 진압부대에도 당위성은 있다. 그러나 역사는 우리 편이 아니었다. 시위대가 희생되면 국민적 영웅이 되고, 화염병과 방화 속에 희생된 진압 대원은 역사의 뒤안길에 한 줌의 재로 변해 소리 없이 사라져 갔다.

죽은 자를 보고 산 자는 말한다.
아! 불꽃 속에서 사라진 무궁화여
돌아오지 못할 강을 건너간 자여
우리는 정녕 시대의 희생물인가?
역사 변화의 제단(祭壇)에
바치는 속죄양(贖罪羊)인가?
살아남은 자의 눈망울에도 핏물이
쏟아지며 그들의 영전에 통곡하노라.

…중략… 이제는 힘차게 비상하던 날개도 힘이 없고 날카로운 부리와 발톱은 닳아빠지고 예리한 눈동자는 흐려져 나를 슬프게 한다.

—「솔개의 회상」 중에서

시위 현장에서 입은 심장의 부정맥과 손목 골절상, 무릎 후유증으로 저자는 비라도 내릴 징후가 있는 날엔 어김없이 통증을 느껴야 한다. 법을 집행해야 하는 민중의 지팡이 경찰이 크고 작은 사건들 앞에서 늘 속죄양이 되어야 하는, 아직도 끝나지 않은 현실에 마음 아파하는 심정을 역지사지로 이해할 수 있다.

III

임진란도 무방비가 전란을 초래했고 한말 일제침략도 안일한 무방비가 전쟁을 초래했다. 마지막으로 "역사를 잊은 민족은 미래가 없다."는 선각자들이 남긴 말을 새겨들어야 한다. 국력을 신장하여 내 운명을 외세에 의존 말고 스스로가 결정하는 자주적 역량을 키워야 할 것이다. 또다시 보수 진보, 동서로 갈라지고, 신파 구파, 주류 비주류로 사분오열 갈라지면 주위에 승냥이 떼들에게 희생물이 될까 봐 생각만 해도 공포와 전율이 느껴진다.

―「〈징비록(懲毖錄)〉과 소상반죽(瀟湘班竹) 야화」 중에서

나라의 안위를 지키면서 평생을 몸 바친 경찰에서 은퇴를 하였건만 체화된 의식은 어찌할 수 없나 보다. 그간의 독서활동에서도, 은퇴 후 소일하고 있는 등산이나 문화유적 답사에서도 나라 걱정이 뇌리를 떠난 적이 없다. 심지어는 외국 여행을 가서조차 견문은 나라사랑으로 이어진다.

우리는 수없이 이민족으로부터 침략을 받아 고통을 당해야 했다. 국력신장에는 소홀하고, 위기 앞에서는 외세에 의존하는 등 사분오열로 갈라진 내분이 자초한 결과였다. 아직도 남과 북, 보수와 진보, 동과 서, 진영논리에 발목 잡힌 현실이 답답하기만 하다. 다름이 조화를 이루는 융합의 시대이다. 자기주장의 순혈

주의가 멋있어 보일지라도 다양함이 어우러진 잡종에게는 절대 당할 수 없음을 왜 모를까. 지혜를 모을 지도자는 왜 나오지 않는가.

중국을 경시해서는 안 될 듯하다. 그들은 중화사상(中華思想)을 바탕에 깔고 주변국에 팽창주의 정책을 쓰고 있어 한시도 경계의 눈초리를 늦춰서는 안 되겠다는 느낌이다. '동북공정(東北工程)'이라는 야심찬 정책으로 약소국의 역사와 영토를 자국의 변방정부[省]에 복속시키려는 것을 보면서, 우리는 하루속히 분열된 국론을 하나로 결집하고 주변 강대국들의 위협에 대비해야 하지 않을까 생각된다. 오늘따라 민족 지도자 도산 안창호 선생의 '국력 배양론'과 우남 이승만 박사의 '뭉치면 산다'는 '민족 단합론'이 다시금 생각나게 하는 여행이었다. 대륙의 거대한 영토와 유구한 역사를 보는 나는 부러움보다는 두려움이 앞서는 심정이다. 지난날 수당명청(隨唐明靑)으로부터 한민족이 끊임없는 침략 유린당한 과거가 있기 때문이다.

―「중국 기행」 중에서

"두물머리 강물처럼 겸손과 부쟁(不爭), 포용과 순리로 제 몸을 낮추고 순리대로 다툼 없이 정사를 펴는 존경받는 국회"―(「강물편에 한마디 부탁」 중에서)가 되기를 주문하는가 하면,

의사당이라는 술잔에 국리민복으로 술잔을 채울진대 이권 따로 세비 따로 채워지고 정쟁과 특권만이 넘쳐나고, 비정한 재벌가는 물욕에 눈 어두워 비자금을 빼돌리고 투자자들 눈 속이고 하청업체 쥐어짜서 술잔을 채우려다 영어의 몸이 되지 않았던가. 종교인은 어떠한가? 박애정신 술잔에다 적포도주를 채울 곳에 여객선을 개조하

여 돈벌이에 급급타가 원인 모를 죽음 되니 순교자라 하겠는가. 공기업은 청렴이란 술잔에다 신중 근면 담으면서 충직함이 마땅한데 원전산업 뒷거래로 국가안전을 흔들었다. 국방부의 장성들은 청렴과 충직함이 근본인데 중개업자 검은돈에 현혹되어 사성장군 빛난 별이 추풍에 낙엽 되고 국가안보 흔들리니 이 모두가 분수와 절제는 어디 가고 이권 탐욕만이 넘쳐나게 보인다.

—「계영배(戒盈盃)를 보면서」 중에서

절대빈곤의 시대를 건너왔건만 물욕에 눈이 어두워 일생동안 쌓아올린 공든 탑을 스스로 허물 수밖에 없는 위정자나 기업가들을 허다히 본다. 홍매의 용재수필이 제왕이나 위정자들뿐만 아니라 리더십을 발휘해야 할 사람들에게 유용한 인생지침이 되듯, 송도 사백의 에세이들을 읽노라면 나라를 튼튼히 하고, 집안을 일으켜야겠다는 생각이 들 것이다.

지도자가 법과 시스템(공조직)에 의하여 정치를 하지 않고 특정한 사람의 온정에 이끌려 편애하고 공조직을 등한시하면 종말에는 법치주의 시스템과 위계질서가 무너지고 통치자의 권위마저 무너져 나라가 혼란에 빠진다. 이 이론을 읽으면서 우리나라 제3공화국 시기 때 대통령의 애신(愛臣)인 경호실장과 정보부장의 월권행위가 극에 달한 나머지 지도자를 시해한 역사적 비극이 문득 생각난다. 한비자의 2,300년 전 '형명참동설'이 오늘의 우리나라 정치 상황을 두고 말하는 듯하여 놀라지 않을 수 없다. '형명참동설'이 현대의 통치자도 간과해서는 안 될 통치자의 요체이론이라는 것을 생각하니 감탄을 금치 못할 뿐이다.

—「한비자의 형명참동설(形名參同說)과 법치주의」 중에서

IV

동양 고전에 인생을 올바르게 살아 부단한 노력으로 후세에 이름을 떨치어 낳아주고 길러주신 부모님의 이름을 드러나게 하는 것이 효도의 마지막(立身行道揚名於後世以顯父母孝之終也)이라 했는데, 살아온 큰 족적을 남기지 못하고 무명지초가 되어 늙어가니 부끄러울 뿐이다. 옛 성현들이 젊을 때 천금 같은 시간을 낭비 말고 부단히 노력하라는 진리가 담긴 명언들이 이제 와서 옳은 말씀인 줄 깨달아 보지만 때늦은 후회가 나를 슬프게 한다.

—「회한(悔恨)」 중에서

이 계절이 지나면 불타던 단풍도 조락으로 생을 마감하고 한 줌의 흙이 되어 자연으로 돌아가는 순환의 법칙을 지켜보면서, 황혼의 언덕에 서 있는 자신도 언젠가는 섭리를 따라가야 한다는 것을 생각하니 인생무상 제행무상을 느끼게 한다.

—「만추 풍류(晩秋 風流)」 중에서.

시간은, 자연은 모든 것을 원위치로 바꾸어 놓는다. 무수한 기념비가 무너지고, 한때 융성했던 문명과 수많은 나라들조차 지구상에서 사라지지 않았던가. 영원한 것은 일찍이 없었는지도 모른다. 삶도 잠시의 영화에 불과하다. 세상을 쥐락펴락하던 영웅호걸들도 만년에는 귀거래사를 읊조리는 것을 최고의 덕목으로 삼았다. 송도 사백 역시 그런 분 중 한 분이다. 오늘날 시골을 지키는 젊은이들이 없으니 후학양성은 힘들 테고 세상과 초연해진 삶에서 인생이치를 글로 옮기는 것 또한 큰 즐거움이 될 것이다.

아! 돌아가리다. 전원의 삼락(三樂)이 있는 옛집으로 돌아가리다. 그곳에 돌아가면 아버님은 정들었던 옛사람과 말벗이 있어 즐겁고, 아내는 송림 속에 산채 뜯고 솔향기 속에 호흡하며 건강이 좋아 즐겁고, 나 또한 각박한 도시가 싫어서 가고 싶은 옛집에 돌아와 하고 싶은 농사일을 시작하니 즐겁지 않는가?

—「전원삼락(田園三樂)」 중에서

후문학파란 말이 있다.

젊은 시절엔 문학청년이었지만 앞만 보며 달려오며 사느라 현업에서는 작품 활동을 하지 못하다가 은퇴 후 문학에 열정을 쏟는 분들이 많다. 결과 젊은 시절부터 문학에 매진해 온 분들과 어깨를 나란히 할 정도의 어르신 작가들이 많이 출현하였다. 이들을 후문학파라 일컫는다. 영화로웠든 사금파리 같은 현실이었든 삶은 곧 문학을 위한 큰 자산임에 분명하다.

일본에서는 아라한(アラハン)이라는 말이 등장하였다.

최근 10여 년 간 박스권 베스트셀러 작가들의 연령대가 주로 100세 전후(Around Hundred)라는 뜻이다. 생업 현장에서 열심히 살았던 은퇴자들이 후세를 위한, 또는 동시대를 살았던 분들과의 교감을 위한 삶의 지혜와 위안을 책 속에 담아내고 있다.

송도 사백 역시 후문학파의 한 사람이다. 개발시대의 주역으로 살았던 한 시대의 애환을 담았다. 자연을 벗하며 100세 시대를 살아가는 건강한 베스트셀러 작가가 되리라 믿는다. 제2, 제3의 수필집에서 인생의 향기 그윽한 수필작품을 만날 것을 기대하며 사족을 거둔다. ♣